CLV

Paul David Tripp

Papa sein, Mama sein

Eltern sind Botschafter Gottes

Soweit nicht anders vermerkt, sind die Bibelzitate der Elberfelder Übersetzung 2003, Edition CSV Hückeswagen, entnommen. Hervorhebungen in den Bibelzitaten sind in der Regel hinzugefügt worden.

Parenting: The 14 Gospel Principles That Can Radically Change Your Family

Published by Crossway
a publishing ministry of Good News Publishers
Wheaton, Illinois 60187, U.S.A.

This edition published by arrangement
with Crossway.

1. Auflage 2020
2. Auflage 2022
3. Auflage 2024

Christliche Literatur-Verbreitung e. V.
Ravensberger Bleiche 6 · 33649 Bielefeld
www.clv.de

Übersetzung: Andreas Albracht, Gevelsberg
Satz: EDV- und Typoservice Dörwald, Steinhagen
Umschlag: Lucian Binder, Marienheide
Druck und Bindung: GGP Media GmbH, Pößneck

Artikel-Nr. 256651
ISBN 978-3-86699-651-9

Inhalt

Einleitung

Botschafter

Im Haus ist es laut, außerdem ist es nicht so sauber, wie Sie es gerne hätten. Sie und Ihr Ehemann sind schon lange Zeit nicht mehr zusammen ausgegangen. Die Wäsche türmt sich wieder einmal. Ihnen ist gerade aufgefallen, dass Sie nichts haben, was Sie Ihren Kindern zum Mittagsessen einpacken können. Sie haben gerade einen weiteren Streit geschlichtet. Der Zeitplan für die vor Ihnen liegende Woche scheint unmöglich zu bewerkstelligen. Außerdem sieht es so aus, als hätten Sie mehr Ausgaben als Einnahmen. Keiner der Menschen um Sie herum scheint zufrieden zu sein. Sie fühlen sich erschöpft und nicht genügend gewürdigt.

Viele Eltern verlieren sich inmitten der endlosen Aufgaben, die sie zu erledigen haben. Sie tun viele Dinge – viele *gute* Dinge –, aber sie wissen nicht, warum. Der alltägliche Trott des Elternseins zehrt sie auf. Sie haben den Blick dafür verloren, woran sie eigentlich arbeiten, auf was sie eigentlich hinarbeiten. Sie verstehen nicht, warum gerade diejenigen, die sie lieben, bei ihnen einen derartigen Ärger und Frust auslösen können. Ganz gewöhnliche Aufgaben, die sie Tag für Tag zu erledigen haben, werden zu einer endlosen Liste lästiger Pflichten, die keinerlei höheren Sinn und Zweck zu besitzen scheinen.

Auf meinen Vortragsreisen rund um die Welt haben mich Tausende von erschöpften Eltern nach effektiveren Strategien für dieses oder jenes gefragt. Doch das, was sie eigentlich bräuchten, ist ein *Gesamtbild ihres Elternseins*, mithilfe dessen sie die Dinge verstehen und durch das sie angeleitet und motiviert werden, ihre von Gott gegebene Berufung als Eltern zu erfüllen. Wenn wir mit unseren elterlichen Aufgaben nicht einfach nur *zurechtkommen* wollen, sondern unsere Kinder auch mit *Weitblick* und *Freude* erziehen möchten, dann brauchen wir mehr als noch ein weiteres Ratgeberbuch, das uns irgendwelche sieben Schritte nennt, mit denen wir dann unsere Probleme loswerden. Nur aus der Perspektive Gottes können wir sehen, wozu er uns berufen hat. Wir brauchen ein im Evangelium gegründetes Gesamtbild des Elternseins, das unserer Aufgabe nicht nur *Sinn* verleiht, sondern auch die *Art und Weise* verändern kann, wie wir diese Aufgabe angehen.

Ja, Sie haben richtig gelesen. Ich bin zutiefst davon überzeugt, dass das, was den meisten gläubigen Eltern in der Erziehung fehlt, die großen Grundsätze des Evangeliums Jesu Christi sind. Diese Grundsätze sind radikal und widersprechen häufig unserer Logik. Sie sind für uns einfach nicht natürlich, aber sie sind *erforderlich*, um solche Eltern zu sein, die wir sein sollen, und das zu tun, was wir tun sollen. Wenn wir unsere Kinder in der Ausrichtung auf das Evangelium erziehen – nämlich in Bezug auf das, was es uns über Gott, uns, unsere Welt, unsere Kinder und Gottes Gnade mitteilt –, gehen wir zwar an die Erziehung nicht völlig anders heran, aber wir tragen die Last dann auf eine völlig andere Art und Weise.

Ich möchte offen sein: Ich habe bereits ein Buch zum Thema Erziehung geschrieben. Es trägt den Titel *Das (Alp)traum-Alter – Keine Angst vor Teenagern*. Und ich habe mir und auch anderen gesagt, dass ich kein zweites Buch zu dem Thema schreiben werde. Und doch tue ich mit diesem Buch gerade genau das. Warum? Weil es mir zunehmend unangenehm war, wenn die Leute mir erzählt haben, dass sie die Ratschläge aus meinem Buch bei ihren Kindern angewandt haben. Ich musste immer wieder denken: »Nein, das ist es nicht wirklich.« Oder: »Nein, das ist nicht das, was ich meinte.« Oder: »Nein, da fehlt doch noch etwas.« Es dauerte eine Weile, bis ich schließlich verstand, dass das, was mich bei diesen Gesprächen störte, das, was diesen Eltern fehlte, das Evangelium war, welches die Grundlage für alles ist, was ich geschrieben habe. Und so habe ich mich, von anderen ermutigt, dazu entschlossen, ein weiteres Erziehungsbuch zu verfassen – wenn auch kein typisches.

Denn dies soll kein Buch mit praktischen Tipps für Kindererziehung in den verschiedenen Altersstufen sein. Dieses Buch wird keine praktischen Schritte zur Bewältigung der Alltags-Herausforderungen nennen. Dieses Buch soll ein Buch zur *Neuorientierung* sein. Es soll Ihnen bei allem, womit Sie es als Eltern zu tun haben, eine neue Denkweise und eine neue Art zu (re-)agieren vermitteln. Dieses Buch soll Ihnen Perspektive, Motivation, Stärke und die Ruhe im Herzen geben, die alle Eltern nötig haben. Ich habe dieses Buch geschrieben, um Ihnen im Licht des Evangeliums die große Gesamtschau der Aufgabe zu zeigen, zu der Sie unser Erlöser berufen hat.

Verloren inmitten der eigenen Erziehungsgeschichte

Zunächst müssen wir wissen, wer wir als Eltern eigentlich sind. Und ich meine damit nicht unseren Namen, unsere Adresse oder unsere Sozialversicherungsnummer. Ich meine damit, *wer wir sind*, und zwar in Bezug auf Gott, den Sinn des Lebens und darauf, wer unsere Kinder sind. Wenn diese Perspektive bei uns nicht stimmt, dann werden wir das Wesentliche unserer gottgegebenen Berufung verfehlen und Dinge tun, die Eltern nicht tun sollten.

Ich fürchte, dass der Grund für Schwierigkeiten und Probleme in der Erziehung oft darin zu finden ist, dass Eltern eine Art »Besitzer-Erziehung« ausüben. Dies wird zwar selten so formuliert und geschieht somit oft nur unbewusst, doch dahinter steht ungefähr folgende Perspektive: »Diese Kinder gehören mir. Deshalb kann ich sie auch so erziehen, wie ich das für richtig halte.« Auch wenn Eltern dies für gewöhnlich nicht sagen, so ist es doch der Grundsatz, auf den die meisten von uns mit der Zeit hereinfallen. Und unter dem Druck überwältigender Verpflichtungen und eines vollen Terminkalenders verlieren wir den Blick dafür, worum es bei Kindererziehung wirklich geht. Wir denken, dass uns unsere Kinder gehören, und tun dadurch letztendlich Dinge, die kurzsichtig und auf lange Sicht nicht hilfreich sind, die eher kontraproduktiv als zielorientiert sind und außerdem nicht zu Gottes großartigem, weisem Plan gehören.

»Besitzer-Erziehung« ist nicht offen egoistisch, schädlich oder verletzend. Sie führt jedoch in unserem Denken und in unserer Motivation zu einer feinen, kaum merkbaren Verschiebung, welche unser Elternsein jedoch auf eine Bahn bringt, das weit von dem von Gott erdachten Plan entfernt ist. Diese Verschiebung ist deshalb so fein und unmerklich, weil sie in den kleinen, alltäglichen Augenblicken des Familienlebens geschieht – in jenen Augenblicken, die so klein und unbedeutend erscheinen, dass sich die Menschen dabei gar nicht der stattgefundenen Verschiebung bewusst sind. Diese Verschiebung ist aber bedeutsam, weil sie eben in unbedeutenden kleinen Augenblicken geschieht und weil gerade in diesen kleinen Augenblicken unsere Erziehung stattfindet. Sehr wenig von unserer Erziehung findet in den großen, bedeutenden Augenblicken statt, die uns innehalten lassen und unsere ganze Aufmerksamkeit erfordern. Erziehung findet zwischen Tür und Angel statt – eben auch dann, wenn wir gerade nicht wirklich achtsam sind und auf einmal mit Dingen konfrontiert werden, von denen wir nicht geahnt hätten, dass wir damit an diesem Tag zu tun haben würden. Es sind diese immer wiederkehrenden kleinen, ungeplanten Augenblicke, die die Erziehung ausmachen und dabei die Seelen der Kinder formen und prägen.

Bei »Besitzer-Erziehung« geht es darum, was Eltern *für* ihre Kinder und *von* ihren Kindern wollen. Es geht darum, was Eltern aus ihren Kindern machen wollen und was ihnen ihre Kinder geben sollen. (Doch dazu später mehr.) »Besitzer-Erziehung« erscheint richtig, fühlt sich richtig an, bewirkt ja auch viel Gutes – und ist doch grundlegend irrig und falsch. Sie wird nicht hervorbringen, was *Gott* im Leben derer, die er unserer Fürsorge anvertraut hat, erreichen möchte. So, jetzt ist es raus!

Gute Kindererziehung, die Gottes Absichten verfolgt, beginnt mit der radikalen und demütigen Anerkennung der Tatsache, dass unsere Kinder uns eigentlich gar nicht gehören. Vielmehr gehört jedes Kind, das sich auf diesem Planeten befindet, dem Einen, der es erschaffen hat. Ja, Kinder sind Eigentum Gottes (vgl. Psalm 127,3), und zwar für seine Absichten. Und das bedeutet, dass Gottes Plan für uns Eltern darin besteht, sozusagen seine »Vertreter« im Leben all derer zu sein, die in seinem Bild erschaffen wurden und unserer Fürsorge anvertraut worden sind.

Das Wort, das die Bibel für dieses Vertreten verwendet, ist das Wort *Botschafter* (oder: *Gesandter*). Es ist in der Tat das ideale Wort, um zu beschreiben, wozu Gott Eltern berufen hat. Denn es macht deutlich, was Eltern sein und tun sollen. Das Einzige, was ein Botschafter zu tun hat – wenn er daran interessiert ist, seine Arbeit zu behalten –, ist, treu die Botschaft, die Handlungsweise und den Charakter der Führungsperson zu repräsentieren, die ihn beauftragt hat. Ein Botschafter besitzt nicht die Freiheit, unabhängig zu denken, zu sprechen oder zu handeln. Jede Handlung, jede Entscheidung und jede Reaktion muss von einer Frage geprägt sein, nämlich: »Was ist der Wille und der Plan der Person, die mich gesandt hat?« Denn der Botschafter repräsentiert nicht seine eigenen Interessen, seine eigene Sichtweise oder seine eigene Macht. Entweder er tut alles als ein Botschafter, oder er vergisst, dass er Botschafter ist – doch dann wird er seine Tätigkeit nicht lange ausüben können.

Kindererziehung ist von Anfang bis Ende die vertretende Tätigkeit eines Botschafters. Erziehung darf nicht durch persönliche Interessen, persönliche Bedürfnisse oder gesellschaftliche Ansichten gesteuert sein oder an ihnen ausgerichtet werden. Alle Eltern dieser Erde sind dazu aufgerufen anzuerkennen, dass sie sich zu einer bestimmten Zeit an einem bestimmten Ort auf dieser Erde befinden, um eine Sache im Leben ihrer Kinder zu tun: den Willen Gottes! Und das bedeutet ganz praktisch: Erziehung meint nicht zuerst, was wir *für* unsere Kinder oder *von* unseren Kindern wollen, sondern was Gott in seiner Gnade geplant hat, durch uns *in* unseren Kindern zu bewirken. Das aus den Augen zu verlieren, führt zu einer Beziehung mit unseren Kindern, die im Grunde weder christlich ist noch wahre Erziehung darstellt. Denn bei einer solchen Erziehung geht es eher um *unseren* Willen und *unseren* Weg als um den Willen und den Weg des souveränen Erretters und Königs.

Ich möchte an dieser Stelle betonen, dass ich das eigentlich überhaupt nicht gerne schreibe. Denn ich mag Souveränität. Ich bin gerne Eigentümer. Und genauso wie der Wille Gottes im Himmel geschieht, mag ich es, wenn mein Wille auf dieser Erde geschieht! Ich habe meine vier Kinder – die mittlerweile erwachsen sind – häufig so behandelt, als seien sie mein Eigentum. Ich habe oft an »Botschafter-Schizophrenie« gelitten, habe zuweilen nicht nachgedacht, die Erziehung selbst in die Hand genommen und Dinge getan, die ich nicht hätte tun sollen. Ich bin oft ein sehr schlechtes Beispiel für freudige Unterwerfung unter Gottes Gesetz gewesen. Ich bin oft ein sehr schlechter Repräsentant der Gnade Gottes gewesen. Ich bin oft mehr von Furcht angetrieben worden als von Glauben. Ich war oft eher auf kurzfristige Vorteile aus als auf langfristige Umgestaltung. Es hat Augenblicke gegeben, in denen ich vergessen habe, wer ich bin, und Dinge getan habe, die überhaupt keinen Sinn gemacht haben – oder zumindest wenig hilfreich gewesen sind.

Und ich denke, Sie werden mir zustimmen, dass es Ihnen auch oft so geht: Auch Sie verirren sich inmitten der sich endlos wiederholenden Aufgaben in der Erziehung der Kinder, die Ihrer Fürsorge anvertraut worden sind. Auch Sie vergessen, wer Sie sind. Es gibt Augenblicke, in denen Sie nicht nachdenken. Es gibt Zeiten, in denen das, was Sie sagen und tun, einfach nicht hilfreich und ganz bestimmt nicht botschaftergemäß ist.

Es ist gerade einmal ein paar Minuten her, dass Sie sich hingesetzt haben, nachdem Sie erneut eine Standpauke zum Thema »Wie liebe ich meinen Nächsten?« gehalten haben – die Sie ungefähr fünfmal am Tag halten müssen. Sie fühlen sich im Moment recht gut damit, wie das Ganze verlaufen ist. Inzwischen sitzen Sie wieder mit Ihrem Tablet im Wohnzimmer. Doch bevor Sie auch nur den App-Button Ihres Lieblingsmagazins drücken können, hören Sie zornige Stimmen, die zu Ihnen vom Flur hinüberdringen, und zwar aus ebenjenem Zimmer, in dem Sie gerade gewesen sind. Sie können es nicht fassen! Sie haben es satt und nehmen es persönlich. Sie würden Ihr Tablet am liebsten aus dem Fenster werfen, aber Sie wissen, dass dann sowohl Fenster als auch Tablet in die Brüche gehen würden. Sie wünschten, dass dieser Wahnsinn endlich ein Ende hätte und Sie einfach nur einmal einen ruhigen Moment genießen könnten. Nein, Sie bereuen nicht, Kinder zu haben, aber in diesem Moment wünschen Sie sich doch irgendwie, dass das nicht *Ihre* Kinder wären. Sie sind zornig und stehen kurz davor, durchzudrehen und zu vergessen, wer Sie sind und zu welcher Aufgabe Gott Sie berufen hat. Da ist ein Gefühl, das Sie den Flur hinuntertreibt, doch das Gefühl heißt nicht *Liebe*. Da ist ein Motiv, das Sie antreibt, doch dieses Motiv heißt nicht *Gnade*. Und da sind Sie auch schon in dem Zimmer und schreien – und das, bevor Sie überhaupt realisiert haben, dass Sie aus dem Sessel im Wohnzimmer aufgestanden sind. Sie reden, aber Sie denken nicht nach. Sie reagieren, aber das, was Sie tun, ist nicht Erziehung. Sie sprechen eine Reihe von Strafen aus, die Sie später durchsetzen müssen. Sie stoßen schlimme Drohungen aus und sagen Ihren Kindern, was geschehen wird, wenn Sie noch ein einziges Mal den Flur hinuntergehen müssen. Sie verlassen das Zimmer, indem Sie so etwas sagen wie: »Ich wäre in eurem Alter nie auf die Idee gekommen, mich so zu verhalten.« Sie werfen sich wieder in den Sessel, greifen zu Ihrem Tablet und öffnen die App. Doch Sie sind nicht wirklich bei der Sache, denn Ihre Gefühle toben. »Was muss ich denn eigentlich noch tun, damit sie endlich hören, damit sie ausnahmsweise mal gehorchen?«, fragen Sie sich, während Sie sich allmählich wieder abregen. Sie fühlen sich ein wenig schuldig und versuchen sich daher einzureden, dass Ihre Kinder das sehr wohl verdient hatten.

Wer von uns Eltern hat so etwas nicht schon einmal erlebt? Welche Eltern können schon ohne irgendein Bedauern auf die Tage, Wochen, Monate und Jahre zurückblicken, die sie mit ihren Kindern hatten? Es ist wichtig, demütig anzuerkennen, wie fundamental anders *Botschafter*-Erziehung ist. Es ist wichtig, dass wir bei *Gott* Befreiung und Kraft suchen müssen, weil nur er sie uns in seiner unendlichen Gnade geben kann. Die Sünde macht uns natürlicherweise eher zu Besitzern als zu Botschaftern. Die Sünde macht uns eher fordernd als geduldig. Die Sünde lässt uns Bestrafung natürlicher erscheinen als Gnade. Die Sünde bewirkt, dass wir viel eher die Sünde, die Schwachheit und das Versagen anderer sehen und uns darüber bekümmern, als dass wir all diese Dinge bei uns selbst wahrnehmen. Die Sünde macht es uns leichter, anderen Menschen etwas zu erzählen, als ihnen zuzuhören. Aus alledem folgt: Das, was unserer Berufung als Botschafter-Eltern ständig in die Quere kommt, sind wir selbst! Dies demütig zu bekennen, ist der erste Schritt in unserer Funktion als Botschafter.

Besitzer oder Botschafter?

Vielleicht denken Sie nun: »Ich denke eigentlich nicht, dass ich meine Kinder so behandle, als seien sie mein Eigentum. Ich versuche durchaus, Gott im Leben meiner Kinder zu dienen, nur bin ich mir dessen manchmal nicht so sicher.« Vielleicht kann ich Ihnen ja weiterhelfen. Dabei sollte zuerst einmal Folgendes angemerkt werden: Nur wenige Eltern verhalten sich *dauerhaft* wie Besitzer oder wie Botschafter. Ich denke, dass die meisten von uns täglich einen Kampf im Herzen ausfechten, um zwischen Besitzer-Erziehung und Botschafter-Erziehung zu entscheiden. Wir sind fortwährend zwischen dem, was wir wollen, und dem, was Gott will, hin- und hergerissen. Das eine Mal werden wir zu dem gezogen, wovon *wir meinen*, dass es das Beste sei, ein anderes Mal zu dem, wovon *Gott sagt*, dass es das Beste ist. In einem Augenblick lassen wir uns viel zu sehr von den Werten der uns umgebenden Gesellschaft beeinflussen, und in einem anderen Augenblick sind wir fest davon überzeugt, dass die Erziehung unserer Kinder von der biblischen Sichtweise geprägt werden muss. Manchmal wollen wir einfach nur, dass unsere Kinder sich benehmen, damit unser Leben leichter wird. In anderen Augenblicken wiederum akzeptieren wir die Tatsache, dass Kindererziehung ein geistlicher Kampf ist.

Es wird hilfreich sein, den Unterschied zwischen diesen beiden »Erziehungsmodellen« einmal auf der praktischen Ebene zu überdenken. Zu diesem Zweck unterteile ich diese beiden Modelle in vier Bereiche, mit denen sich alle Eltern irgendwie und auf irgendeine Art und Weise beschäftigen müssen: Identität, Arbeit, Erfolg und Ansehen. Die Art und Weise, wie wir über diese vier Dinge denken, wird offenbaren, wie wir uns als Eltern definieren und was wir als unsere Erziehungsaufgaben ansehen.

1. Identität
Worin suchen wir unseren Lebenssinn?

Besitzer: Besitzer-Eltern neigen dazu, ihre Identität, ihren Lebenssinn, ihre ganze Bestimmung und ihr inneres Wohlbefinden in ihren Kindern zu suchen. Sie möchten ihren Kindern die unerträgliche Last ihres *eigenen* Selbstwertgefühls aufbürden. Dazu will ich Folgendes sagen: Es ist recht armselig, in der Erziehung nach Identität zu suchen. Das ist allein deshalb so, weil alle Eltern *Sünder* erziehen! Kinder kommen mit einem gravierenden Defekt, einer inneren Zerbrochenheit auf diese Welt, was dazu führt, dass sie sich gegen die Autorität, Weisheit und Führung ihrer Eltern auflehnen. Eltern, die in ihren Kindern nach ihrer eigenen Identität suchen, neigen dazu, das Versagen ihrer Kinder persönlich zu nehmen. Für sie ist es so, als ob ihre Kinder dies ganz bewusst gegen sie getan hätten. Deshalb reagieren sie auf ihre Kinder mit persönlicher Verletztheit und Verärgerung. Doch Gott hat uns nicht einfach Kinder gegeben, nur damit sie uns das Gefühl geben, dass unser Leben wertvoll ist.

Botschafter: Eltern, die Repräsentanten sein möchten, üben die Erziehung in einem tiefen Bewusstsein ihrer Identität aus und werden dadurch motiviert, dass sie die *Bedeutung* und *Bestimmung* der Erziehung vor Augen haben. Sie brauchen dies nicht von ihren Kindern zu bekommen, weil sie es von dem Einen bekommen haben, den sie repräsentieren: von dem Herrn Jesus Christus. Deshalb sind sie auch *von* dem Zwang befreit, von ihren Kindern erwarten zu müssen, was kein Kind uns geben kann. Sie sind *davon* befreit, von ihrer Familie »das Leben« erwarten zu müssen, weil sie das Leben bereits gefunden haben und ihre Herzen zur Ruhe gekommen sind. Und deswegen sind sie *dazu* befreit, sich selbst zu vergessen und mit der Selbstlosigkeit und Opferbereitschaft, die Botschafter-Erziehung erfordert, ihre Kinder großzuziehen.

2. Arbeit
Was definieren wir als unsere Aufgabe, als unsere elterliche Berufung?

Besitzer: Besitzer-Eltern sind der Ansicht, ihre Aufgabe bestehe darin, aus ihren Kindern »etwas zu machen«. Sie haben eine Vorstellung, was aus ihren Kindern werden soll. Sie denken, ihre Aufgabe als Eltern bestehe darin, ihre Autorität, ihre Zeit, ihr Geld und ihre Energie dazu zu nutzen, aus ihren Kindern das zu machen, was sie sich vorstellen. Ich habe viele Kinder in der Seelsorge gehabt, die unter der Last des fortwährenden Drucks ihrer Eltern zerbrachen – von Eltern, die eine konkrete Vorstellung, eine *Vision* von dem hatten, was aus ihren Kindern werden sollte, und dazu entschlossen waren, aus ihnen eben genau das zu machen. Besitzer-Eltern denken häufig, dass sie selbst auch die Macht und die persönlichen Ressourcen haben, um ihre Kinder so zu formen, wie sie sie gerne haben wollen.

Botschafter: Eltern, die wirklich verstanden haben, dass sie nichts weiter als Repräsentanten einer größeren, weiseren, mächtigeren und gnädigeren Person sind, wissen, dass ihre tägliche Aufgabe nicht darin besteht, aus ihren Kindern »etwas zu machen«. Sie haben begriffen, dass sie die Macht, ihre Kinder zu verändern, überhaupt nicht besitzen – ja, mehr noch: Sie würden ohne Gottes Weisheit nicht einmal wissen, was das Beste für ihre Kinder ist. Doch sie kennen ihre *Berufung*: Sie sollen Werkzeuge in den Händen des Einen sein, der wunderbar weise und ein Gnadengeber ist. Sie wissen, dass diese Gnade die Macht besitzt, die Kinder, die ihrer Fürsorge anvertraut worden sind, zu erretten und umzugestalten. Sie werden nicht davon motiviert, was aus ihren Kindern werden soll, sondern davon, was die Gnade aus ihren Kindern machen kann.

3. Erfolg
Was definieren wir als Erfolg?

Besitzer: Besitzer-Eltern neigen dazu, im Leben ihrer Kinder auf einen bestimmten Indizien-Katalog hinzuarbeiten, der ihnen dann beweisen soll, dass sie erfolgreiche Eltern sind. Und so werden Dinge wie schulische Leistungen, sportlicher Erfolg, musikalische Fähigkeiten und gesellschaftliches Ansehen zu Messlatten, die zeigen, wie gut sie ihre Aufgabe erfüllt haben. Nun, diese Dinge sind nicht unwichtig, aber sie sind schlichtweg ungeeignet, ein Maßstab für erfolgreiche Erziehung zu sein. »Gute« Eltern bringen nicht immer »gute« Kinder hervor. Eltern sollten sich auch immer wieder fragen, *woher* sie diese Werteskala haben, die ihnen anzeigt, ob sie »gute« Kinder haben oder nicht. Ich fürchte, dass viele gute Eltern lange Zeit mit einem Gefühl des Versagens leben, weil aus ihren Kindern nicht das geworden ist, was sie sich erhofft hatten.

Botschafter: Diese Eltern haben der etwas unheimlichen Wahrheit ins Auge geblickt, dass sie selbst überhaupt keine Macht haben, in ihren Kindern irgendetwas hervorzubringen. Deshalb machen sie ihre Definition von erfolgreicher Erziehung auch nicht an scheinbaren Messlatten fest. Denn erfolgreiche Kindererziehung meint nicht in erster Linie, was wir *hervorgebracht* haben. Vielmehr geht es darum, was wir *getan* haben. Ich möchte dies einmal so formulieren: Erfolgreiche Kindererziehung meint nicht das Erreichen von Zielen (die wir gar nicht erreichen können), sondern ein brauchbares und treues Werkzeug in den Händen des Einen zu sein, der der Einzige ist, der in unseren Kindern gute Dinge hervorbringen kann.

4. Ansehen
Wie zeigen wir anderen Menschen, wer wir sind und worum es bei uns geht?

Besitzer: Besitzer-Eltern machen aus ihren Kindern unbewusst Siegestrophäen. Sie neigen dazu, ihre Kinder vor anderen präsentieren zu wollen, um den Beifall ihrer Mitmenschen zu bekommen. Das ist auch der Grund dafür, warum so viele Eltern mit den verschiedenen verrückten Phasen zu kämpfen haben, die ihre Kinder nach und nach durchlaufen. Sie sind nicht so sehr darüber besorgt, was diese Verrücktheiten über *ihre Kinder* aussagen, sondern was sie über *sie* als Eltern aussagen. Die Kinder solcher Eltern empfinden nicht nur die Last, für das Ansehen ihrer Eltern verantwortlich sein zu müssen, sondern spüren auch deren Enttäuschung und Betretenheit in den entsprechenden Situationen. Besitzer-Eltern neigen dazu, über ihre Kinder zornig und enttäuscht zu sein, aber nicht in erster Linie, weil sie Gottes Gesetz gebrochen haben, sondern weil das, was auch immer ihre Kinder getan haben, den Eltern Ärger und Peinlichkeiten beschert hat.

Botschafter: Botschafter-Eltern haben verstanden, dass die Erziehung von Sündern sie in irgendeiner Form manchmal öffentlichem Unverständnis aussetzen oder in Verlegenheit bringen wird. Sie haben akzeptiert, dass die Aufgabe, zu der Gott sie berufen hat, demütigend und auch ziemlich chaotisch ist. Sie verstehen, dass, wenn ihre Kinder im Leben heranreifen und in der Gottesfurcht wachsen, sie nicht so sehr zu *ihren eigenen* Siegestrophäen werden, sondern vielmehr zu den Siegestrophäen des *Erretters*, dem sie als Eltern dienen möchten. In ihren Augen ist Gott derjenige, der das Werk tut, und Gott ist derjenige, der verherrlicht wird. Diese Eltern freuen sich einfach darüber, dass sie Werkzeuge sein durften, die Gott gebrauchen konnte.

Sind Sie bereit, die Bürde der Besitzer-Erziehung abzulegen und stattdessen ein Elternsein zu erleben, bei dem man weiß, dass man dazu berufen worden ist, die Botschaft, die Handlungsweise und den Charakter *des* Besitzers unserer Kinder zu repräsentieren? Sind Sie bereit, sich von der Last befreien zu lassen, die krampfhaft Veränderung zu bewirken versucht, und die Ruhe darin zu erfahren, ein Werkzeug des Einen zu sein, der einzig und allein die Macht zur Veränderung hat, und zwar durch seine Gnade?

Dann ist dieses Buch für Sie gedacht. Es soll Sie aus dem Alltagstrott herausreißen und dazu bringen, sich die Gesamtschau der Aufgabe anzusehen, an der Gott, der an den Herzen unserer Kinder wirkt, uns einlädt ein Teil zu sein. Dieses Buch soll Ihnen dabei helfen zu sehen, wie fundamental anders Erziehung wird, wenn Sie aufhören, *selbst* bei Ihren Kindern Veränderung hervorbringen zu wollen, und zu einem willigen Werkzeug der Gnade werden, die befreit, vergibt und Veränderung bewirkt. In jedem Kapitel werde ich einen Erziehungsgrundsatz vorstellen, der diese Gnade ernst zu nehmen versucht. Viele von Ihnen sind ausgelaugt, entmutigt, frustriert. Wie wäre es daher, einmal einen anderen, besseren Weg in Erwägung zu ziehen: den Weg der Gnade?

Kapitel 1

Berufung

Grundsatz:
Gottes Werkzeug im Leben eines Menschen zu sein,
ist wichtiger als alles andere in unserem Leben.

Sie sind frustriert, weil sich Ihre zweijährige Tochter an diesem Donnerstagabend aus irgendeinem Grund dazu entschlossen hat, unter keinen Umständen ihre Erbsen zu essen. Weder Druck noch Drohung helfen. Sie haben sie wohlgemerkt nicht dazu aufgefordert, Gift zu sich zu nehmen. Es geht hier um *Erbsen* – lächerliche kleine, runde, grüne Gemüsekügelchen! Sie fragen sich, was sie sich wohl dabei denken mag. Warum sind diese leichten Aufgaben bloß so schwer?

Sie können es nicht fassen: schon wieder ein Brief von seinem Lehrer! Es ist bereits der fünfte Brief in drei Wochen. Und dabei ist er gerade mal in der Vorschule! Aus irgendeinem Grund hört er einfach nicht auf zu reden – in Augenblicken, in denen er besser nicht reden sollte. Er redet gerade dann, wenn der Lehrer redet. Er redet, wenn andere Kinder etwas sagen wollen. Er redet beim Mittagessen, und zwar mit vollem Mund. Er redet, wenn er eigentlich einen Mittagsschlaf halten soll. Er redet, wenn Sie versuchen, mit ihm darüber zu reden, dass er zu viel redet. Und Sie hatten gedacht, dass Ihr Leben, wenn er endlich in der Schule wäre, einfacher würde …

Es ist einer jener Tage, an dem Sie davon überzeugt sind, dass sich Ihre Kinder gegen Sie verschworen haben, um es Ihnen heute besonders schwer zu machen. Es fühlt sich so an, als wenn Sie einer Legion kleiner Rebellen gegenübertreten müssten. Sie haben Ihre Geduld bereits viel zu oft verloren. Sie haben beschämende Dinge gesagt und getan. Sie sind laut geworden und haben wüste Drohungen ausgesprochen. Doch offensichtlich hat nichts von alledem geholfen. Sie haben die Kontrolle über Ihre eigene Familie verloren und sehnen sich insgeheim und mit einem leichten Schuldgefühl nach der Zeit zurück, in der die Dinge noch einfacher waren.

Sie hatten gerade eines der besten Elterngespräche, das Sie je hatten. Es ist erstaunlich, dass ein Elfjähriger derart tiefgründig und philosophisch sein kann. Das Ganze hat Sie ziemlich überrascht. Sie hätten nie gedacht, dass so tiefgründige Themen zur Sprache kommen könnten und dabei die Zeit so stehen bleiben könnte. Darauf waren Sie einfach nicht vorbereitet und haben teilweise ein bisschen herumgestottert. Aber trotzdem hoffen Sie, dass das, was Sie gesagt haben, hilfreich, verständlich und weise war. Sie hoffen, dass die Art und Weise, in der Sie die Dinge gesagt haben, zu weiteren Gesprächen führen wird. Allerdings hätten Sie sich gewünscht, dass Sie »vorgewarnt« worden wären.

Sie scheinen ihr peinlich zu sein. Und das tut sehr weh. Denn es gab Zeiten, da kam sie in Ihre Arme gelaufen, um sich dort getröstet und liebevoll geborgen zu fühlen. Sie liebte es, an Ihrer Hand durchs Einkaufszentrum zu springen. Sie zog Ihre Kleidung an und schlüpfte in Ihre Rolle. Sie setzte sich auf einen Stuhl in der Küche und »half« Ihnen dabei, das Essen zuzubereiten. Sie kam mit einem großen Strahlen auf Sie zugelaufen, nachdem sie den Preis beim Turnen erhalten hatte. Und jetzt – möchte sie von Ihnen beim Einkaufszentrum abgesetzt werden und bittet Sie, nicht mit hineinzukommen. Sie will von Ihnen auf gar keinen Fall von der Schule abgeholt werden. Und wenn doch, dann sollen Sie unten an der Straße parken.

Sie bringt kaum Freundinnen mit nach Hause, und wenn doch, dann ziehen sie sich in ihr Zimmer zurück und bleiben für sich. Sie wünschen sich, dass sie wieder zu Ihnen kommt, ihren Kopf an Ihre Brust legt und sagt: »Ich hab dich lieb, Mama«, so wie sie das früher getan hat. Aber Sie glauben nicht, dass das passieren wird.

Sie sind mit ihnen ins Kino gegangen, das machen Sie als Famile gern. Der Film wurde als eine lustige Familienkomödie angekündigt. Doch es stellt sich heraus, dass der Film von Anfang bis Ende voll von sexuellen Anspielungen ist. Sie haben das Ende des Filmes gar nicht mehr mitbekommen, denn Sie sind mit Ihren Gedanken abgeschweift. Sie überlegen, was Sie sagen sollen, wie Sie mit dem umgehen sollen, was Ihre Kinder da zu sehen bekommen haben. Wie viel von alledem haben sie verstanden? Wenn Sie mit ihnen reden, werden Sie dann nicht in ein Wespennest stechen? Ist jetzt der Moment gekommen, mit ihnen offen über Sexualität zu reden? Sind Sie dazu bereit? Und sind die *Kinder* dazu bereit? Wie sollen Sie das angehen? Wann ist der richtige Zeitpunkt dafür? Sie wünschten, Sie hätten einen Leitfaden, an dem Sie sich entlanghangeln könnten.

Während Sie die letzte Tasche in sein neues Studentenzimmer bringen, sagen Sie sich, dass er ein guter Junge ist. Doch Sie fragen sich ernsthaft, ob er schon dafür bereit ist. Sie schauen sich ihn an, aber Sie sehen in ihm keinen Universitätsstudenten. Sie sehen einen Sechsjährigen mit laufender Nase und aufgeschürften Knien, der Sie darum bittet, bei einem Freund übernachten zu dürfen. In der Schule hat er sich gut benommen. Er wollte unbedingt studieren. Er wollte etwas Neues, mal etwas anderes als zu Hause. Die Mädchen, die Sie auf den Gängen des gemischten Studentenwohnheims gesehen haben, bereiten Ihnen ziemliche Bauchschmerzen. Am liebsten würden Sie ihn und sein Gepäck wieder ins Auto stecken, um diesen Ort so schnell wie möglich wieder zu verlassen, damit Sie ihn nicht vollständig verlieren. Er sagt zu Ihnen, dass Sie sich keine Sorgen machen sollen, es werde alles gut klappen. Aber das hilft Ihnen auch nicht wirklich. Sie beten mit ihm, bevor Sie gehen, aber Sie sind noch immer ziemlich nervös und unruhig. Sie bitten ihn, Sie später anzurufen, aber Sie glauben eigentlich nicht, dass er das tun wird.

Sie hat ihr Studium abgeschlossen und ist nach Hause zurückgekehrt, um sich nach einem neuen Arbeitsplatz umzusehen. Sie hatten eigentlich gedacht, dass die Zeit der Erziehung zu Ende sei, doch das scheint ganz offensichtlich nicht der Fall zu sein. Der Zustand ihres Zimmers, die Art ihrer Freunde, ihre Freizeitgestaltung – all das lässt Sie daran zweifeln, dass sie wirklich bereit ist, selbstständig und erwachsen ihr Leben zu führen. Sie haben gemischte Gefühle. Sie hatten sich eigentlich gefreut, Ihr Heim und Ihre Zeit wieder für sich zu haben, aber zugleich haben Sie es auch vermisst, Mutter zu sein. Nun ist sie wieder zurück und alles ist anders. Sie wissen, dass Sie von ihr noch immer gebraucht werden. Sie wissen, dass sie Ihre Hilfe braucht, um richtig »ins Leben zu starten«. Aber Sie sind sich nicht sicher, ob sie das genauso sieht. Jeden Abend versuchen Sie wie gewohnt schlafen zu gehen, aber irgendwie können Sie erst dann wirklich einschlafen, wenn Sie die Haustür hören und wissen, dass sie wieder gut zu Hause angekommen ist. Einerseits haben Sie allmählich genug vom Elternsein, doch andererseits sind Sie dankbar, Ihre Tochter wieder bei sich zu Hause zu haben.

Sie werden von Reue geplagt. Sie hätten es gerne anders, aber es ist so. Und dabei geht es nicht etwa um irgendeine große Sache, sondern es geht um all die kleinen Augenblicke des Versagens. Sie erinnern sich an die kleinen Versprechen, die Sie gemacht und dann nicht eingehalten haben, weil Sie zu beschäftigt waren. Die Augenblicke, in denen Sie losgebrüllt haben, wo Sie aber besser zugehört hätten. Sie erinnern sich, wie schwer es Ihnen gefallen ist, mit den Kindern gerecht umzugehen, und wie oft Sie darin versagt haben. Sie denken daran, wie Sie bei Aufführungen Ihrer Kinder eingeschlafen sind, und hoffen, dass die Kinder es nicht gemerkt haben. Ihnen kommen lächerliche Drohungen in den Sinn, die Sie ausgestoßen haben, und Sie hoffen, dass Ihre Kinder sich nicht so gut daran erinnern wie Sie. Sie erinnern sich daran, wie Sie das Auto angehalten haben und Ihre Kinder aufgefordert haben auszusteigen und zu ihnen gesagt haben, dass sie erst dann wieder einsteigen dürften, wenn sie sich benehmen würden. Sie wissen, dass es für Sie leichter war, ein Gesetz aufzustellen, als ihnen Gnade zu erweisen. Sie wären so gerne frei von diesen Reuegedanken, aber Sie sind es nicht.

Um was geht es bei all diesen Situationen, die ich gerade beschrieben habe? Was haben all diese »Eltern-Szenarien« gemeinsam?

Sie handeln alle von einer Berufung – von einer der bedeutendsten Berufungen, die ein Mensch haben kann. Halten wir einmal inne und denken über die gewaltige Tragweite dieser elterlichen Berufung nach. Würden Sie da nicht am liebsten weglaufen? Es wäre verrückt, wenn jemand tatsächlich meinen würde, eine derartige Aufgabe bewältigen zu können. Es ist wahnsinnig, ernsthaft zu denken, dafür geeignet zu sein. Das wäre ungefähr so, wie wenn jemand meint, er könne mit eigener Kraft eine Boeing 747 anheben. Sollte dies der einzige Makel eines ansonsten vollkommenen Gottes sein? Setzt Gott wirklich Eltern als seine Vertreter ein, um durch sie das Leben eines Menschen zu formen und zu prägen? Beschäftigen wir uns einmal mit der Größe des Planes Gottes und damit, welche Bedeutung das für uns Eltern hat.

Eltern als Schatzsucher

Es es wichtig, Folgendes zu verstehen: Alles, was wir tun und sagen, jede Entscheidung, die wir treffen, und jede Investition, zu der wir uns entschließen, spiegelt die inneren Werte unseres Herzens wider. Als Wesen, die im Bild Gottes erschaffen worden sind, werden wir nicht von *Instinkten* geleitet. Wir sind vielmehr Menschen, die durch *Werte* motiviert werden. Unsere Worte, unsere Termine, unser

Finanzmanagement, unsere emotionalen Hochs und Tiefs, unsere Beziehungen und unsere geistlichen Gewohnheiten zeichnen ein Bild dessen, was uns wichtig ist. Wenn ich mir mit Ihnen zusammen den Film Ihrer letzten beiden Monate anschauen würde, was würde ich wohl daraus in Bezug auf Ihre Werte schließen? Oder wenn ich mir anschauen würde, wie Sie Ihre Kinder in den letzten Monaten erzogen haben, was würde ich dann denken, wie wichtig Ihnen diese grundlegende Aufgabe ist, mit der Gott Sie betraut hat?

In meinem Buch *What Did You Expect?* habe ich geschrieben, dass es beim Thema *Werte* keinen hilfreicheren Bibelabschnitt gibt als Matthäus 6,19-34. In diesem Bibelabschnitt gebraucht der Herr Jesus den Begriff *»Schatz«*, um deutlich zu machen, dass wir alle unser Leben auf das ausrichten, was wir für wichtig erachten. In dieser Hinsicht sind alle Menschen gleich: Wir alle sind jeden Tag damit beschäftigt, nach irgendeiner Art »Schatz« zu graben. Unsere Worte und unsere Verhaltensweisen sind der Versuch, aus unserem Leben und unseren Beziehungen das herauszuziehen, was uns wichtig ist. Also, es mag uns zwar schwerfallen, das einzugestehen, aber es muss dennoch gesagt werden: Kindererziehung ist uns entweder eine Angelegenheit von höchstem Wert – oder nicht. Welche der beiden Einstellungen wir haben, wird an unseren täglichen Entscheidungen, Worten und Handlungen ersichtlich.

Es ist demütigend, aber zugleich auch hilfreich, sich einzugestehen, dass es in unserem Leben auf der Erde sehr viele Dinge gibt, die um einen Platz in der Schatzkammer unseres Herzens wetteifern. Zum Beispiel leben wir in einer Welt wunderschoner materieller Dinge, die entweder von Gott erschaffen wurden oder von Menschen aus den Materialien gemacht worden sind, die Gott erschaffen hat. Diese materiellen Dinge sprechen zwar unseren Sinn für Schönheit an, den Gott in uns hineingelegt hat, doch sie können einen Platz in unseren Herzen einnehmen, den Gott niemals für sie beabsichtigt hat. Wenn die Freude an irdischen Besitztümern zu wichtig wird, führt dies zu verschiedensten Störungen bei den Aufgaben, zu denen Gott Eltern berufen hat. Eltern, die zu sehr von ihren Besitztümern (Haus,

Auto, Garten, Möbel, Kunst ...) eingenommen sind, sind häufig so sehr damit beschäftigt, Besitztümer zu erwerben, instand zu halten, zu finanzieren und zu schützen, dass sie viel zu wenig Zeit haben, sich in der von Gott beabsichtigten Weise um ihre Kinder zu kümmern. Sie werden auch häufig ziemlich empfindlich, wenn es um den Schutz ihrer Besitztümer geht, sodass sich ihr Zuhause nach und nach in ein ungemütliches Museum voller Möbel und Kunstwerke verwandelt, in dem ihre Kinder dann leben müssen. Es ist durchaus möglich, dass sich eine Mutter mehr Sorgen um die Flecken auf ihrer Couch macht als um die Seele ihres Sohnes. Und es ist ebenso möglich, dass ein Vater mehr die Reinigung und Instandhaltung seines neuen Autos im Blick hat als das Herz seiner Tochter. Es gibt Eltern, die die Freunde ihrer Kinder nicht nach Hause einladen, weil sie sich Sorgen um ihre Wohnung und ihre Besitztümer machen.

Wie ist das bei Ihnen: Stehen materielle Dinge Ihnen bei der Erziehung Ihrer Kinder im Weg oder führen diese zu unnötigen Spannungen?

Oder wie sieht es mit dem Thema Erfolg aus? Ich bin davon überzeugt, dass unser Wunsch nach Erfolg eine weitere Eigenschaft ist, die der Schöpfer in uns hineingelegt hat. Wir sind, weil wir ja im Bild unseres Schöpfers erschaffen wurden, dazu gemacht, selbst etwas zu erschaffen. Wir sind dazu erschaffen, Bauarbeiter, Manager, Macher zu sein. Wir sind dazu gemacht worden, unsere Umgebung zu verändern. Wir sind dazu gemacht, unsere Spuren zu hinterlassen. Wir sind dazu gemacht, Pläne zu entwickeln und durchzuführen. Und wegen all dieser Leistungen, die wir erbringen, ist uns Erfolg wichtig. Jeder Mensch möchte erfolgreich sein. Wenn wir einer Person begegnen würden, die in keiner Weise nach Erfolg strebt, die auch nicht den geringsten Willen zeigt, irgendetwas zu erreichen, dann würden wir den Eindruck gewinnen, dass diese Person irgendein emotionales oder geistliches Problem hat und Hilfe benötigt. Doch ebenso wie bei Materiellem kann diese *sehr gute*, von Gott erschaffene Eigenschaft in unserem Leben zu einer *sehr schlechten* werden, und zwar dann, wenn sie zu dem alles beherrschenden Schatz wird, zu dem sie niemals werden sollte.

Tausende und Abertausende von Kindern werden täglich Personen anvertraut, die sie nicht kennen, weil ihren Eltern der berufliche Erfolg und die Karriere zu wichtig geworden sind. Aus Angst vor langfristigen Auswirkungen auf Geldbeutel und beruflichen Werdegang ist keines der beiden Elternteile dazu bereit, auf die Arbeit außerhalb des Hauses zu verzichten. So hat auch keiner von beiden Zeit, sich um die Kinder zu kümmern. Folglich müssen *andere* Menschen in Anspruch genommen werden, um diese Arbeit zu erledigen. Ich weiß sehr wohl, dass dies ein kontrovers diskutiertes Thema ist. Und ich möchte kein Ehepaar, das seine Kinder in die Kita gibt, in irgendeiner Form bewerten, ohne genau zu wissen, warum sie diese Entscheidung getroffen haben. Aber ich bin beunruhigt darüber, dass diese Thematik nicht öfter angesprochen wird. Es macht mich traurig, wenn ich an die vielen Kinder denke, die in ihren prägendsten Jahren den Großteil des Tages ohne ihre Eltern verbringen müssen. Ich bin traurig über die wachsende gesellschaftliche Akzeptanz von »Schlüsselkindern«. Ich bin in Sorge darüber, wie viele erschöpfte Eltern ihre Kinder am Ende des Tages abholen und schlichtweg nicht mehr in der Lage sind, die für den Rest des Abends erforderliche Gnade und Geduld gegenüber ihren Kindern aufzubringen. Es geht hier nicht darum, wie voll der Terminkalender ist, sondern wie man seine Prioritäten setzt. Wie viele Kinder sehen ihre Väter nur selten, weil Papa bereits aus dem Haus ist, bevor die Kinder aufstehen, und erst wieder nach Hause kommt, nachdem sie bereits im Bett sind? Und wenn sie erst einmal im Teenageralter sind, haben sie sich daran gewöhnt, dass Papa nicht an ihrem Lebensalltag teilhat, und erwarten von ihm auch keinerlei Aufmerksamkeit oder Anteilnahme mehr.

Welchen Wert hat Ihnen Ihr beruflicher Erfolg, und welchen Einfluss hat das auf die Aufgabe, zu der Gott Sie als Eltern berufen hat?

Bitte schnallen Sie sich an, denn jetzt wird es noch kontroverser. Ich bin zutiefst davon überzeugt, dass bei vielen Menschen ihr Dienst *im Reich Gottes* fortwährend dem im Weg steht, zu dem Gott sie *als Eltern* berufen hat. Vielleicht handelt es sich hierbei um die trügerischste aller Versuchungen. Es gibt sehr viele Väter und Mütter, die ihr schlechtes Gewissen in Bezug auf ihre Nachlässigkeit in der Erziehung und häufige Abwesenheit von zu Hause dadurch beruhigen, dass sie sich sagen: Ich tue doch »das Werk des Herrn«. Und so sagen sie einen weiteren Vortrag zu, eine weitere kurze Missionsreise oder eine weitere Abendzusammenkunft. Sie tun all diese Dinge in der Überzeugung, ihre Werte seien zutiefst biblisch gegründet, und vernachlässigen dabei doch fortwährend eine wichtige Aufgabe, zu der Gott sie berufen hat. Leider wachsen ihre Kinder dann mit dem Gedanken auf, Jesus sei derjenige, der ihnen immer wieder ihre Mutter und ihren Vater weggenommen hat.

Das ist eine Thematik, der sich Eltern in Bezug auf Dienste im Reich Gottes offen stellen und für die sie auch offen *bleiben* müssen. Es ist sehr interessant, dass Ehepaare, die sich auf ein Leben im Dienst vorbereiten, sehr häufig von anderen vor den unvermeidlichen Spannungen und Konflikten zwischen den Anforderungen des Dienstes und der elterlichen Berufung gewarnt werden. Dazu möchte ich gerne zwei Dinge anmerken:

Erstens ist im Neuen Testament nirgendwo von dieser Art Spannungen die Rede. An keiner Stelle wird gesagt, dass jemand, der Familie hat und zum Dienst berufen wird, sich immer wieder in der Zwickmühle befinden wird und daher beiden Aufgaben nicht gerecht werden könnte. Es findet sich keine einzige derartige Warnung in der Bibel. Das Einzige, was dem nahekommt, ist, dass eine der Qualifikationen für einen Ältesten lautet, dass er »dem eigenen Haus [seiner Familie] wohl vorsteht« (1. Timotheus 3,4). Könnte es sein, dass diese Spannungen nicht das Ergebnis einer schlechten Planung vonseiten Gottes sind, sondern vielmehr darin begründet sind, dass wir uns aus dem gemeindlichen Dienst etwas erhoffen, das wir gar nicht bekommen sollen, und daher schlechte Entscheidungen treffen, die zum Schaden unserer Familien sind? Wenn uns der gemeindliche Dienst Identität, Lebenssinn und Zweckbestimmung ist und der Grund dafür, warum wir morgens aufstehen und inneren Frieden haben – dann haben wir diesen Dienst zu unserem ganz persönlichen Messias gemacht. Und dann wird es sehr schwer, Nein zu sagen. Und weil es schwer wird, Nein zu sagen, werden wir wahrscheinlich die Beziehung zu unseren Kindern immer mehr vernachlässigen und auch wichtige zeitliche Verpflichtungen immer weniger wahrnehmen.

Zweitens: Die Bibel macht deutlich, dass Gott nicht lieblos, unbedacht, treulos, hart ist, dass er uns ein Gebot *geben* würde, welches erforderlich macht, ein anderes seiner Gebote zu *brechen*. Gottes Gebote sind nicht im Wettstreit stehende Forderungen, die einem System konkurrierender Werte entspringen. Gottes Gebote bilden ein miteinander verwobenes Ganzes. Sie definieren, was es heißt, so zu leben, wie Gott es gut, richtig, schön und ihm wohlgefällig findet. Wer *einem* der Gebote Gottes *gehorsam* ist, wird niemals dadurch einem *anderen* Gebot gegenüber *ungehorsam* werden und dann leiden oder bestraft werden. Keines der Gebote Gottes kann isoliert betrachtet werden, und kein Gebot steht im Widerspruch zu einem anderen.

Wenn bei mir also der Eifer im Dienst dazu führt, dass ich meine elterliche Berufung zeitlich und kräftemäßig nicht mehr in Treue ausüben kann, ist das, weil ich mir aus meinem Dienst etwas erhoffe, das ich gar nicht bekommen soll.

Hindern die Verpflichtungen Ihres Dienstes Sie daran, Ihre elterliche Aufgabe in Treue wahrzunehmen?

Darf ich Sie bitten, demütig, offen und ehrlich zu sein? Gibt es etwas in Ihrem Herzen – und daher auch in Ihren täglichen Entscheidungen –, was im Wettstreit mit der Erziehung Ihrer Kinder steht, was einen höheren Stellenwert hat? Nimmt die Erziehung in Ihrem ganz normalen Alltag mit seinen banalen, wiederkehrenden Aufgaben den würdigen und wichtigen Stellenwert ein, den Gott dafür vorgesehen hat? Wenn nicht: Welche Dinge stehen dem entgegen? Zu welchen anderen und besseren Entscheidungen möchte Gott Sie bewegen?

Wie Gott Eltern wertschätzt

Der Wert von Kindererziehung liegt in dem begründet, wie Gott den Menschen bestimmt hat zu sein und zu erkennen. Diese Bestimmung aus den Augen zu verlieren, bedeutet buchstäblich, einen Teil seines Menschseins zu verlieren. Denn Erziehung geht ans Innerste – an das, was jedem Gedanken, jedem Verlangen, jedem Wort, jeder Entscheidung und jeder Handlung eines Menschen zugrunde liegen sollte. Es gibt nichts im Leben eines Kindes, das wichtiger wäre als diese Bestimmung. Deshalb ist Kindererziehung von höchster Wichtigkeit – ja, es handelt sich dabei im wahrsten Sinne des Wortes um eine *heilige* Angelegenheit. Diese Bestimmung sollte bei allem, was wir uns für unsere Kinder wünschen, grundlegend sein. Wenn wir das aus den Augen verlieren, gehen wir am Ziel vorbei und verstehen nicht, worum es bei Kindererziehung geht. Dann entfernen wir gleichzeitig die Wegweiser, die uns in der Erziehung die Richtung vorgeben. Es ist das, was uns an den guten Tagen, die wir mit unseren Kindern verbringen, zufrieden machen und uns auch an schweren Tagen motivieren sollte. Es ist wirklich die zentrale Aufgabe, die unsere Arbeit als Eltern zu einem kostbaren Schatz macht.

Was ist nun diese Aufgabe? Denken wir einmal über folgende Bibelverse nach:

> *»Höre, Israel: Der HERR, unser Gott, ist ein HERR! Und du sollst den HERRN, deinen Gott, lieben mit deinem ganzen Herzen und mit deiner ganzen Seele und mit deiner ganzen Kraft. Und diese Worte, die ich dir heute gebiete, sollen auf deinem Herzen sein. Und du sollst sie deinen Kindern einschärfen und davon reden, wenn du in deinem Haus sitzt und wenn du auf dem Weg gehst und wenn du dich niederlegst und wenn du aufstehst. Und du sollst sie zum Zei-*

chen auf deine Hand binden, und sie sollen zu Stirnbändern sein zwischen deinen Augen; und du sollst sie auf die Pfosten deines Hauses und an deine Tore schreiben« (5. Mose 6,4-9).

»Wenn dein Sohn dich künftig fragt und spricht: Was bedeuten die Zeugnisse und die Satzungen und die Rechte, die der HERR, unser Gott, euch geboten hat?, so sollst du deinem Sohn sagen: Wir waren Knechte des Pharaos in Ägypten, und der HERR hat uns mit starker Hand aus Ägypten herausgeführt; und der HERR tat vor unseren Augen große und Verderben bringende Zeichen und Wunder an Ägypten, an dem Pharao und an seinem ganzen Haus; und uns führte er von dort heraus, um uns herzubringen, uns das Land zu geben, das er unseren Vätern zugeschworen hat« (5. Mose 6,20-23).

Hier wird der Wert, den Gott Erziehung beimisst, in einigen wenigen, aber wesentlichen Sätzen zusammengefasst. Unsere Arbeit als Eltern ist eine Angelegenheit von höchstem Wert. Warum? Weil wir folgende Aufgabe haben: Wir sollen ein zentrales, beständiges und treues Werkzeug in den Händen Gottes sein, um in unseren Kindern ein Gottes-Bewusstsein zu erzeugen und die damit verbundene Unterordnung unter Gott zu bewirken. Doch das können wir nicht aus uns selbst heraus tun, sondern das kann einzig und allein Gott, und wir sind dazu eingesetzt, ein unentbehrliches Werkzeug in seinen mächtigen Händen zu sein. Im Zentrum des Planes Gottes für den Menschen steht, dass wir seine *Existenz* und gleichzeitig seine *Autorität* anerkennen. Das ist das, was nach dem Willen Gottes das Herz jedes Menschen bestimmen sollte. Unsere Kinder werden niemals das sein oder tun, was sie sollen, wenn es ihnen an Gottes-Bewusstsein fehlt. Denn das ist das Wichtigste, was im Herzen eines Kindes entwickelt werden muss. Und aus den obigen Bibelabschnitten geht hervor, dass Gott diese Aufgabe den *Eltern* zugewiesen hat.

Die Aufgabe einer Gemeinde ist nicht, die Arbeit der Eltern zu ersetzen, sondern sie soll die Eltern lediglich dabei unterstützen und dazu ausrüsten, diese essenziell wichtige Arbeit zu verrichten. Die Aufgabe einer Regierung sollte niemals sein, Eltern zu ersetzen, sondern sie soll ihnen Schutz geben, um diese grundlegende Tätigkeit ausüben zu können. Und auch die Schule wird die Arbeit der Eltern niemals ersetzen können. Bestenfalls wird die Schule sie dabei unterstützen, die Aufgabe zu tun, die eigentlich allein Eltern tun können. Man könnte sagen: Der Hauptgrund, warum Gott Kindern Eltern gibt, ist, damit sie Gott kennenlernen. Denn das Wichtigste, von dem ein Kind jemals erfahren kann, ist die Existenz, der Charakter und der Plan Gottes. Wenn ein Mensch das weiß, wird das die Art und Weise verändern, wie er jeden anderen Aspekt seines Lebens versteht und interpretiert.

Obwohl Gott uns und unsere Kinder in eine geschaffene Welt gestellt hat, die fortwährend auf ihn verweist, kamen unsere Kinder mit einem verheerenden Problem auf diese Welt. Unsere Kinder haben nämlich die verdrehte, aber doch lebensprägende Fähigkeit, zwar die Welt um sich herum zu sehen, aber *Gott* nicht zu sehen. Sie sehen permanent seine Zeichen (die Schöpfung), aber sie sehen nicht, worauf die Zeichen hinweisen (auf die Existenz und die Herrlichkeit Gottes). Wenn ein Mensch Gott nicht anerkennt, dann ist er nicht nur ungemein benachteiligt, sondern dann stellt er sich selbst in den Mittelpunkt seiner eigenen Welt. Alles dreht sich nur um ihn. Kinder, die Gott nicht anerkennen, handeln so, als seien sie selbst Gott. Sie werden die Hilfe und Befreiung, die Gott ihnen durch ihre Eltern geben möchte, ablehnen.

Doch das ist noch nicht alles. Unsere Kinder werden sich irgendwann fragen, warum es eigentlich all diese Regeln gibt, warum sie bestimmte Dinge glauben sollen und wer um alles in der Welt eigentlich *uns* als ihre Eltern bestimmt hat. Leider fällt vielen Eltern nicht mehr ein, als Sätze auszusprechen wie: »Mach es einfach, weil ich es dir sage«, oder: »Mach es, sonst bekommst du eine Strafe.« Auf derartige Erklärungen folgt jedoch nur so lange die gewünschte Reaktion, wie die Kinder ihre Eltern fürchten. Aber es kommt die Zeit, da Kinder ihre Eltern nicht mehr fürchten. Und wenn alles, was wir unseren Kindern mitgegeben haben, ist, dass sie uns fürchten, dann werden sie, wenn sie ihr Zuhause verlassen, nichts mehr haben, was sie motivieren wird, das Richtige zu tun.

Hier hilft uns der zweite Abschnitt aus 5. Mose 6. Dort wird uns nämlich gesagt, dass alle Regeln und alles Glaubensgut, das wir an unsere Kinder weitergeben, nicht allein in der *Existenz* Gottes begründet sein soll, sondern auch in all dem, was er in seiner Gnade für uns *getan* hat. Man kann sagen, dass dieser Rat in 5. Mose 6 alles, was wir von unseren Kindern in Bezug auf ihren Glauben und ihr Verhalten erwarten, mit der Geschichte unserer Erlösung verknüpft. Wenn unsere Kinder die Regeln infrage stellen, dann stellen wir uns nicht mit aufgeblähter Brust hin und sagen ihnen, dass sie besser gehorchen sollen, weil es sonst kracht …! Nein, dann sprechen wir mit unseren Kindern darüber, dass der Erlöser sie liebt. Denn er hat sie nicht nur erschaffen, sondern er hat für sie auch sein Blut vergossen, damit sie wissen und tun können, was richtig ist. Wenn unsere Kinder sich fragen, was richtig und was falsch ist, dann drohen wir ihnen nicht einfach mit dem Gesetz Gottes, sondern *umwerben* sie vielmehr mit dem wunderschönen Klang der *Gnade* Gottes. Wenn unsere Kinder mit den Dingen, die in den Augen Gottes richtig sind, zu kämpfen haben, dann sprechen wir nicht nur von Gott als dem gerechten Richter, sondern als dem Helfer und Freund, der uns in unserer Schwachheit mit Vergebung, Weisheit und Kraft begegnen möchte. Versetzen wir unsere Kinder über Gottes Geduld, Barmherzigkeit und Liebe in Erstaunen. Reden wir immer wieder davon, wie bereitwillig Gott seine Macht zu unserer Hilfe, zu unserem Segen und zu unserer Rettung ausübt. Begnügen wir uns nicht damit, unsere Autorität durchzusetzen, die wir als *Eltern* besitzen, sondern verweisen wir unsere Kinder auch auf die Autorität *Gottes*. Aber bleiben wir nicht bei Gottes *Autorität* stehen, sondern verweisen wir unsere Kinder auch auf Gottes *Gnade*.

Nein, Gott hat keinen Fehler gemacht, als er uns als Werkzeuge zur Formung der Seelen unserer Kinder eingesetzt hat. Gott hat uns die Augen für seine Existenz, seine Gegenwart und seine Herrschaft geöffnet, damit wir Werkzeuge dafür sein können, dass dasselbe auch bei unseren Kindern geschieht. Gott hat sich uns offenbart, doch nicht nur zu *unserem* Besten, sondern auch zum Besten *unserer Kinder*. Aber er hat noch etwas anderes getan. Er hat uns seine vergebende, rettende, umgestaltende und erlösende Gnade zuteilwerden lassen, damit wir diese Gnade in das Leben unserer Kinder hineinbringen sollen. Bei dem Geschenk seiner Gnade geht es nicht nur darum, *Empfänger* der Gnade zu sein, sondern es geht auch darum, diese Gnade täglich an all jene Menschen *weiterzugeben*, die Gott unserer Fürsorge anvertraut hat. In dieser Gnade Gottes finden wir alles, was wir brauchen, um so zu werden, wie Gott uns im Leben unserer Kinder haben will, damit wir unserer Berufung in Bezug auf sie gerecht werden können.

Es geht letztendlich um Folgendes: Gott ist uns Eltern begegnet, damit wir dazu fähig sind, unseren Kindern seine Herrlichkeit und Gnade aufzuzeigen. Jeder Tag ist voller Gelegenheiten, auf Gott zu verweisen – zum Beispiel wenn es darum geht, warum Wasser kocht, warum Blätter sich verfärben, warum morgens die Sonne aufgeht oder ein Sturm so eine Macht besitzt, warum ein Steak so gut schmeckt, ein Sonnenuntergang so schön ist oder Bienenhonig so süß. Alle diese Dinge existieren nur deshalb, weil Gott sie erschaffen hat und Herrschaft über die Schöpfung ausübt. Gott hat uns die Augen für seine Gegenwart und Herrlichkeit geöffnet, damit wir unseren Kindern dabei helfen, dass auch ihnen die Augen dafür geöffnet werden. Deshalb sollten wir die Gelegenheiten, die sich uns bieten, um auf Gott hinzuweisen, auch ergreifen. Lassen wir keinen Tag verstreichen, ohne dass wir das tun! Und erachten wir es nicht als unangenehm oder merkwürdig, immer wieder von Gott zu sprechen. Die Existenz Gottes kann derart deutlich anhand seiner Schöpfung gesehen werden, dass es *äußerst* merkwürdig wäre, wenn sie uns *nicht* an ihn erinnern würde und wenn wir *nicht* immer wieder von ihm reden würden. Und bedenken wir: Ein Teenager braucht dies ebenso wie ein Kleinkind. Nichts im Leben ist wichtiger als das. Das macht Eltern so wertvoll.

Und es muss noch etwas anderes erwähnt werden, denn das wird sich wie ein roter Faden durch dieses Buch ziehen: Niemand vermittelt Gnade besser als Eltern, die demütig zugeben können, diese Gnade in ihrem Leben selbst so sehr nötig zu haben. Möchten nicht auch Sie Ihren Kindern solche Eltern sein?

Kapitel 2

Gnade

Grundsatz:
Wenn Gott uns eine Aufgabe gibt,
dann gibt er uns immer auch all das, was wir dafür benötigen.
Und er sendet niemanden aus, ohne selbst mitzugehen.

Sehr viele Väter und Mütter bringen – ohne sich dessen bewusst zu sein – in die Erziehung ihrer Kinder ein gewisses Problem mit. Dieses Problem hat Einfluss darauf, wie sie über ihre Aufgabe als Eltern denken. Es hat Einfluss darauf, wie sie ihre Kinder sehen. Es hat Einfluss darauf, wie sie in schwierigen Situationen, in denen sich Eltern manchmal wiederfinden, reagieren. Es bestimmt, was sie am Anfang ihres Tages denken und wenn sie abends wieder einmal erschöpft ins Bett fallen. Es erzeugt in vielen Eltern das Gefühl, unvorbereitet und unfähig zu sein. Es entmutigt sie. Es führt dazu, dass viele Eltern sich wünschen, einfach aussteigen zu können – auch wenn sie genau wissen, dass das nicht geht. Es lässt sie versucht sein, sich mit anderen Eltern zu vergleichen und zu wünschen, sie hätten das, was diese zu haben scheinen – was an ihnen selbst jedoch allem Anschein nach vorbeigegangen ist. Es bewirkt, dass Eltern der Versuchung nachgeben, Dinge zu sagen und zu tun, von denen sie in der Tiefe ihres Herzens wissen, dass sie sie besser nicht sagen und tun sollten.

Was ist nun dieses leise und doch fatale Problem, das so viele Eltern plagt? Dieses Problem ist, dass bei viel zu vielen gläubigen

Eltern eine riesengroße Lücke in ihrem *Verständnis* der Gnade Gottes, ihrer *Freude* darin und ihrem *Vertrauen* darauf klafft. Diese Lücke verursacht Probleme. Ich möchte diesen Gedanken an dieser Stelle erwähnen, weil er sich in gewisser Weise wie ein roter Faden durch jedes Kapitel dieses Buches ziehen wird: Für eine anhaltende, treue, geduldige, liebevolle und erfolgreiche Erziehung gibt es nichts Wichtigeres, als zu verstehen, was Gott uns in der Gnade seines Sohnes, des Herrn Jesus Christus, gegeben hat. Vielleicht sagen Sie nun: »Was ich brauche, ist nicht noch mehr Theorie und Lehre. Was ich brauche, ist praktische Hilfe. Ich glaube alles, was in der Bibel steht, aber ich habe den Eindruck, dass mir das in der Erziehung bislang nicht weitergeholfen hat!« Ich möchte Sie darum bitten, offen zu sein und Geduld mit mir zu haben, damit ich Ihnen erklären kann, was ich meine. Denn dieses Kapitel könnte für Sie das wichtigste Kapitel in diesem Buch sein. Wenn ein Mensch versteht, was Gottes Gnade bedeutet, dann wird ihn das verändern. Und je mehr sich dieser Mensch verändert, desto mehr wird sich auch sein Erziehungsstil und die Beziehung zu seinen Kindern verändern.

Es ist äußerst schade und eine Ursache großer Entmutigung und vieler Probleme in der Erziehung, dass so viele Eltern eine Lücke in ihrem Verständnis der Gnade Gottes haben. Denn die meisten gläubigen Eltern haben ein recht gutes Verständnis der »*Vergangenheits-Gnade*«, also der Vergebung, die sie durch den Tod und die Auferstehung Jesu empfangen haben. Und sie haben auch ein recht ordentliches Verständnis von der »*Zukunfts-Gnade*«, dem Platz in der Ewigkeit, der ihnen als Kind Gottes sicher ist. Das Problem ist jedoch, dass sie nur wenig Verständnis von der »*Gegenwarts-Gnade*« haben, nämlich davon, welchen segensreichen Nutzen das Werk Christi für uns im Hier und Jetzt hat, die wir zwischen der »*Vergangenheits-Gnade*« und der »*Zukunfts-Gnade*« leben. Sehr viele Eltern meinen, der Ausdruck »Evangelium der Gnade Gottes« habe nichts mit ihrer Erschöpfung im Alltag zu tun, die sie nicht abschütteln können, oder mit dem Ärger, den sie nicht besiegen können, oder mit dem Mangel an Weisheit im Praktischen, den sie verspüren, oder mit der erforderlichen Pause, die ihnen nicht vergönnt zu sein scheint. Sie hören Predigten über die Gnade Gottes und singen Lieder über die Gnade Gottes, aber das alles scheint nicht die Kämpfe anzusprechen, die sie als Eltern haben. Ja, es scheint sogar, als ob das, was sie als Eltern erleben, *alles andere* als Gnade ist.

Deshalb muss gesagt (und dann auch erklärt) werden, dass ein Kind Gottes nicht nur eine herrliche *vergangene* und *zukünftige* Gnade bekommen hat, sondern auch eine wunderbare *gegenwärtige* Gnade. Diese Gnade besitzen wir, egal wo Gott uns hingestellt hat. Diese Gnade haben wir in unseren dunkelsten Augenblicken als Eltern. Diese Gnade trifft uns, wenn wir uns unfähig fühlen. Diese Gnade berührt uns, wenn wir mit unserer Weisheit am Ende sind. Diese Gnade ist für uns da, wenn wir das Kinderzimmer verlassen, den Flur hinuntergehen und denken, einfach alles nur vermasselt zu haben. Diese Gnade erreicht uns, wenn unser Kind verhärtet ist und rebelliert und wir nicht wissen, was wir tun sollen. Diese Gnade berührt uns in Augenblicken tiefer Reue. Sie gibt uns einen Grund, morgens aufzustehen, und befähigt uns, nachts zu schlafen, egal mit welchen Problemen wir uns gerade konfrontiert sehen.

Wenn Sie mich fragen, was das Wichtigste ist, was Gott Eltern an die Hand gegeben hat, dann lautet meine Antwort nicht: »Die weisen Ratschläge und Grundsätze in seinem Wort.« Nein, meine Antwort lautet: »Seine Gnade!« Und ich möchte Ihnen auch sagen, warum.

Wenn Gott Menschen zu einer Aufgabe beruft, dann tut er das nicht, weil sie dafür geeignet wären. Das gilt auch für die Berufung zur Kindererziehung.

Wenn wir die Bibel genau lesen, dann erkennen wir, dass Gott zur Ausführung wichtiger Aufgaben nicht Menschen beruft, die dazu geeignet sind. Abraham war nicht geeignet. Mose war nicht geeignet. Gideon war nicht geeignet. David war nicht geeignet. Die Jünger waren nicht geeignet. Und so ginge es immer weiter. Denn: Es gibt überhaupt keine geeigneten Menschen. Es gibt sie einfach nicht. Und daher gibt es auch ganz gewiss keine geeigneten Eltern. Gott hat den

Menschen nicht dazu erschaffen, *unabhängig* von ihm geeignet zu sein. Er hat uns als von ihm *abhängige* Wesen erschaffen. Und daher ist es kein Zeichen persönlicher Schwäche oder persönlichen Versagens, wenn wir meinen, als Eltern ungeeignet zu sein. Denn der Grund, warum Sie sich als ungeeignet ansehen, liegt darin, dass es stimmt! Kein Mensch besitzt einen natürlichen Vorrat an Weisheit, Kraft, Geduld, Barmherzigkeit und Ausdauer. Und doch werden diese Eigenschaften von allen Eltern benötigt, damit sie ihre Aufgabe gut ausführen können. Zu denken, unabhängig und *geeignet* zu sein, ist nichts als Selbstbetrug – genauso wie zu denken, unabhängig und *gerecht* zu sein. Deshalb sollten wir aufhören, uns selbst zu quälen, nur weil wir uns für diese Aufgabe ungeeignet fühlen. Denn wir denken das, weil es stimmt!

Aber warum sollte ein Gott, der vollkommene Weisheit besitzt, eine derart wichtige Aufgabe *ungeeigneten* Menschen geben? Es ist wichtig, die Antwort auf diese Frage zu verstehen. Gott beruft unfähige Menschen zu derart wichtigen Aufgaben, weil er letzten Endes nicht bewirken will, dass wir unmittelbar Erfolg haben, sondern dass wir erfassen, wer er ist, dass wir ihn lieben lernen, dass wir in seiner Gnade ruhen und dass wir zu seiner Verherrlichung leben. Mit anderen Worten: Gott beruft ungeeignete Menschen zu wichtigen Aufgaben, um sich selbst zu verherrlichen, und nicht den Menschen. Er führt die Dinge nicht so, dass unser Leben einfach, planbar und frei von Kämpfen ist. Nein, Gott beruft uns dazu, das Unmögliche zu tun, damit wir in unserer Suche nach Hilfe viel mehr als nur Hilfe finden – damit wir *ihn* finden.

Dieses Nicht-geeignet-Sein bedeutet nicht, dass Gott einen schweren Fehler gemacht hat, als er uns Kinder gegeben hat. Es bedeutet nicht, dass er sich in der Adresse geirrt hat und unsere Kinder an einem anderen Ort besser aufgehoben wären. Unsere Unfähigkeit steht dem Plan Gottes nicht im Weg, sondern ist vielmehr *Teil* seines Plans. Gott weiß, dass die besten Eltern die sind, die sich eingestehen, dass sie unfähig sind – und deshalb zu Gott gehen. Gott erwartet nicht von uns, dass wir fähig und geeignet sind, sondern er erwartet Bereitwilligkeit. Denn wenn wir *wollen*, dann wird er uns in unserer Schwäche begegnen und uns verändern. Und während er *uns* verändert, wird er durch uns gute Dinge in den Herzen und Leben *unserer Kinder* bewirken.

Doch an dieser Stelle muss noch etwas anderes erwähnt werden. Kein Kind möchte Eltern haben, die sich für fähig halten. Denn »fähige« Eltern neigen dazu, stolz und selbstsicher zu sein. Und weil sie auf ihre Fähigkeiten stolz sind, handeln sie zu schnell und mit viel zu viel Selbstvertrauen. Deshalb mangelt es ihnen an Geduld und Verständnis. »Fähige« Eltern haben die Tendenz, von ihren Kindern zu erwarten, ebenso »fähig« zu sein wie sie. Die Folge ist, dass sie, wenn Schwächen ihrer Kinder zutage treten, oft nicht liebevoll zu ihnen sind. »Fähige« Eltern, die sich rühmen, das Gesetz zu halten, zeigen ihren Kindern häufig mehr vom Gesetz als von der Gnade und verurteilen sie eher, als ihnen Verständnis entgegenzubringen. »Fähige« Eltern neigen auch dazu, ihre Kinder als ihre eigenen Siegestrophäen anzusehen, sozusagen als öffentliche Demonstration ihrer eigenen Fähigkeit. Es ist schwierig, mit Menschen zu leben, die ihre eigenen Schwächen verleugnen, denn sie gehen mit schwachen Menschen meistens weder geduldig noch liebevoll oder verständnisvoll um.

Also: Unsere *Unfähigkeit* bedeutet nicht das Ende der Erziehung, weil Gott den Menschen, die ihre Schwächen demütig zugeben und bei ihm Hilfe suchen, entgegenkommt und ihnen begegnet. Aber unsere *Selbsteinschätzung* kann durchaus der Grund dafür sein, warum wir Eltern mit unseren Kindern, die scheinbar nie unseren Erwartungen entsprechen, im Konflikt stehen. »Fähige« Eltern scheinen ärgerlich zu werden, wenn an ihren Kindern immer wieder sichtbar wird, dass sie es nötig haben, erzogen zu werden! Wenn Eltern verärgert den Flur hinuntergehen, weil ihre Kinder erneut korrigiert werden müssen, dann sind sie deshalb verärgert, weil ihr Kind in diesem Augenblick das braucht, was jeder Mensch permanent braucht, nämlich *elterliche Fürsorge*. Wenn Eltern aber den Flur hinuntergehen und sich eingestehen, selbst der Fürsorge Gottes, des

Vaters, zu bedürfen, dann ist es wahrscheinlicher, dass sie die Notwendigkeit sehen, dass auch ihre Kinder dieser Fürsorge bedürfen. Und dann werden sie diese Fürsorge ihren Kindern auch in herzlicher Sanftmut geben wollen.

Gott beauftragt uns niemals mit einer Aufgabe, ohne uns zugleich das zu geben, was wir dafür benötigen.

Gott schickt uns nirgendwohin, ohne dass er mit uns geht. Er fordert niemanden auf, etwas zu tun, ohne ihm das zu geben, was er dazu benötigt. Dieser Gedanke zieht sich durch die gesamte Bibel. Aus diesem Grund hat Gott seinen Sohn auf diese Erde gesandt. In der Bibel gibt es nur einen einzigen Helden. Alle anderen Personen haben irgendwelche Makel. *Gott* ist der Held jeder einzelnen Geschichte der Bibel. Letztlich handelt es sich bei der Bibel nicht um eine Sammlung vieler Geschichten, sondern um eine einzige große Geschichte mit vielen Kapiteln. Es ist die Geschichte, wie Gott schwachen und fehlerhaften Menschen mit seiner mächtigen Gnade begegnet.

Doch was hat das mit Kindererziehung zu tun? Alles! Es bedeutet nämlich, dass es für uns als Kinder Gottes unmöglich ist, mit unserem eigenen, begrenzten Vorrat an Ressourcen alleingelassen zu werden. Es ist unmöglich, dass wir auf das Ausmaß unserer eigenen Kraft und Weisheit beschränkt bleiben. Denn – und daran sollten wir uns jeden Tag neu erinnern –: Gottes größtes und wunderbarstes Geschenk an uns Eltern ist Gott selbst! Er weiß, wie schwer unsere Aufgabe ist. Er weiß, dass sie die Grenzen unserer Geduld und Weisheit übersteigt. Er weiß, dass es Augenblicke gibt, in denen wir uns bewusst sind, dass wir keine Ahnung haben, was wir da eigentlich tun. Er weiß, dass es Augenblicke gibt, in denen wir wünschten, wir könnten alles hinschmeißen und einfach wegrennen. Er weiß, dass es Augenblicke gibt, in denen uns der Ärger packt. Er weiß, dass uns unsere Kinder an unsere Nerven gehen können. Und er kannte bereits im Voraus jede Einzelheit unseres Kampfes als Eltern. Deshalb wusste er auch, dass unsere einzige Hilfe er selbst sein würde. Lesen Sie dazu einmal in Ruhe diese beiden Bibelverse:

»Dem aber, der über alles hinaus zu tun vermag, über die Maßen mehr, als was wir erbitten oder erdenken, nach der Kraft, die in uns wirkt, ihm sei die Herrlichkeit in der Versammlung in Christus Jesus auf alle Geschlechter des Zeitalters der Zeitalter hin! Amen« (Epheser 3,20-21).

Die einzige befreiende Tatsache, die uns als Christen Kindererziehung ermöglicht, hier und jetzt, ist diese: *Gott in uns!* Richtig gelesen! Der Apostel Paulus sagt, dass wir nicht wirklich begreifen werden, wer wir sind und was wir bekommen haben, bis wir folgende wunderbare Wahrheit verstehen: Gott wusste, dass unsere Aufgabe so gewaltig und unsere Schwachheit so groß sein würde, dass er selbst unsere einzige Hilfe sein würde, und hat daher in einem Akt unverdienter Gnade in uns Wohnung genommen. Denken wir einmal darüber nach, was das für uns in der Erziehung unserer Kinder bedeutet! Der Gott, der die Fähigkeit besitzt, Dinge zu tun, welche unseren Verstand weit übersteigen, der vollkommene Weisheit und unbegrenzte Kraft hat, lebt in uns.

Das bedeutet, dass Gott auch an jenem Morgen mit uns ist, an dem wir am liebsten gar nicht aufstehen würden, weil es mal wieder ein schwieriger Tag werden könnte. Gott ist mit uns, wenn wir den siebzehnten morgendlichen Streit schlichten müssen. Er ist mit uns, wenn wir ein wichtiges Gespräch beginnen. Er ist mit uns, wenn unsere Kinder uns provozieren und respektlos sind. Er ist mit uns, wenn wir erschöpft und voll Kummer ins Bett fallen. Gott beschenkt uns mit seiner Gegenwart. Ja, dass er in uns lebt, ist eine Realität. Wir sind keineswegs alleingelassen. Und er wird uns auch in der Erziehung nicht alleinlassen, bis unsere Aufgabe abgeschlossen ist.

Als gläubige Eltern haben wir das Beste, was ein Mensch haben kann, und deshalb haben wir Hoffnung. Gott ist mit uns, und zwar in jedem Augenblick. Die Frage ist nur: Werden wir uns im Elternalltag auch daran erinnern?

Gottes Gnade möchte uns die Augen öffnen, damit wir uns als Eltern so sehen, wie wir wirklich sind.

Ich muss bekennen, dass ich die Erziehung meiner Kinder als ein selbstsicherer, selbstgerechter Vater begonnen habe. Ich habe mich für weitaus reifer gehalten, als ich in Wirklichkeit war. Ich sah mich selbst als einen beständigen *Halter* des Gesetzes, und nicht als einen Gesetzes*brecher*. Ich hatte anfänglich keine Ahnung davon, was für eine schlechte Auswirkung meine Selbstgerechtigkeit auf die Beziehung zu meinen Kindern hatte und auf die Art, wie ich mit ihren Schwächen und ihrem Versagen umgegangen bin. Wenn jemand der Meinung ist, dass er Gottes Gesetz vollkommen hält – auch wenn das nur wenige Menschen bewusst sagen würden –, dann wird er auch von den Menschen um ihn herum das Gleiche erwarten. Einem selbstgerechten Menschen fällt es nur allzu leicht, andere Menschen zu richten und zu verurteilen, die nicht an den Maßstab heranreichen, von dem er meint, dass er ihn praktiziert.

Gott tut in unser aller Leben Folgendes: Er offenbart uns, unter anderem anhand unserer Ehen und unserer Kindererziehung, was in unseren Herzen ist. Gott hat meine Erziehung dazu benutzt, Gedanken, Einstellungen und Sehnsüchte meines Herzens offenbar zu machen – Dinge, von denen ich vorher behauptet habe, dass es sie in meinem Leben nicht gibt. Gott hat meinen Kampf gegen Ärger, Ungeduld, Zorn, meine mangelnde väterliche Sanftmut und Freude dazu benutzt, mir deutlich zu machen, wie weit ich noch immer von seinem Maßstab entfernt war und wie sehr ich noch immer seine Vergebung und seine verändernde Gnade benötigte.

Die demütigende Schlussfolgerung, zu der Gott mich in seiner Gnade geführt hat, lautet: Ich gleiche meinen Kindern weitaus mehr, als dass ich anders bin als sie – und das dürfte auch bei Ihnen der Fall sein. Die Wahrheit ist, dass es im Leben meiner Kinder nur wenige Kämpfe gibt, die nicht auch in meinem Leben stattfinden (Materialismus, Beziehungen, Eigenwille, Anziehungskraft der Welt, versteckter Götzendienst etc.). Mir diese Tatsache einzugestehen, hat meine Erziehung verändert. Anstatt meinen Kindern mit selbstgerechter Empörung zu begegnen, komme ich zu ihnen als ein Sünder, welcher der Gnade bedarf und welcher andere Sünder, die ebenso der Gnade bedürfen, mit Sünde konfrontieren muss. Gott möchte unseren Kindern seine unsichtbare Gnade sichtbar machen, und zwar indem er ihnen begnadigte Eltern gibt, die mit ihren Kindern, die ebenso der Gnade bedürfen, gnädig umgehen. Denn Eltern, die wissen, dass sie der Gnade bedürfen, neigen dazu, auch gnädig mit ihren Kindern umzugehen, die ja letztendlich so sind wie sie.

Gottes Gnade befreit uns davon, unsere Schwachheiten zu verleugnen.

Mir gefällt, dass der biblische Glaube uns nirgendwo auffordert, die Realität zu verleugnen. Denn wenn wir die Realität verleugnen müssen, um uns im Leben gut fühlen zu können – auch wenn uns das vorübergehend beruhigen mag –, dann üben wir nicht den biblischen Glauben aus. Die Bibel ist ein erschütternd ehrliches Buch. Sie zeigt uns das Blut, den Schmutz und den dreckigen Rauch eines Lebens in einer gefallenen Welt. Doch die Bibel ist auch das hoffnungsvollste Buch aller Bücher, das je geschrieben wurde, nämlich wegen der verändernden Kraft, die aus dem Leben, dem Tod und der Auferstehung Jesu hervorgeht. Und das bedeutet für uns Eltern, dass Gott von uns an keiner Stelle verlangt, wie jemand zu handeln, der wir gar nicht sind. Im Gegenteil, Gott lädt uns ein, uns im Spiegel seines Wortes zu betrachten, der Herz und Leben offenbart – damit wir sehen, wie wir in Wahrheit sind, und den uns Nahestehenden unsere Fehler bekennen können. Warum wir den Mut dazu haben können? Weil wir Eltern uns niemals davor zu fürchten brauchen, uns selbst zu kennen. Wir brauchen uns nicht davor zu fürchten, dass die uns umgebenden Menschen uns kennen. Wir brauchen uns auch nicht davor zu fürchten, dass unsere Unvollkommenheit offenbar wird. Denn es gibt nichts, was ein Mensch je über uns wissen könnte oder was über uns offenbar werden könnte, das nicht bereits durch das Blut Jesu bedeckt worden ist.

Es ist sinnlos, wenn eine Mutter oder ein Vater so handelt, als wäre er gerechter, als er es in Wirklichkeit ist. Denn vor unseren Kindern können wir unser wahres Ich ohnehin nicht verbergen. Sie werden unsere geistlichen und charakterlichen Schwächen entdecken, und wenn wir diese dann aber verleugnen, werden wir unsere Kinder nur verbittern. Wenn wir unseren Kindern jedoch begangenes Unrecht schnell bekennen, dann werden sie das an uns zu schätzen wissen und in uns jemanden sehen, zu dem sie kommen können, wenn sie etwas Falsches getan haben. Demütige Eltern, die Fehler auch bekennen, ermutigen ihre Kinder dazu, selbst demütig zu sein und Fehler zu bekennen. Auch bieten sich auf diese Weise viele Gelegenheiten, um über die erlösende Liebe Jesu zu sprechen.

Gottes Gnade befreit uns von uns selbst.

Wenn wir als Eltern frustriert, wütend, entmutigt, unfreundlich, beleidigend, verbittert, freudlos, rachsüchtig oder gereizt sind, müssen wir nicht so sehr von unseren Kindern befreit werden – sondern von uns selbst.

Nehmen wir einmal an, dass ich eine Schale mit Wasser in meinen Händen halte und dann diese Schale kräftig schüttele, sodass Wasser aus der Schale spritzt. Und nun frage ich Sie: »Warum ist Wasser aus der Schale gespritzt?« Sie antworten: »Das Wasser ist herausgespritzt, weil Sie die Schale geschüttelt haben.« Das hört sich doch recht logisch an, oder? Doch die Antwort ist nur zum Teil richtig. Noch einmal: Warum ist Wasser aus der Schale gespritzt? Weil *Wasser* in der Schale war. Wenn in der Schale Milch gewesen wäre, dann hätte ich die Schale ewig schütteln können und es wäre doch kein Wasser aus der Schale herausgespritzt. Genauso ist es auch für uns Eltern sehr wichtig, zu verstehen und demütig zuzugeben, dass aus uns, wenn uns wieder die Sünde, Schwachheit, Rebellion, Torheit und das Versagen unserer Kinder ins Wanken bringen, immer nur das herauskommen wird (Worte, Handlungen, Einstellungen), was bereits in uns ist.

Und das bedeutet, dass mein größtes, beständiges Problem als Vater nicht meine Kinder sind, sondern ich selbst. Denn meine Kinder sind nicht die Ursache für das, was ich tue und sage. Nein, die Ursache meiner Handlungen ist in meinem Herzen zu finden. Meine Kinder sind lediglich der *Anlass*, der dann anhand von Worten und Taten mein Herz offenbar macht. Deshalb brauche ich weit mehr, als lediglich von meinen Kindern entlastet zu werden. Ich muss von mir *selbst* befreit werden. Deswegen ist der Herr Jesus gekommen: um für uns die Befreiung zu vollbringen, die wir alle brauchen, aber die wir selbst nicht vollbringen können.

Wenn wir unseren Kindern die Schuld für unsere falschen Einstellungen, Handlungen und Worte geben, dann werden wir sie verbittern. Aber nicht allein das: Wenn wir ihnen die Schuld geben, dann werden wir uns auch nicht nach der Hilfe ausstrecken, die wir in der befreienden, vergebenden und verändernden Gnade Jesu haben. Und weil wir die Schuld von uns wegschieben, werden wir als Eltern auch nicht wachsen und daher die gleichen Fehler immer wieder begehen. Wenn wir uns hingegen eingestehen, dass wir in der Erziehung selbst unser größtes Problem sind, dann befinden wir uns auf dem richtigen Weg. Denn dann können sehr gute Dinge in uns und in unserer Erziehungsarbeit geschehen.

Gottes Gnade lässt uns wachsen und verändert uns.

Ich habe das bereits angerissen, aber ich möchte an dieser Stelle noch etwas hinzufügen. Weil wir uns zwischen unserer bereits geschehenen Bekehrung (»*Vergangenheits-Gnade*«) und unserem finalen Ziel (»*Zukunfts-Gnade*«) befinden, üben wir die Erziehung unserer Kinder zugleich inmitten unserer eigenen Heiligung aus. Denken wir an das Evangelium: Obwohl die *Macht* der Sünde bereits gebrochen worden ist – durch die wundervolle, rechtfertigende Barmherzigkeit Jesu Christi –, ist die *Gegenwart* der Sünde noch immer zu spüren. Gott möchte uns jedoch immer mehr von diesem noch gegenwärtigen Einfluss der Sünde befreien. Das tut er, indem er Druck, Situationen, Mühen, Lasten, Kummer,

Versuchungen und Freuden zu unserem Wachstum und zu unserer Veränderung nutzt.

Denken wir einmal darüber nach, wie herrlich das ist! Wenn wir unsere Kinder erziehen, erzieht uns zugleich auch unser himmlischer Vater. Wenn wir unsere Kinder liebevoll mit ihrer Sünde konfrontieren, in der Hoffnung, dass sie ihre Not eingestehen und sich ändern wollen, werden auch wir durch unseren himmlischen Vater mit unserer Sünde konfrontiert. Wenn wir unsere Kinder dazu ermutigen, das Richtige zu tun, arbeitet der himmlische Vater zugleich an uns, damit unser Verlangen nach dem, was richtig ist, in uns wächst. In all den Augenblicken, in denen wir einschreiten, um unsere Kinder vor ihren törichten Entscheidungen zu bewahren, werden wir von dem großen, himmlischen Vater vor uns selbst bewahrt.

Wir sollten nie vergessen: Wenn wir unsere Kinder erziehen, erzieht der himmlische Vater gleichzeitig jede Person, die sich im Raum befindet. Wir müssen genauso wie unsere Kinder wachsen und reifer werden. Wie unsere Kinder haben auch wir noch immer die fürsorgliche Pflege unseres Vaters nötig. Wie unsere Kinder brauchen auch wir jemanden, der sich nicht von uns abwendet – auch dann nicht, wenn wir immer wieder stolpern und hinfallen.

Gott hat uns nicht einfach nur dazu gesandt, seine Arbeit im Leben unserer Kinder zu tun. Er möchte auch *unsere Kinder* benutzen, um seine Arbeit an *uns*, den Eltern, voranzubringen! Sollten wir uns nicht eingestehen, dass auch wir der Erziehung bedürfen? Wir dürfen dankbar für die biblische Verheißung sein:

> *»Wie ein Vater sich über die Kinder erbarmt, so erbarmt sich der HERR über die, die ihn fürchten« (Psalm 103,13).*

Gottes Gnade macht unsere Herzen weich.

Denken Sie an Ihre Kinder, sprechen Sie mit ihnen und handeln Sie an ihnen aus einem sanften, liebevollen Herzen heraus? Wenn Ihre Kinder beschreiben könnten, wie Sie wirklich sind, würde

Sanftheit einer der Eigenschaften sein? Hat Ihr Elternsein Sie geduldig und weich gemacht oder ungeduldig und hart? Bedenken wir: Unsere Worte und Handlungen sind immer eine exakte Spiegelung der Beschaffenheit unseres Herzens. Das, was wir tun und reden, sagt mehr über uns selbst aus als die Menschen, mit denen wir sprechen.

Ich bin fest davon überzeugt, dass es viele hartherzige Eltern gibt, die sich aber nicht darüber im Klaren sind, dass sie Erziehung aus einem harten Herzen heraus praktizieren. Denken wir einmal darüber nach, was das biblische Bild des »harten Herzens« beschreibt. Wenn ich einen Stein in meiner Hand habe und diesen mit all meiner Kraft zusammendrücken würde, was würde dann geschehen? Die Antwort lautet: Überhaupt nichts! Steine sind hart und halten daher Veränderung stand. Ein Stein ist nicht formbar. Ich kann ihn immer wieder zusammendrücken und er wird sich doch nicht verändern. Hartherzige Eltern sind der Ansicht, bei ihnen sei alles in Ordnung. Und weil sie das denken, sehen sie auch nicht die Notwendigkeit der Veränderung und des Wachstums. Daher neigen sie dazu, immer wieder in die gleichen, falschen Verhaltensmuster zu fallen. Die Folge davon ist, dass unnötige Spannung zwischen Eltern und Kindern entsteht. Denn während die Eltern von ihren Kindern verlangen, sich zu ändern, tun sie selbst nicht das, was sie einfordern. Sie fordern ihre Kinder schreiend auf, mit dem Schreien aufzuhören – und versäumen dann, ihnen zu bekennen, dass sie selbst geschrien haben, wo doch auch sie nicht schreien sollten. Sie fordern ihre Kinder auf, mit dem Streiten aufzuhören, und streiten doch selbst mit ihren Kindern – und das über unwichtige Dinge. Sie erwarten von ihren Kindern, dass sie freundlich sind, während sie sich selbst erlauben, auf eine unfreundliche Art mit ihren Kindern zu sprechen und umzugehen. Vor Eltern, die nach dem Motto »Tue, was ich sage, und nicht, was ich tue« ihre Kinder erziehen und sich damit zufriedengeben, verlieren ebendiese nach und nach den Respekt.

Gott wird uns mit dem »Hammer« seiner Gnade »weichklopfen«, damit er durch uns in unseren Kindern das bewirken kann, was sein Wille ist, und wir ihm nicht im Wege stehen. Wenn wir in der Erziehung unserer Kinder Schwierigkeiten haben, dann ist das kein Zeichen dafür, dass Gott uns vergessen hat, sondern ein Zeichen für die »weichklopfende«, sanfte Barmherzigkeit eines liebenden und treuen Vaters. Gott macht unser Herz weich, damit wir ebenso ein »weichklopfendes« Werkzeug im Leben all derer sein können, die er unserer Fürsorge anvertraut hat.

Gottes Gnade befreit uns aus dem Gefängnis des Bedauerns.

Eine der schönsten Eigenschaften der Gnade Gottes ist, dass sie uns ermöglicht, immer wieder neu anzufangen. Viel zu viele Eltern werden durch Gedanken dieser Art gelähmt: »Was ist, wenn ...? Was passiert, wenn ...?« Ja, wir werden Fehler machen. Ja, wir werden als Eltern lernen und wachsen. Ja, wir werden bei unserem letzten Kind mehr von der Kindererziehung verstehen als bei unserem ersten Kind. Ja, wir werden zurückschauen und werden uns über die Dinge, die wir gesagt und getan haben, schämen. Ja, wir werden einiges von dem tun, was unsere Eltern getan haben, obwohl wir uns doch geschworen hatten, diese Dinge niemals zu tun. Ja, während unsere Kinder heranwachsen, werden sie uns an so manches Schmerzliche erinnern, das wir in den ersten Jahren getan haben. Ja, und wir werden uns wünschen, am Anfang mehr Verständnis von diesen Dingen gehabt zu haben. Wenn wir demütige Eltern sind, dann werden wir mit einigem Bedauern zurückblicken.

Aber auch wenn Reue und Bedauern an sich Kennzeichen eines demütigen Herzens sind, ist es wichtig zu verstehen, dass es gefährlich und auch kräftezehrend ist, in diesem Zustand des Bedauerns zu verharren. Ein Leben im Bedauern raubt uns die Zuversicht. Ein Leben im Bedauern macht ängstlich. Ein Leben im Bedauern nimmt uns den Mut. Ein Leben im Bedauern stiehlt uns die Hoffnung. Ein Leben im Bedauern holt die Vergangenheit in die Gegenwart. Ein Leben im Bedauern bringt die Vergangenheit sogar in die Zukunft. Und neben allem, woran sich das Bedauern *erinnert*, kann das Bedauern tragischerweise auch ziemlich *vergesslich* sein. Denn im

Bedauern neigt man dazu, das Kreuz des Herrn Jesus Christus zu vergessen. Auf dem Kreuz hat Jesus die gesamte Last unserer Schuld und Schande getragen. Auf dem Kreuz hat Jesus unsere Schuld bezahlt, indem er sein Blut vergossen hat, und uns dadurch völlige Vergebung erwirkt: eine vergangene, gegenwärtige und zukünftige. Das bedeutet, dass wir zu ihm nun freimütig mit unserem Versagen kommen und seine Vergebung empfangen dürfen und unser Bedauern zu seinen Füßen ablegen können. Und dann können wir das, wozu er uns als Eltern berufen hat, zukünftig anders und besser machen.

Die Frage ist nicht, ob wir uns an alle Fehler, die wir in der Vergangenheit in der Erziehung gemacht haben, erinnern können. Es geht darum, ob uns unsere Fehler emotional und geistlich so sehr gelähmt haben, dass es uns schwer geworden ist, die Aufgabe zu erfüllen, zu der uns Gott im Hier und Jetzt berufen hat. Gottes Gnade lädt uns ein, aus unserer Vergangenheit zu lernen, unsere Fehler zu bekennen, Vergebung zu empfangen und die Last unserer Schuld und Schande bei ihm abzulegen. Dann können wir uns mit neuer Hoffnung und neuem Mut unserer Berufung Gottes als Eltern freudig hingeben.

Gott hat uns dazu berufen, Eltern zu sein, und er gibt uns das, was wir dafür brauchen, indem er sich uns *selbst* gibt. Er gibt sich uns selbst und überschüttet uns mit seiner wunderbaren, vergebenden, rettenden Gnade, die uns umgestaltet, kräftigt und Weisheit gibt. Wir dürfen immer wissen, dass wir mit unseren Kindern nicht allein in unserem Haus sind. Denn da ist jemand, der mit uns den Flur entlanggeht und der mit uns im Wohnzimmer steht. Da ist jemand, der bei uns ist, wenn wir mit unseren Kindern im Auto unterwegs sind, auf einem weiteren verzweifelt-verrückten Ausflug ins Einkaufszentrum. Da ist jemand, der bei uns ist, wenn wir das Zimmer unseres Teenagers betreten, um ihn mit etwas zu konfrontieren, das er getan hat. Da ist jemand, der bei uns ist, wenn wir vor dem Einschlafen die Ereignisse des Tages noch einmal an uns vorüberziehen lassen. Und da ist jemand, der bei uns ist, wenn wir bereits vor Sonnenaufgang aufstehen und uns schon jetzt erschöpft fühlen. Der, der uns zu dieser äußerst wichtigen Aufgabe berufen hat, ist bei uns, und weil er bei uns ist, gibt es Hoffnung. Sicherlich wird es Zeiten geben, in denen wir mit unserer Weisheit am Ende sind. Aber gegen die Furcht und die Entmutigung kämpfen wir mit hoffnungsvoller Erwartung. Denn unser Erlöser ist nie mit seiner Weisheit am Ende, und er wird uns niemals alleinlassen!

Kapitel 3

Gesetz

Grundsatz:
Unsere Kinder brauchen Gottes Gesetz.
Aber wir können nicht vom Gesetz erwarten,
was nur die Gnade vollbringen kann.

Sie waren so entmutigt. Sie meinten, genau das getan zu haben, wozu Gott sie berufen hatte. Sie hatten in Treue von ihrer Autorität Gebrauch gemacht. Sie hatten ihnen die Regeln deutlich vorgestellt. Und die Strafe, die auf Übertretung stand, war offensichtlich. Sie waren das Ganze immer wieder durchgegangen. Sie hatten keine Kompromisse gemacht, ganz gleich, wo sie gerade waren, ganz gleich, wie die Situation war. Sie hatten ihren Kindern immer wieder gesagt, dass das, was sie als Eltern getan hatten, einfach nur das von Gott Gebotene war. Sie hatten ihren Kindern wiederholt gesagt, dass sie, egal wie alt sie sein würden, immer wieder die Regeln von irgendjemandem zu befolgen hätten.

Und nun fragten sie sich, ob es all das wert gewesen war. Sie wurden von der Frage gequält, was falsch gelaufen war. Josh war sechzehn Jahre alt und war so rebellisch wie nur möglich. Er schien die Welt zu lieben und alles, was in ihr war. Regeln waren für ihn nichts, dem man hätte gehorchen müssen. Regeln waren Herausforderungen, denen man sich stellen musste. Er bekämpfte jede Regel mit Spott und Respektlosigkeit. Er benahm sich so, als würde er seine Mutter und seinen Vater hassen. Er sagte Dinge, die sie verletzen sollten. Er hatte ihnen tausendmal zu verstehen gegeben, dass er es nicht abwarten könne, endlich ihr Haus zu verlassen und eigene Wege gehen zu können. Dann würde er seine eigenen Entscheidungen treffen und sie würden nichts mehr dagegen tun können. Er schien wirklich eine Person zu sein, die das Böse liebte und das Gute hasste.

Als sie wie jeden Abend vor Joshs Zimmertür saß, um ihn davon abzuhalten, heimlich das Haus zu verlassen, ließ sie in ihrer Erinnerung die Jahre an sich vorbeiziehen. Sie dachte an den süßen kleinen Jungen, den jeder gemocht hatte und der im krassen Gegensatz zu dem zornigen jungen Mann stand, der sich nun hinter jener Tür befand. Sie war enttäuscht, fühlte sich machtlos und gedemütigt. Sie war es leid, und insgeheim konnte sie es kaum erwarten, dass er endlich ihr Haus verließ.

Jessica war die typische lebhafte kleine Dreijährige. Das Leben war ihr Spielplatz, und es hatte den Anschein, als stände sie jeden Morgen auf, um ihr Leben voll zu genießen. Sally war es zunehmend leid, sie durch das ganze Haus zu verfolgen, während Jessica ständig alles anfasste und ausprobierte. Sie hatte den Eindruck, dass die Kleine einfach nicht auf sie hören wollte. Vor einigen Monaten hatte sie es mit Zählen versucht. »Jessica, komm da raus! 1 ... 2 ... 3 ...« Die Übung ging so: Bei 3 würde Mama kommen, und man wollte nicht wissen, was dann geschah. Aber Jessica hatte bereits viele Male die 3 überlebt, und nichts Schlimmes war geschehen. Sally war mittlerweile bei 5 angelangt, und Jessica zeigte noch immer keine Reaktion. Die Drohung war keine Drohung mehr. Das Zählen war für Jessica inzwischen sogar zu einer Einladung geworden, das Verbotene, das sie gerade tat, noch länger zu tun. Sie wusste, dass sie ihre Mama noch ein wenig weiter puschen konnte. Sally hatte keine Lust mehr zu zählen. Mit jeder Zahl wurde sie ärgerlicher und mutloser. Zählen funktionierte nicht, aber sie wusste auch nicht, was sie sonst tun sollte.

Frank und Mary machten sich große Sorgen um Emma. Nicht dass es schwer war, mit ihr zu leben. Ganz im Gegenteil: Sie war immer freundlich und höflich. In vielerlei Hinsicht war Emma ein Traumteenager. Sie war gut in der Highschool und hatte bereits früh von renommierten Universitäten Stipendien angeboten bekommen. Sie nahm ohne Widerstand an der Jugendarbeit teil und war Freiwillige bei *Habitat for Humanity*. Von Weitem betrachtet sah alles ziemlich gut aus.

Aber Frank und Mary wussten, dass es nicht gut war. Emma verbrachte immer mehr Zeit auf Facebook, Instagram und Twitter. Sie war wie besessen von dem Leben der aktuellen Popstars und der jungen Schauspieler. Jeden Tag las sie im Internet jede billige Klatschgeschichte. Auch war sie wie besessen von Mode, ihrem Aussehen und der Reaktion anderer darauf. Emma konnte es nicht ertragen, noch immer keinen Freund zu haben. So begann sie, sich aufreizend zu kleiden. Der Glaube, den sie nie offen abgelehnt hatte, schien ihr immer weniger wichtig zu sein. Täglich verehrte sie die aktuellen gesellschaftlichen Idole. Sie merkte gar nicht, dass es Anbetung war. Frank und Mary hatten das Gefühl, sie zu verlieren, jedoch wussten sie nicht, wie sie damit umgehen sollten. Emma rebellierte nicht. Sie machte die Hausaufgaben für die Schule und hielt sich im Grunde auch an die Hausregeln. Immer wenn Frank und Mary mit Emma über ihre Sorge sprachen, sagte sie ihnen, sie seien einfach nur altmodisch und sollten sich entspannen, denn schließlich sei doch alles in Ordnung. Aber Emma war wie gefangen. Ihre Eltern waren sich dessen sehr bewusst, aber keine der von ihnen aufgestellten Regeln schien sie davon zu befreien.

Rob war ein ruhiges Kind. Er verbrachte viel Zeit allein, und es schien ihm nichts auszumachen. Er fuhr gerne Skateboard, doch er hatte nicht allzu viel Zeit oder auch Interesse daran, in einen Verein zu gehen. Er war nicht schwer zu erziehen – nur war er ziemlich in sich gekehrt. Es war schwer, Rob dazu zu bewegen, sich zu öffnen und über persönliche Dinge zu sprechen. Und so hatten seine Eltern den Eindruck, dass sie ihn, je älter er wurde, umso weniger kannten. In seinem letzten Jahr auf der Highschool knüpfte er eine enge Freundschaft mit einem anderen Jungen. Die beiden verbrachten Stunden miteinander, sowohl im als auch außerhalb des Hauses. Es war nicht ungewöhnlich, dass sie das Wochenende im Haus des anderen zubrachten.

Seit mehreren Wochen fragte sich Robs Mutter, ob mit Rob irgendetwas nicht in Ordnung sei. Er schien irgendwie nicht mehr der Alte zu sein. Aber wenn sie ihn darauf ansprach, dann antwortete er nur, es sei nichts, alles sei bestens. Schließlich, eines Abends, als sein Vater auf einer Geschäftsreise war, stellte sie ihn zur Rede und bedrängte ihn, ihr endlich zu erzählen, was nicht stimmte. Er zögerte einen Moment. Doch sie ließ nicht locker. Und gefühlvoller, als er seit Langem gewesen war, antwortete Rob schließlich: »Ich bin verliebt.« Seine Mutter sagte: »Nun, das muss dir doch nicht peinlich sein oder Angst machen.« Rob präzisierte: »Ich habe mich in Nate [seinen Freund aus der Schule] verliebt.« Ihre Gefühle verbergend, fragte seine Mutter: »Was meinst du damit: Ich habe mich in Nate ›verliebt‹?« Rob erwiderte: »Mama, ich bin schwul. Und mir war klar, dass du und Papa mich hassen würdet, wenn ich euch das sagen würde. Aber es ist nun einmal wahr, ich bin schwul. Und da ist nichts und niemand, der daran etwas ändern könnte.« Und mit diesen Worten stürmte er aus dem Zimmer.

Obwohl Robs Eltern ihm immer ihre bedingungslose Liebe zum Ausdruck gebracht hatten, dauerte es nicht lange, bis sie einen neuen Katalog an Regeln für Rob aufgestellt hatten. Er musste seinen Autoschlüssel abgeben. Er durfte Nate zukünftig nicht mehr sehen. Er musste ein Nutzungslimit auf seinem Computer installieren. Er musste die Tür seines Schlafzimmers offen lassen, wenn er zu Hause war. Und er sollte noch früher zu Hause sein. Rob wurde immer mürrischer und zorniger. Er und Nate fanden Wege, auch weiterhin miteinander Zeit zu verbringen.

Alle diese Geschichten haben etwas gemeinsam. All diese liebenden und wohlmeinenden Eltern machen einen Fehler. Haben Sie gemerkt, welchen?

Bedenken Sie, dass alle Eltern ihr Vertrauen auf eine ganz bestimmte Sache setzen. Alle Eltern wissen, dass ihre Kinder wachsen, heranreifen und sich verändern müssen. Als Eltern wissen sie, dass es ihre Aufgabe ist, ihren Kindern dabei zu helfen, ihren Charakter zu formen (zu Gehorsam, Respekt, Ehrlichkeit, Bereitwilligkeit etc.). Um diese Veränderung in ihren Kindern zu bewirken, verlassen sie sich auf etwas. Es gibt ein Werkzeug, das sie immer wieder verwenden, weil sie glauben, dass es die Kraft besitzt, ihr Kind zu verändern. Und weil sie auf dieses Werkzeug vertrauen, verwenden sie es immer wieder, in einer Situation nach der anderen, bei einem Kind nach dem anderen. Zu diesem Werkzeug, auf das sie ihr Vertrauen setzen, werden sie nicht nur dann greifen, wenn Veränderung bei ihren Kindern angebracht ist, sondern es wird gleichzeitig auch das Objektiv sein, durch das sie die Situation einschätzen und ihre Kinder beurteilen.

Ich möchte kurz innehalten und möchte Sie einmal auffordern, sich zu prüfen. Wenn man Sie in den letzten sechs Wochen dabei beobachtet hätte, wie Sie Ihre Kinder beurteilt haben und was Sie versucht haben, um bei ihnen Veränderungen zu bewirken – zu welchem Schluss würde man dann wohl kommen? Was ist das Werkzeug, in das Sie vorrangig Vertrauen setzen? Bitte antworten Sie nicht zu schnell. Denken Sie einmal darüber nach, wie Sie in den letzten Wochen an Ihren Kindern gehandelt haben. Könnte es sein, dass Sie die gleichen Fehler begehen, die von den Eltern in den gerade von mir erzählten Geschichten gemacht worden sind? Könnte es sein, dass Ihr vorrangiges Werkzeug zur Veränderung nicht in der Lage dazu ist, das zu bewirken, was sie beabsichtigen? Könnte es sein, dass sich der Beweis dafür unmittelbar vor Ihren Augen befindet und Sie ihn doch nicht sehen? Könnte es sein, dass es einen anderen, besseren Weg gibt, der jedoch noch keinen Einfluss auf Ihre Erziehung hat?

Bitte lesen Sie sehr sorgfältig, was ich nun schreibe. Ich bin davon überzeugt, dass Tausende wohlmeinende gläubige Eltern, ohne sich darüber im Klaren zu sein, von dem *Gesetz* Gottes erwarten, was nur die mächtige *Gnade* Gottes im Leben ihrer Kinder vollbringen kann. Folgende Tatsache gilt es zu berücksichtigen, und sie sollte alles, was wir als Eltern tun, prägen: Wenn Regeln und Vorschriften die Macht besäßen, die Herzen und Leben unserer Kinder zu verändern, wenn unsere Kinder durch sie von sich selbst befreit und ein Herz der Unterordnung und des Glaubens bekommen könnten – dann hätte der Herr Jesus nicht auf diese Erde kommen müssen! Unsere Erziehungsweise, welche bestimmt, wer unsere Kinder sein werden, wenn sie ihr Zuhause verlassen, in all den alltäglichen und nicht so alltäglichen Augenblicken, wird davon geprägt werden, welchem Werkzeug wir als Eltern die Macht zur Veränderung zuschreiben. Ich möchte das im Folgenden näher erläutern.

Gesetz und Gnade

Unsere Kinder brauchen das Gesetz Gottes.

Schauen wir uns einmal an, was der Apostel Paulus schreibt:

> *»Was sollen wir nun sagen? Ist das Gesetz Sünde? Das sei ferne! Aber die Sünde hätte ich nicht erkannt als nur durch Gesetz. Denn auch von der Begierde hätte ich nichts gewusst, wenn nicht das Gesetz gesagt hätte: ›Du sollst nicht begehren‹« (Römer 7,7).*

Unsere Kinder werden mit der dringenden Notwendigkeit nach dem Gesetz Gottes geboren – also nach den Anordnungen Gottes, die wir in der Bibel finden. Da sie als »Toren« auf diese Welt kommen und nicht wissen, was wahr oder was falsch ist, was gut oder schlecht ist, was richtig oder was falsch ist, brauchen sie die *Gnade der Weisheit*, die ihnen allein das Gesetz Gottes geben kann. Wenn das Gesetz Gottes nicht wäre, dann hätte der Mensch keinerlei Vorstellung davon, wie er denken sollte, wonach er Verlangen haben sollte, wie er reden sollte oder wie er sich verhalten sollte. Wie alle Menschen, so sind auch unsere Kinder nicht dazu gemacht, über sich selbst Herrschaft auszuüben. Selbstherrschaft meint: von unabhängigen Gedanken und Sehnsüchten geleitet werden. Kinder müssen Pfade aufgezeigt bekommen, auf denen sie sich bewegen können. Sie müssen Grenzen gesetzt bekommen, innerhalb derer sie sich aufhalten können. Deshalb hat Gott uns in seiner wundervollen Barmherzigkeit sein Gesetz gegeben, damit unser Verhalten von einem deutlichen Wissen über das, was richtig und falsch ist, gesteuert werden kann. Aber diese Leitung durch das Gesetz soll noch etwas anderes bewirken: Sie soll unsere Kinder auch vor sich selbst schützen. Alle Kinder kommen als Sünder auf diese Welt. Das bedeutet, dass alle Kinder eine Gefahr für sich selbst darstellen und den Schutz benötigen, den ihnen Gottes Gesetz gibt. Da Gottes Gesetz unseren Kindern Leitung und schützende Weisheit gibt, die sie ohne das Gesetz nicht hätten, ist das Gesetz Gottes also für sie gut.

Und es ist noch in einer anderen Hinsicht gut für unsere Kinder. Es gibt ihnen nämlich die *Gnade der Überführung*. Ohne das Gesetz Gottes wüssten unsere Kinder nicht, dass sie Sünder sind, die Schutz, Weisheit, Vergebung und Errettung brauchen. Um festzustellen, ob man ein Brett zu kurz abgeschnitten hat, muss man einen Zollstock anlegen. Eines der gefährlichsten Dinge im Leben eines Kindes ist, dass es blind für seine geistliche Notlage ist. Ein Kind, das sich nicht im rechten Licht sieht, wird sich der Weisheit, Leitung, Züchtigung und Korrektur widersetzen. Warum? Weil es meint, dass es diese Dinge nicht braucht. Das Gesetz ist sehr gut, nicht nur, um unser Verhalten, sondern auch, um unsere Herzen offenbar zu machen. Gottes Gesetz ist der ultimative Maßstab, mit dem der Mensch gemessen werden kann. Und deshalb ist es gut für unsere Kinder, dass sie regelmäßig diesem Maßstab ausgesetzt werden und von diesem Maßstab offenbar gemacht werden.

Unsere Kinder müssen um die Schwächen des Gesetzes wissen.

Ja, unsere Kinder brauchen in ihrem Leben das Gesetz Gottes. Aber es ist sehr gefährlich, wenn Eltern das Gesetz täglich gebrauchen, um mit ihm zu tun, was allein die Gnade bewirken kann. Und ich befürchte, dass sehr viele gläubige Eltern, ohne sich dessen bewusst zu sein, genau das tun. Sie haben christliche Kindererziehung darauf reduziert, wahrhaft treue Gesetzgeber, in Gewahrsam nehmende Polizisten, Staatsanwalt, Richter und Gefängniswärter zu sein. Die Folge davon ist, dass ihre Kindererziehung im Grunde aus einem mit Strafandrohungen verknüpften Regelwerk besteht. Ja, Kinder brauchen Regeln und sie brauchen gewissenhafte Korrektur – doch das allein reicht nicht aus. Denken wir einmal darüber nach. Wenn alles, was unsere Kinder benötigen würden, lediglich das Wissen um und die Durchsetzung von Regeln wäre, dann wären, wie bereits erwähnt, das Leben, der Tod und die Auferstehung Jesu nicht notwendig gewesen. Der Herr Jesus kam, weil das Gesetz zwar gut ist, aber nicht ausreicht, um das große menschliche Dilemma der Sünde zu lösen. Ich möchte daran erinnern: Die größte Gefahr für unsere Kinder ist nicht das Böse in der Welt da draußen. Die größte aller Bedrohungen für das Wohl unserer Kinder ist die in ihnen wohnende Sünde.

Alle Eltern müssen verstehen: Das Gesetz leistet eine vorzügliche Arbeit, was das *Aufdecken* der Sünde unserer Kinder anbelangt, aber es besitzt nicht die geringste Kraft dazu, unsere Kinder von der Sünde zu *befreien*. Das Gesetz besitzt nicht die Fähigkeit, unsere Kinder aus der gewaltigen Umklammerung der Sünde zu retten. Das Gesetz kann unseren Kindern keine neuen Herzen schenken. Das Gesetz kann nicht die dauerhafte Veränderung in unseren Kindern bewirken, nach der sich alle Eltern sehnen. Das Gesetz kann und wird unsere Kinder nicht erretten, erlösen und neu machen. Doch genau das ist es, was jedes Kind benötigt. Wenn wir selbst ein Werkzeug der Veränderung in der Hand Gottes im Leben unserer Kinder sein möchten, brauchen wir deshalb in unserem persönlichen »Erziehungs-Werkzeugkasten« mehr als lediglich das Gesetz.

Aber ich möchte noch etwas anderes hinzufügen. Wir Eltern neigen nicht nur dazu, all unsere Hoffnung für unsere Kinder auf das Gesetz zu setzen, sondern wir neigen auch dazu, Gottes vollkommenes Gesetz durch armselige, unzulängliche, menschliche Gesetze zu ersetzen. Und so wird in gewisser Hinsicht *Gottes* Gesetz durch *unser* Gesetz ersetzt – einem Gesetz, das leider aus unserem Verlangen nach Bestätigung, Kontrolle, Ruhe, Erfolg und Ansehen entstanden ist. Wir richten selbstsüchtige, ungeduldige und zornige Forderungen an unsere Kinder. Wir behandeln sie, als wären sie unsere Diener, als wäre ihre Existenz darin begründet, uns die Last unserer täglichen Pflichten zu verringern und unser Leben bequemer zu gestalten. Doch unsere Kinder sind nicht *um unseretwillen* erschaffen und uns nicht *unsertwegen* gegeben worden, sondern *um Gottes willen* und zu ihrem Besten.

Und dann ärgern wir uns über unsere Kinder, doch nicht zuallererst deshalb, weil sie *Gottes* Gesetz brechen, sondern weil sie *unserem* Gesetz, dem, was *wir* wollen, im Wege stehen. Stellen Sie sich doch einmal die Frage: Wie viel von Ihrem elterlichen Ärger hatte in den vergangenen Monaten auch nur irgendetwas mit dem Gesetz Gottes zu tun? Es ist nicht lediglich die *Abhängigkeit* vom Gesetz, die uns als Gottes Repräsentanten im Leben unserer Kinder davon abhält, all das zu tun, was wir tun sollten. Auch das *Ersetzen* des Gesetzes Gottes führt dazu, dass wir viele Dinge tun, die wir in Bezug auf unsere Kinder nicht tun sollten. Doch das Gute ist, dass es tatsächlich einen anderen und besseren Weg für uns und unsere Kinder gibt.

Wir müssen verstehen, dass Gottes Gnade von entscheidender Bedeutung ist.

Ich denke, dass wir schockiert wären, wenn wir wüssten, wie viele Eltern, die am Sonntag gerne von der Gnade Gottes singen, diese Gnade den Rest der Woche bei der Erziehung ihrer Kinder vollkommen vergessen. Aber ohne die Gnade Gottes werden unsere Kinder nicht zu dem, was sie sein sollten, und werden nicht das tun, was sie tun sollten. Vergessen wir nicht, dass es die in ihnen wohnende Sünde ist, die alles zerstört. Es ist die Sünde, die unsere Kinder dazu bringt, sich unserer Leitung und unserer Autorität zu widersetzen. Es ist die Sünde, die dazu führt, dass Kinder sich ständig mit ihren Geschwistern streiten. Es ist die Sünde, die unsere Kinder dabei behindert, in der Schule etwas zu lernen. Es ist die Sünde, die dazu führt, dass Kinder von ebenden Dingen angezogen werden, die schmerzhaft oder schädlich für sie sind. Es ist die Sünde, die dazu führt, dass unsere Kinder anspruchsvoll, einfordernd, materialistisch und unzufrieden sind. Es ist die Sünde, die bewirkt, dass sich unsere Kinder so verhalten, als wären sie das Zentrum des Universums und als müsste das Leben ihren Befehlen gehorchen. Es ist die Sünde, die dazu führt, dass Kinder zu ihren Eltern, Geschwistern und zu Gleichaltrigen verletzende Dinge sagen. Es ist die Sünde, die Erziehung schwierig, anspruchsvoll und anstrengend macht.

Das Gesetz kann unsere Kinder aus dem Schlamassel, mit dem wir Eltern uns täglich konfrontiert sehen, nicht befreien. Unsere Kinder kamen mit dem dringenden Bedürfnis nach Gottes rettender, vergebender, verändernder und erlösender Gnade auf die Welt. Gottes Gnade ist die einzige Hoffnung sowohl für uns Eltern als auch für unsere Kinder. Als Eltern sind wir nicht nur dazu berufen, im Leben unserer Kinder das *Gesetz* geltend zu machen, sondern auch dazu, ihnen fortwährend Gottes *Gnade* zu lehren und zur Schau zu stellen.

Aber ich muss Sie, liebe Eltern, auch daran erinnern, dass Sie diese Gnade ebenso sehr benötigen wie Ihre Kinder. Wenn wir jemals Gottes Botschafter sein wollen, dann müssen wir durch die gewaltige Gnade von unseren eigenen Fesseln befreit werden. Und das heißt: Wir müssen von dem Gesetz unserer eigenen Bequemlichkeit, des Vergnügens, des Erfolgs und der Kontrollsucht befreit werden. Es ist nicht die Sünde unserer Kinder, die guter Erziehung im Weg steht, sondern *unser* Streben nach einer Elternschaft, die sich um unser kleines Reich der Wünsche, Bedürfnisse und Sehnsüchte dreht, in welchem unsere Kinder eher den Zielen *unseres* Reiches dienen, als sich den Zielen des Reiches *Gottes* unterzuordnen.

Ich mache die besten Zimtschnecken weit und breit. Tut mir leid, aber daran kann es keinen Zweifel geben. Ich mache sie gerne in unserem Familienurlaub. Dann weiß ich ganz genau, was passieren wird. Der herrliche Duft führt dazu, dass sich meine Kinder aus ihren Betten erheben und den Flur hinuntergehen. Dann werden sie sich vor mir verneigen und sagen: »Was haben wir doch für ein gutes Leben. Wir haben einen Vater, der Zimtschnecken machen kann!«

Und nun ist es wieder einmal so weit. Es ist frühmorgens, und ich bin der Einzige, der wach ist. Ich mache diese Zimtschnecken und denke darüber nach, was für ein Entzücken mich vonseiten der anderen erwartet. Nun sind sie endlich im Ofen, und das Haus beginnt, von einem wunderbaren Duft erfüllt zu werden. Ich positioniere mich in den Sessel, von dem aus ich den Flur hinunterblicken kann – in Erwartung der Ehrerbietung, die mir zuteilwerden wird. Da erscheint auch schon einer meiner Söhne. Doch anstatt mich zu preisen, spricht er die folgenden schockierenden Worte aus: »Papa, darf ich mir etwas anderes zum Frühstück machen?« Ich möchte am liebsten sagen: »Sag mal, bist du des Wahnsinns? Natürlich darfst du *kein* anderes Frühstück machen! Warum solltest du auch?« Aber ich halte wohl besser meinen Mund. Dann erklärt er mir, seine Frau (dieser Eindringling in unsere Familie) esse zum Frühstück nichts Süßes und er wolle ihr deshalb ein paar Rühreier machen.

Ich weiß, dass ich mich nicht ärgern sollte, aber ich tue es. Ich weiß, dass das Ganze nicht persönlich gemeint ist, aber ich nehme es persönlich! Inzwischen sitzen wir am Frühstückstisch, und die Frau meines Sohnes nimmt gerade dort Platz, wo all jene herrlich duftenden Zimtschnecken liegen. Ich bin mir sicher, dass sie schließlich nachgeben und eine probieren wird. Aber sie tut es nicht. Mich stört jeder einzelne Biss in diese Eier. Ich weiß sehr wohl, dass Rühreier weich sind, aber ich habe das Gefühl, ihre Kaugeräusche zu hören, und das macht mich ganz verrückt. Ich kann einfach nicht verstehen, dass sie diese Eier meinen Zimtschnecken vorgezogen hat!

Was ist die treibende Kraft in dieser Geschichte? Richtig, es geht nicht um die Existenz Gottes und um sein Gesetz. Es geht einzig und allein um mich. Es geht um das Gesetz meiner egoistischen Erwartungen an meine Kinder. Es geht um das Gesetz, nach dem ich Bestätigung, Wertschätzung und ein gutes Gefühl bekommen will. Ich glaube, dass uns in unseren Reaktionen gegenüber unseren Kindern sehr häufig unausgesprochene Gesetze steuern, bei denen es allerdings mehr um das geht, was *wir* für uns selbst und unser Leben wollen, als um das, was *Gott* für und von unseren Kindern will. Und weil wir in unserer Beziehung zu unseren Kindern *unserem* Gesetz treu sind, brechen wir letztendlich das Gesetz *Gottes.* Damit sind wir das, was unsere Kinder auch sind: Menschen, die von sich selbst befreit werden müssen.

Wir müssen unseren Kindern das Evangelium predigen.

Ich meine damit nicht, dass Eltern ihren Kindern eine Predigt halten sollen, wie wir das von den Sonntagen her kennen. Nein, ich meine damit, dass wir unsere Kinder, die ja hilfsbedürftig sind, jeden Tag, bei jeder Gelegenheit auf die Gegenwart, die Verheißungen, die Kraft und die Gnade Jesu hinweisen sollten. Nun, wo beginnt diese elterliche Mission der Gnade? Sie beginnt nicht mit unserer Sorge um die tiefen geistlichen Bedürfnisse unserer Kinder, sondern vielmehr mit dem demütigen Eingeständnis, wie groß unser *eigenes* Bedürfnis ist. Sie beginnt, wenn wir uns eingestehen, dass wir nicht so werden können, wie Gott uns haben möchte, und nicht das tun können, was Gott von uns als Eltern möchte – ohne die erlösende und befähigende Gnade Gottes. Denn dann werden wir uns zunehmend über unsere Erlösung freuen und dafür dankbar sein, und diese Dankbarkeit wird dazu führen, dass wir auch für unsere Kinder dieselbe Erlösung wollen.

Liebe Eltern, wir müssen in allem, was wir tun, unsere Kinder auf die Gegenwart und die Verheißungen der Gnade Gottes hinweisen. Jedes Gespräch ist eine Gelegenheit dazu. Jede Korrektur, jede Erziehungsmaßnahme, jeder Streit unter Geschwistern ist eine

Gelegenheit. Erfolge und Misserfolge. Familienandachten. Geburtstage und Ferien. Die Schönheit der Natur. Teenager-Identitätsfragen. Gespräche vor dem Schlafengehen. Diskussionen über den Film, den man sich gerade angesehen hat. Es wird bestimmt nicht an Gelegenheiten fehlen, um unseren Kindern zu sagen, dass sie die Gnade Gottes unbedingt brauchen, und ihnen von der frohen Botschaft zu erzählen, wie Jesus dieser Not begegnen kann. Denn gemäß dem Plan Gottes bieten alle Dinge – gute, schöne, beschwerliche, traurige Dinge und alles, worüber wir uns freuen können – eine Gelegenheit, auf Gott hinzuweisen, der in Gnade über alles herrscht. Die Frage ist nur: *Sehen* wir diese Gelegenheiten in unserem Erziehungsalltag und *ergreifen* wir sie dann auch?

Was wollen Sie für Ihre Kinder? Wollen Sie einfach nur, dass sie schnell machen und gehorchen? Wollen Sie einfach nur ihr Verhalten bestimmen, so lange, bis sie nicht mehr unter ihrer Obhut stehen? Wollen Sie nichts weiter, als dass Ihre Kinder tun, was ihnen gesagt wird, und dass Ihre Kinder Sie in der Öffentlichkeit nicht blamieren? Oder wollen Sie mehr – *viel* mehr? Wollen Sie Kinder, die jeden Tag nach dem Willen Gottes leben, deren Herzen voll von der Anbetung Gottes sind und die sich gerne innerhalb der von Gott gesteckten Grenzen aufhalten? Im Innern unseres Herzens wissen wir, dass wir solche Kinder aus uns selbst nicht hervorbringen können. Wahrscheinlich werden Sie bereits gemerkt haben, dass Sie die Herzen Ihrer Kinder nicht unter Kontrolle haben, nicht einmal durch die besten Standpauken, die beste Korrektur oder die allerbeste, glaubensvolle Maßregelung.

Deshalb ist es an der Zeit aufzuhören, an den Herzen und im Leben der Kinder das tun zu wollen, was einzig und allein Gott tun kann. Es ist an der Zeit, dass Sie Ihr Herz ganz an die Gnade Gottes ausliefern und auch die Herzen Ihrer Kinder dazu anleiten, der Gnade Gottes zu vertrauen. Vielleicht sagen Sie nun: »Das verstehe ich, Herr Tripp, aber ich weiß schlichtweg nicht, wie ich das praktisch umsetzen soll.« Nun, dann freue ich mich, Ihnen mitteilen zu dürfen, dass der Rest dieses Buches genau diese Thematik behandelt.

Wir müssen unseren Kindern das Evangelium der Gnade vorleben.

Ich weiß nur allzu gut, was es für mich bedeutet hat, Kinder großzuziehen, und ich nehme an, dass das bei Ihnen genauso sein wird. Denn wenn es wirklich so ist, dass wir Eltern dazu berufen sind, im Leben unserer Kinder sichtbare Botschafter der Gegenwart, des Charakters und des Planes Gottes zu sein, dann habe ich sicherlich sehr oft ziemlich schlechte Arbeit geleistet. Durch die Art, wie ich oft auf meine Kinder reagiert habe, habe ich ein Bild von Gott als einem auffahrenden, ungeduldigen, voreingenommenen, lauten und anklagenden Vater abgegeben. Es kam täglich zu Widersprüchen zwischen der *Botschaft* der Gnade, die ich meinen Kindern verbal vermittelt habe, und meinem *Verhalten* ihnen gegenüber, das in dem *Mangel* an Gnade begründet war. Ich habe oft darin versagt, diese unfassbare Geduld und Schönheit der Gnade vorzuleben. Ich wollte nur Gutes für meine Kinder, aber ich tat es auf die falsche Weise. »Ich kann einfach nicht glauben, dass du so etwas getan hast!« »Ich tue so vieles für dich, und das ist nun der Dank dafür!?« »Du willst ganz bestimmt nicht wissen, was passiert, wenn ich das nächste Mal zu dir heraufkommen muss!« »Kannst du denn nicht ein einziges Mal still sein, damit ich einfach nur meine Mahlzeit in Ruhe zu Ende essen kann?«

Kein Kind, das solche Sätze zu hören bekommt, sagt sich: »Was habe ich doch für weise und liebevolle Eltern! Wie gut, dass ich ihnen mein ganzes Herz ausschütten kann. Ich wünschte mir nur, dass sie mir mehr derartige Dinge sagen würden! Ich bin so dankbar, solche Eltern zu haben! Ich denke, ich beginne langsam zu sehen, was in meinem Herzen ist.« Niemand, kein Erwachsener und kein Kind, der von jemandem hart angegangen und angeschrien worden ist, denkt danach: »Das war hilfreich für mich.« Nein, solchen Situationen möchten wir einfach nur entfliehen, wir sind froh, wenn so etwas vorbei ist.

Wenn es tatsächlich Gottes Plan ist, seine unsichtbare Gnade sichtbar zu machen, indem Eltern mit Kindern, die der Gnade dringend bedürfen, gnädig umgehen, dann sind wir Eltern nicht nur dazu berufen, diese Gnade zu *predigen*. Nein, wir müssen diese Gnade unseren Kindern auch täglich *vorleben*. Wenn ich dies schreibe, bin ich mir durchaus meiner Schwachheit bewusst, denn ich weiß, dass mir und Ihnen dies unrealistisch und abwegig erscheint. Wir können uns als Eltern verirren und unserem eigenen Willen nachgehen, den Plan Gottes vergessen und unserem eigenen Plan folgen. Wenn es uns jemals gelingen soll, unseren großen himmlischen Vater gut zu repräsentieren, dann müssen wir uns auch von ihm erziehen lassen. Wenn wir unseren Kindern in Gnade begegnen möchten, dann müssen wir zugeben, dass wir selbst Kinder sind, die der täglichen Fürsorge ihres Vaters bedürfen. Wenn wir geduldig sein wollen, dann müssen wir zugeben, dass wir selbst der Geduld bedürfen. Wenn wir vergebungsbereit sein wollen, dann müssen wir uns eingestehen, dass wir selbst der Vergebung bedürfen. Wenn wir durchhalten wollen, dann müssen wir demütig anerkennen, dass unsere einzige Hoffnung darin besteht, dass unser himmlischer Vater uns niemals aufgeben wird. Und wenn wir unseren Kindern beibringen möchten, jeden Tag die Nähe Jesu zu suchen, dann müssen auch wir täglich seine Nähe suchen. Wenn wir wollen, dass unsere Kinder über ihre äußere und innere Sünde traurig sind, dann müssen auch wir Eltern über unsere Sünden trauern.

Nur dann, wenn wir bereit sind, uns selbst einzugestehen, dass wir unseren Kindern viel ähnlicher sind, als dass wir anders sind als sie, und dass auch wir selbst täglich der Erziehung bedürfen, werden wir Eltern sein, die, als solche, die selbst die Gnade des Vaters brauchen, auch ihre Kinder immer wieder zur Gnade des himmlischen Vaters führen.

Kapitel 4

Unfähigkeit

Grundsatz:
Die eigene Unfähigkeit zu erkennen,
ist grundlegend für gute Erziehung.

Es geschah in aller Öffentlichkeit. Für all jene, die sich in der Nähe aufhielten, war es geradezu unmöglich, nicht stehen zu bleiben, ganz gleich, was sie gerade taten, sahen oder hörten. Und ich konnte nicht anders, als mich zu fragen, wie oft diese Szene an diesem Tag von anderen Eltern wohl wiederholt werden mochte – Eltern, die es alle gut meinten, die sich jedoch irgendwie verirrt hatten. Ich weiß, welche Sichtweise hinter dem steht, was jene Mutter an jenem Tag in dem Einkaufszentrum tat. Ich kenne diese Sichtweise, weil auch ich mich in der Anfangszeit meiner Elternschaft dafür geöffnet habe. Diese Mutter wird sich tief in ihrem Herzen für eine gute und treue Mutter gehalten haben. Sie hat bestimmt gemeint, genau das getan zu haben, was Eltern in einer solchen Situation nun einmal tun. Ich zweifle keinesfalls an ihren Motiven. Doch das, was sie tat, war durch etwas angetrieben, was viele Eltern für wahr halten, was jedoch völlig falsch ist.

Sie schleuderte ihrem kleinen Jungen Anschuldigungen und Drohungen entgegen, wobei sie all jene, die um sie herumstanden, nicht zu bemerken schien. Ihr Blick war streng und ihre Stimme laut. Sie glaubte, dass dieser kleine Junge sich durch ihre Worte ändern würde. Sie glaubte, dass er sich das, was er getan hatte, nie wieder zu tun erdreisten würde. Und so nahm Sie ihn lauthals unter Beschuss. Sie meinte, ihn auf diese Weise ändern zu können. Er weinte leise, während seine Mutter ihm so nah kam, dass ich mir sicher war, dass er nicht allein ihre Worte hörte, sondern auch ihren Atem spüren konnte. Ja, er würde sich an den Zorn seiner Mutter erinnern. Aber ich bin mir nicht sicher, ob dieser Zorn zu dem gewünschten Ergebnis geführt hat. Schließlich griff sie nach seiner Hand und ging weg, immer noch auf ihn einredend, während er sich hinter ihr herziehen ließ.

Ob diese Mutter ihren kleinen Jungen wohl lieb hatte? Bestimmt. Doch die Art und Weise, wie sie Erziehung an ihm ausübte, war davon beeinflusst, dass sie an etwas glaubte, was schlichtweg nicht funktioniert.

Machtlos

Vielleicht fragen Sie sich jetzt, was die Überschrift dieses Abschnitts denn mit der Geschichte zu tun hat, die Sie gerade gelesen haben. Nun, diese Mutter stand ihrem Sohn mit drohendem Zorn gegenüber, weil sie sich selbst Macht zuschrieb, die sie nicht hatte. Auch ich bin auf diese Täuschung hereingefallen. Und ich habe gehört, wie Eltern gesagt haben: »Und wenn es das Letzte ist, was ich tun werde, ich werde meine Kinder schon dazu bringen, gläubig zu werden.« »Ich werde es ihnen austreiben.« »Es ist meine Aufgabe, sicherzustellen, dass sie tun, was richtig ist.« »Und wenn ich nichts anderes tun werde, so werde ich doch Kinder in diese Welt hinausschicken, die das Richtige tun.« »Wenn ich erst einmal mit ihm fertig bin, dann wird er nicht einmal mehr daran denken, es noch einmal zu tun.« Es stimmt, dass Kinder sich ändern müssen. Es ist richtig, dass uns Eltern eine tiefe Sehnsucht nach dieser Veränderung prägen sollte. Es ist richtig, dass wir uns dazu verpflichten, an dieser Veränderung zu arbeiten. Doch was ist denn dann falsch an den obigen Aussagen? Nun, jede dieser Aussagen geht von der Annahme aus, dass Eltern eine Macht besitzen, die sie überhaupt nicht haben. Und diese Annahme führt zu einer Vielzahl von Erziehungsproblemen.

Wenn wir so werden wollen, wie Gott Eltern zu sein bestimmt hat, und das tun wollen, wozu er uns berufen hat, dann müssen wir etwas Entscheidendes erkennen. Diese Erkenntnis kann viele unserer Handlungen und Reaktionen gegenüber unseren Kindern verändern. Es ist von entscheidender Bedeutung, dass wir uns eingestehen, dass es überhaupt nicht in unserer Macht steht, unsere Kinder zu verändern. Denken wir einmal aus der Perspektive des Evangeliums Jesu Christi (welches das zentrale Thema unseres verlässlichsten »Erziehungs-Handbuchs« ist). Wenn irgendein Mensch die Macht besäße, dauerhafte Veränderung im Leben eines anderen Menschen zu bewirken – und ich sage es hier noch einmal –, dann hätte der Herr Jesus nicht zu kommen brauchen! Die Menschwerdung, das Leben, der Tod und die Auferstehung Jesu sind der eindeutige historische Beleg dafür, dass der Mensch nicht die Macht besitzt, derartige Veränderungen hervorzubringen. Warum hat Gott die Weltgeschichte exakt so gelenkt, dass sein Sohn genau zur rechten Zeit kam, um an unserer Stelle zu tun, was wir selbst nicht tun konnten? Nun, weil es keine andere Möglichkeit gab!

Kindererziehung bedeutet nicht, dass wir an unseren Kindern *Macht zur Veränderung ausüben*. Kindererziehung bedeutet, bereit zu sein, in demütiger Treue *an dem Werk Gottes der Veränderung teilzuhaben*, zum Wohl unserer Kinder. Liebe Eltern, es gilt, Folgendes zu verstehen: Gott hat uns für die Aufgabe der Veränderung *Autorität* verliehen, aber er hat uns nicht die *Macht* gegeben, diese Veränderung zu bewirken. Doch wir glauben diesem Trug und denken immer wieder, diese Macht zur Veränderung zu besitzen. Wir denken, dass sich unsere Kinder schon ändern werden – wenn wir nur ein bisschen lauter sprechen, ihnen ein bisschen näher kommen, die Drohung ein bisschen furchterregender oder die Strafe ein bisschen härter machen. Weil es so allerdings nicht zu der erwarteten Veränderung kommt, sind wir geneigt, das Ganze noch zu verstärken.

Natürlich können wir unsere Kinder einschüchtern oder belohnen, um auf diese Weise zeitliche Veränderungen zu bewirken. Kurzfristig können wir unsere Kinder bestechen oder von einer Sache abschrecken. Vorübergehend können wir das Verhalten unserer Kinder kontrollieren. Doch damit *dauerhafte* Veränderung geschieht und Frucht entsteht, muss etwas im *Innern* des Kindes geschehen. Ich möchte das einmal so formulieren: Das Verhalten unserer Kinder ist symptomatisch für das, was in unseren Kindern vor sich geht. Einer *dauerhaften äußeren* Veränderung geht immer *innere* Veränderung voraus. Bei Erziehung geht es um sehr viel mehr als lediglich um die Notwendigkeit einer *Verhaltens*änderung. Es geht immer um die Notwendigkeit einer *Herzens*änderung. Wir selbst besitzen jedoch ganz einfach nicht die Macht, das Herz eines anderen Menschen zu verändern. (Alle, die mehr darüber wissen möchten, weise ich darauf hin, dass in einem späteren Kapitel noch auf diese Thematik eingegangen wird.)

Es geht um Folgendes: Wenn wir als Eltern der Ansicht sind, Macht zu haben, die wir nicht besitzen, dann werden wir Dinge tun, die wir besser nicht tun sollten, und an den Dingen scheitern, die unbedingt getan werden müssten. Wenn wir der Ansicht sind, dass unsere Aufgabe darin besteht, unsere Kinder zu verändern, und dass uns die Macht dazu gegeben worden ist, dann werden wir in der Erziehung verstärkt fordernd, aggressiv und drohend sein und uns auf Regeln und Strafen konzentrieren. Bei dieser Art von Erziehung arbeiten Eltern nämlich darauf hin, aus ihren Kindern etwas zu *machen*, anstatt ihnen dabei zu helfen, etwas zu *sehen* und etwas zu *suchen*. Bei dieser Art von Erziehung geht es nur um *uns und unsere Kinder*, und nicht stattdessen darum, *vertretend* auszuführen, was *allein Gott* in unseren Kindern bewirken kann. Bei dieser Art von Erziehung besteht die Hoffnung der Eltern darin, die richtigen Mittel einzusetzen, zur rechten Zeit und auf die richtige Art und Weise, damit daraus die Veränderung ihrer Kinder resultiert. Diese Vorgehensweise ist grundlegend anders als die, ein brauchbares Werkzeug in den Händen eines Gottes sein zu wollen, der eine herrliche, umgestaltende Gnade besitzt und unsere und unserer Kinder einzige Hoffnung ist.

Das Entscheidende für alle Eltern ist: Wir können die Veränderung, die im Leben jedes einzelnen unserer Kinder geschehen muss, nicht selbst bewirken. Gott hat nirgendwo in seinem Wort die Eltern dazu in die Verantwortung gestellt. Bei guter Erziehung geht es darum, sich damit abzufinden, dass wir Eltern *machtlos* sind, wenn es um die Veränderung unserer Kinder geht. Ja, es geht darum, sich zu freuen, dass Gott uns diese Last niemals aufgelegt hat und auflegen wird. Denn die Veränderung unserer Kinder wäre eine Last, die wir nicht tragen könnten. Deshalb will Gott uns diese Last abnehmen, indem er seinen Sohn gesandt hat, um zum Urheber bleibender persönlicher Veränderung zu werden. Diese Last hat seinen Tod verursacht. Das befreit uns als Eltern und kann unseren Kindern neues Leben geben – wenn das keine guten Nachrichten sind! Damit ist unsere Aufgabe recht einfach: Sie besteht nicht darin, Veränderung zu *bewirken*, sondern demütige und bereitwillige *Werkzeuge* der Veränderung zu sein, und zwar in den Händen jener Person, die der alleinige Urheber wahrer Veränderung ist.

Das bedeutet, dass wir bereit sein müssen, unsere alte Sichtweise, die an menschlicher Macht festhält, aufzugeben. Wir müssen aufhören, laut zu werden und noch stärker zu drohen, aufhören mit den Beschimpfungen, den verurteilenden Worten und den sich immer mehr steigernden Strafen. Wir müssen aufhören, unseren Kindern zu sagen, wie viel gerechter wir im Vergleich zu ihnen sind. Wir müssen aufhören, sie mit Schweigen und dem Entzug unserer Zuneigung zu strafen, wenn sie uns verärgert haben. Doch verstehen Sie mich bitte nicht falsch. Es ist sehr wichtig, dass wir Eltern gegenüber unseren Kindern Autorität ausüben – aber nicht als solche, die eine letztendliche Änderung bewirken können. Es ist nötig für unsere Kinder, dass wir Autorität ausüben – aber als Repräsentanten des Urhebers dauerhafter Veränderung. Das bedeutet eben, dass wir Eltern aufhören müssen zu versuchen, alle uns zur Verfügung stehenden Mittel einzusetzen, um bei unseren Kindern eine Veränderung zu bewirken, und damit anfangen müssen, uns als Repräsentanten zu sehen. Ein Repräsentant Gottes zu sein, der uns Gnade zur Veränderung gibt, bedeutet, die täglichen Gelegenheiten zu ergreifen, um unseren Kindern ebendiese Gnade zu vermitteln. Es bedeutet, unseren Kindern dabei sehen zu helfen, wie nötig sie diese Gnade haben. Es bedeutet, diese Gnade vorzuleben, dadurch, wie wir mit ihnen reden und uns ihnen gegenüber verhalten.

Ich spreche wie gesagt nicht davon, dass Eltern sich ihrer Autorität entledigen sollen. Ich spreche nicht davon, dass Eltern ihre Kinder tun lassen sollen, was sie wollen. Ich spreche nicht von einer Erziehung ohne Erziehungsmaßnahmen oder jegliche Korrektur. Ich sage auch nicht, dass wir falsche Dinge, die unsere Kinder tun, ignorieren oder gar als richtig bezeichnen sollen. Ich spreche über die Ausübung einer elterlichen Autorität, die sich der eigentlichen, entscheidenden Macht der umgestaltenden Gnade unterordnet. Diese Art von Autorität baut nämlich nicht auf menschliche Kraft, sondern setzt ihre Hoffnung freudig auf die herrliche Macht Gottes. Denn die Hoffnung *aller* Eltern und Kinder – egal ob sie sich dessen bewusst sind oder nicht – ruht einzig und allein auf der Macht Gottes. So laden wir uns nicht jeden Morgen neu die Last auf, bei unseren Kindern Veränderung bewirken zu müssen. Nein, wir stehen auf und befehlen alles, was wir an diesem Tag tun und sagen werden, dem Gott der Veränderung an, der uns zu seinen Repräsentanten gemacht hat.

Macht-Werkzeuge

Ich möchte nun auf drei Mittel eingehen, die wir in unserer elterlichen Autorität mit am häufigsten verwenden, um Veränderungen bei unseren Kindern bewirken zu wollen.

Dieses Macht-Werkzeug besteht darin, dass wir unsere Kinder durch Drohungen zu verändern versuchen – Drohungen, die stark genug sind, um eine Angst zu erzeugen, die ebenso stark ist. Jeder Tag mit unseren Kindern ist dann von Drohungen wie diesen gekennzeichnet: »Ihr wollt nicht wissen, was passiert, wenn ich noch einmal zu euch heraufkommen muss!« Oder: »Du räumst jetzt sofort dein Zimmer auf oder *ich* räume es aus und lasse nur eine Matratze und ein Kissen übrig. Dann kannst du auf dem Fußboden schlafen und darüber nachdenken, wie unordentlich du warst, und über alles, was du einmal besessen hast.« Oder: »Wenn du das noch *einmal* machst, bekommst du monatelang Hausarrest. So lange, bis du vergisst, wie es draußen aussieht!«

Warum greifen wir zu derartigen Drohungen? Weil sie sich eine Zeit lang als wirksam erweisen. Denken wir einmal darüber nach: Ein Erwachsener ist für ein Kind eine bedrohliche Erscheinung. Er ist doppelt so groß. Die hervortretenden Augen, das rote Gesicht, der ausgestreckte Zeigefinger und die laute Stimme haben etwas Bedrohliches. Eltern können sich so verhalten, dass ihr Kind sich fürchtet, sie zu verärgern. Hier muss allerdings eine Unterscheidung gemacht werden: Ein Kind kann aus Erfahrung sehr genau wissen, was passiert, wenn seine Eltern ärgerlich werden, und sich *deshalb* fürchten, sie zu verärgern. Aber es ist etwas grundsätzlich anderes, wenn ein Kind selbst ein *inneres Verlangen* hat, das zu tun, was richtig ist, und weiß, dass es dafür Gott braucht.

Das erste Kind hat überhaupt keine Veränderung erfahren. Es wird einfach nur versuchen, den Drohungen seiner Eltern auszuweichen. Wenn dieses Kind zukünftig nicht mehr bedroht wird oder wenn es herausfindet, wie es ungehorsam sein kann, ohne dass seine Eltern es merken, dann wird es sofort wieder zu den Verhaltensmustern zurückkehren, die ihm seine Eltern untersagt haben. Denn die Drohungen der Eltern haben nicht zu einer inneren Veränderung geführt. Sie sind vielmehr Teil eines Systems äußerer

Kontrolle. Vergessen wir nicht, dass wir Repräsentanten des höchsten Vaters sind. Er gebraucht seine Macht nicht einfach nur, um uns zu beherrschen. Er hat in seiner Macht seinen Sohn gesandt, um uns von Grund auf zu erlösen und zu verändern! Ja, er spricht uns gegenüber sehr wohl Drohungen aus, heilige Drohungen. Aber die Bibel macht unmissverständlich deutlich: Wenn alles, was wir brauchen, eine Liste göttlicher Drohungen wäre – ich wiederhole mich –, dann wäre das Leben, der Tod und die Auferstehung Jesu nicht notwendig gewesen.

Ich muss noch eine weitere Anmerkung zur Macht von Drohungen machen, denn ich habe selbst erlebt, worüber ich hier schreibe. Ich habe auch mit vielen Eltern gesprochen, die Gleiches erfahren haben. Es kommt der Zeitpunkt im Leben aller Kinder, an dem die Drohungen ihrer Eltern keine Wirkung mehr zeigen. Wenn wir zu Drohungen greifen mussten, um unsere Kinder in den Griff zu bekommen, dann ist dieser Zeitpunkt, von dem ich gerade spreche, sowohl angsteinflößend als auch deprimierend. Denn das Werkzeug, das wir jahrelang gebraucht haben, funktioniert dann plötzlich nicht mehr. Ich habe vier Kinder und bin ca. 1,78 Meter groß. Mein kleinstes Kind ist meine Tochter, sie ist ca. 1,85 Meter groß. Und sie hat drei Brüder, die noch größer sind. Also musste ich, solange unsere Kinder noch zu Hause wohnten, zu ihnen aufschauen, wenn ich mit ihnen redete. Wenn unsere Kinder die Körpergröße ihrer Eltern überschritten haben und auch viel weniger abhängig von uns sind als früher, dann wirkt unsere Gegenwart nicht mehr bedrohlich auf sie. Wenn unsere Kinder mit uns erst einmal auf einer Ebene sind – geistig und körperlich –, dann stellen wir für sie keinerlei Bedrohung mehr da.

Drohungen ohne Gnade sind ein Werkzeug der äußeren Kontrolle, das jedoch versagen wird, wenn es um die grundlegende Veränderung unserer Kinder geht, die doch jedes Kind nötig hat zu erfahren.

Hierbei könnte es sich um das beliebteste Macht-Werkzeug handeln, mit dem wir unsere eigene Unfähigkeit zur Veränderung unserer Kinder zu bekämpfen versuchen. Wir manipulieren unsere Kinder, das zu tun, was wir wollen, indem wir ihnen gewisse Belohnungen in Aussicht stellen. Diese Vorgehensweise sollten wir jedoch nicht verwechseln: Auch Gott motiviert uns zum Gehorsam, indem er uns geistliche Belohnungen verspricht. Doch das ist etwas anderes als das, was wir Eltern tun. *Wir* nämlich finden etwas, das unser Kind gerne haben möchte, und stellen es ihm in Aussicht, indem wir sagen: »Wenn du dieses oder jenes tust, dann bekommst du das hier von mir.«

Josh ist elf Jahre alt und kommt nicht besonders gut mit seiner siebenjährigen Schwester Mary klar. Es kommt oft vor, dass Mary, wenn sie mit ihrem älteren Bruder aneinandergerät, weinend zurückbleibt. Joshs Eltern sind zunehmend frustriert und entmutigt, denn das geschieht mittlerweile jeden Tag. Also geht Joshs Vater zu seinem Sohn und sagt zu ihm: »Josh, kannst du dich noch an das ferngesteuerte Flugzeug erinnern, das du im Internet gesehen hast? Ich würde es dir kaufen. Alles, was du dafür tun musst, ist, dich einen Monat lang, also nur kurze vier Wochen, gegenüber deiner Schwester Mary gut zu verhalten. Dann kaufe ich dir das Flugzeug.«

Die Folge ist, dass Josh und seine Schwester die liebenswürdigsten, uneigennützigsten, geduldigsten und freundlichsten vier Wochen erleben, die sie jemals zusammen hatten. Joshs Eltern sind erstaunt, dass Mary einen Monat lang nicht ein einziges Mal weint. Sie sonnen sich in ihrer elterlichen Weisheit und ihrem Erfolg. Und so bestellt Joshs Vater das versprochene Flugzeug, sogar als Eilsendung. Das Paket kommt, und Josh und sein Vater bauen die Teile zusammen. Kurz testen sie das Flugzeug im Hinterhof. Es vergehen gerade einmal fünfzehn Minuten, und da hört man es: Mary weint. Der Grund: Josh hat sie mit seinem kleinen Flugzeug über den Hinterhof gejagt.

Denken wir einmal darüber nach, was geschehen ist: Das Versprechen und der Kauf des Flugzeugs waren der Versuch von Joshs Eltern, etwas zu bewirken, wozu sie überhaupt nicht die Fähigkeit hatten. Was wie ein erstaunlicher Erfolg aussah, wurde in Wahrheit zu einer gewaltigen Pleite. Josh war diese vier Wochen lang zu seiner Schwester nicht deshalb so nett, weil er eingesehen hat, dass es falsch ist, seine Schwester so schlecht zu behandeln, und er es gegenüber Gott und seiner Schwester bekannt und Gott um Hilfe gebeten hat, um zukünftig liebevoller mit seiner Schwester umzugehen. Keineswegs! Josh hat *nicht* erkannt, falsch gehandelt zu haben, hatte *nicht* das Verlangen nach einer innerlichen Veränderung. Das Ganze hat *nicht* zu neuem Mitgefühl und neuer Liebe für Mary geführt. Josh war nur deshalb zu Mary so nett, weil Josh *Josh* liebt! Diese Selbstliebe war auch der Grund dafür, dass er seine Schwester überhaupt so schlecht behandelt hat. Und nun bleibt nicht allein seine Selbstliebe – die Josh dazu bringt zu tun, was ihm Freude macht und für seine Schwester schmerzlich ist – bestehen, sondern sie ist obendrein auch noch belohnt worden. Was Josh mit dem neuen Flugzeug gemacht hat, beweist, dass sich in ihm überhaupt nichts verändert hat. Es mag hart klingen, aber es muss dennoch gesagt werden: Die Vorgehensweise von Joshs Eltern ist weder christlich noch Erziehung. Denn sie waren weder Vertreter dessen, was Gott in Joshs Leben bewirken wollte, noch haben sie ihre eigene Unfähigkeit anerkannt. Sie fungierten nicht als Werkzeuge der Veränderung in der Hand Gottes.

Doch das ist noch nicht alles. Obwohl ich davon überzeugt bin, dass Joshs Eltern es nicht beabsichtigt haben, bringen sie Josh mit ihrer Vorgehensweise doch eine Fertigkeit bei, die sie ihm vermutlich nicht beibringen wollten, nämlich: *moralisches* Wirtschaftsdenken. Als Josh die elterliche Belohnung in Aussicht gestellt wurde, hat er eine Kosten-Nutzen-Analyse gemacht. Er hat sich gefragt: »Ist die in Aussicht gestellte Belohnung groß genug, um das gewünschte Verhalten an den Tag zu legen?« Josh lernt auf diese Weise, mit seinen Eltern zu verhandeln und »den Einsatz zu erhöhen«. Wenn ein

Kind mit seinen Eltern über eine Belohnung verhandelt, empfindet es keinerlei moralische Schuld und hat auch keinerlei Verlangen im Herzen, das zu tun, was richtig ist. Es will einfach nur das haben, was es haben will, und wenn ein kleiner, kurzzeitiger Gehorsam der Preis dafür ist, dann ist es bereit, diesen zu zahlen.

Echte Veränderung bedeutet, dass ein Mensch lernt, was richtig ist, dass er anerkennt, was richtig ist, dass er bekennt, falsch gehandelt zu haben, dass er zukünftig anders handeln möchte und sich nach der dazu erforderlichen Hilfe ausstreckt. In dem Herzen von Josh ist keines dieser Dinge geschehen. Der Grund dafür ist, dass seine Eltern leider der Versuchung erlegen sind, *Kontrolle* auszuüben, anstatt die schwere, anstrengende und oft entmutigende Aufgabe auszuführen, Werkzeuge zur Veränderung in der Hand des Einen zu sein, der allein wahre Veränderung hervorbringen kann. Es stellt für alle Eltern immer wieder eine Versuchung dar, in einem schwierigen Augenblick die kurzzeitige Kontrolle einer langfristigen Veränderung vorzuziehen und sich nach jedem gerade greifbaren Werkzeug auszustrecken, das ihr Kind dazu bringt zu tun, was es soll.

Genauso wie Angst, so hilft auch dieses Werkzeug nur für eine kurze Zeit. Wenn unsere Kinder noch jung sind, gibt es viele kleine, preisgünstige Dinge, die sie gerne haben möchten und die den Eltern eine kurzzeitige Kontrolle ermöglichen. Aber wenn unsere Kinder älter werden, steigen die Kosten für das, was wir möchten, dass sie tun sollen, und irgendwann kommt schließlich der Zeitpunkt, an dem es nichts mehr gibt, was wir uns leisten können, um unsere Kinder dazu zu motivieren, das zu tun, was wir möchten. Dann sagen viele betrübte Eltern: »Was ist nur mit meinem Kind passiert?« Die Antwort lautet: »Nichts! Mit Ihrem Kind ist gar nichts passiert, Ihr Kind ist immer schon so gewesen. Sie haben jedoch durch die endlose Reihe von Belohnungen versteckt, was in Wahrheit schon immer in Ihrem Kind vorgegangen ist.«

Scham- und Schuldgefühle sind Macht-Werkzeuge, zu denen Eltern viel öfter greifen, als man vielleicht meint. »Ich kann einfach nicht glauben, dass du überhaupt daran denkst, so etwas zu tun!« »Als ich so alt war wie du, wäre ich nie auf den Gedanken gekommen, so etwas zu tun!« »Noch nie bin ich auf den Gedanken gekommen, mich irgendwann einmal mit so etwas beschäftigen zu müssen!« »Dass du dich mir gegenüber in dieser Weise verhältst, nach allem, was ich für dich getan habe!« »Manchmal frage ich mich, woher du eigentlich kommst.« »Du hast ja überhaupt keine Ahnung, in was du uns da hineingebracht hast.« Durch keine dieser Aussagen wird das Kind für das erwärmt und gewonnen, was richtig ist. Keine dieser Aussagen hilft Kindern dabei, ihre Herzen zu prüfen, Falsches zu bekennen und sich nach Hilfe auszustrecken. Hier geht es um Aussagen, die Eltern tätigen, die sich eines Macht-Werkzeuges bedienen, nämlich der *Schuld*. Wenn Eltern zu diesen Aussagen greifen, dann versuchen sie damit – bewusst oder unbewusst –, ihre Kinder durch Beschämung dazu zu bringen, das Richtige zu tun.

Wenn Eltern ihre Kinder dazu bringen, *horizontale* Schuld (gegenüber den Eltern) zu empfinden, dann ist das etwas völlig anderes, als wenn wir unsere Kinder zur Erkenntnis ihrer Herzen bringen, was dazu führt, dass sie *vertikale* Schuld (gegenüber Gott) empfinden und ein Verlangen nach Veränderung bekommen. Ein Beispiel dafür ist eine Mutter, die zu ihren Kindern, die sie und ihren Ehemann halb verrückt machen, sagt: »Ich erinnere mich noch daran, wie euer Vater ein glücklicher Mann war. Das war, bevor wir Kinder hatten. Jetzt ist er euretwegen so bekümmert, dass er sich bei seiner Arbeit kaum noch konzentrieren kann. Gestern hat er achtzehnmal zu Hause angerufen, weil er so besorgt und abgelenkt war. Aber wenn er sich nicht auf seine Arbeit konzentrieren kann, dann kann es sein, dass er seine Arbeit verliert. Und was wird dann aus uns, wenn er seine Arbeit verliert? Seht doch nur, wie er die Einfahrt hinaufgeht. Man kann förmlich sehen, wie er Angst hat, die Haustür aufzumachen und von all den schrecklichen Dingen zu hören, die ihr einander den ganzen Tag lang zugefügt habt!« Ich habe das Ganze jetzt etwas überspitzt geschildert, aber ich hoffe, dass Sie verstanden haben, worauf ich hinauswill.

Durch solche Augenblicke helfen wir unseren Kindern *nicht* dabei zu sehen, was sie sehen müssen. Sie werden *nicht* unzufrieden mit sich selbst und bitten uns und den Herrn *nicht* um Hilfe. In solchen Augenblicken verleugnen wir unsere Machtlosigkeit und greifen zu jedem verfügbaren Werkzeug, das uns zur Verfügung steht, um unsere Kinder in den Griff zu bekommen. Scham- und Schuldgefühle sind äußerst mächtige Werkzeuge. Denn es ist ja nur allzu natürlich für Kinder, dass sie sich wünschen, von uns akzeptiert und geschätzt zu werden. Es ist natürlich für sie, sich zu wünschen, dass wir Gefallen an ihnen haben und stolz auf sie sind. Jedes Kind möchte geliebt werden. Deshalb erweisen sich ja Scham- und Schuldgefühle zeitweilig als effektive Werkzeuge elterlicher Kontrolle.

Ich habe »zeitweilig« geschrieben. Denn wie alle Werkzeuge elterlicher Kontrolle fahren auch Scham- und Schuldgefühle zwar kurzfristig eine gute Ernte ein, hinterlassen jedoch langfristig ziemliche Altlasten. Denn es kommt der Zeitpunkt, an dem ein Kind mit Schuldgefühlen nicht mehr zu motivieren ist und es leid wird, ständig herabgesetzt zu werden. Es kommt der Zeitpunkt, an dem ein Kind beginnt, die Dynamik in der Beziehung zu seinen Eltern zu verstehen. Es kommt der Zeitpunkt, an dem ein Kind – auch wenn es das nicht ausdrücken kann – den Unterschied zwischen *Kontrolle* und *geduldiger Liebe* zu verstehen beginnt. Es kommt der Zeitpunkt, an dem ein Kind anfängt zu erkennen, ob seine Eltern jene *alten* Werkzeuge *benutzen*, damit das Kind etwas *tut*, oder ob sie in liebevoller Weise *Gottes* Werkzeuge *sind*, um ihm dabei zu helfen, etwas zu *sein*. Es kommt der Zeitpunkt, an dem es sich von seinen Eltern distanziert, um sich selbst vor der Schuld und der Scham zu schützen, die es so oft zu überkommen scheint, wenn es mit seinen Eltern zusammen ist.

Der Mangel an Kommunikation, Nähe und Zuneigung, der häufig zwischen Eltern und ihren schon größer gewordenen Kindern existiert, ist oft das traurige Ergebnis unserer Kontrollversuche über unsere Kinder. Unser himmlischer Vater jedoch will uns nicht nur kontrollieren. Kontrolle ist für ihn kein Problem, er ist der souveräne Gott. Doch er möchte für uns in seiner Gnade weit mehr. Deshalb hat er einen Plan entworfen, der für uns Vergebung und völlige Veränderung brachte. In Jesus ermöglicht er uns, unsere Sünde zu *er*kennen und zu *be*kennen, völlige Vergebung zu erlangen und sowohl mit dem Verlangen nach als auch mit der Kraft zur Veränderung gesegnet zu werden. Er ist der Erlöser, daher gibt er sich auch nicht mit weniger als einer *radikalen persönlichen Herzens- und Lebensänderung* zufrieden. Hierzu zwei Dinge, die wichtig sind zu verstehen:

1. Dies ist die Aufgabe, zu der Gott uns als Eltern berufen hat, und wir dürfen uns nicht mit weniger zufriedengeben.
2. Wir besitzen nicht die Fähigkeit, diese Aufgabe in eigener Kraft auszuführen. Dieses Eingestehen unserer Unfähigkeit ist von entscheidender Bedeutung, um als Eltern so zu sein, wie wir sein sollen, und um das zu tun, was wir tun sollen.

Das Gute ist: Wir können als Eltern zu unserer Machtlosigkeit stehen und müssen trotzdem nicht in ständiger Panik und Frustration leben. Wir können unsere Unfähigkeit akzeptieren und müssen unsere Elternschaft dennoch nicht mit Sorgen verbringen. Warum nicht? Weil wir als Eltern einem herrlichen, liebenden und mächtigen Erlöser dienen. Er liebt unsere Kinder unendlich mehr, als wir es tun. Er besitzt eine Kraft, die wir mit unserem Verstand nicht erfassen können. Die gleiche unfassbare Macht, die er ausgeübt hat, um Jesus Christus aus den Toten auferstehen zu lassen, gebraucht er nun, um unsere Kinder sehen zu lassen, sie zu überführen, ihnen Kraft und Verlangen zu verleihen – sie, die seine Hilfe so sehr nötig haben. In seiner Gnade wird er vor unseren Hilferufen und vor denen unserer

Kinder, die sich nach ihm ausstrecken, niemals seine Ohren verschließen. Er hat Freude an Liebe. Er hat Freude an Versöhnung. Er hat Freude an Buße und Veränderung. Er hat Freude, seine Kinder mit seiner Kraft zu überschütten, damit nach seinem Willen für sie das zustande kommt, was sie selbst nicht bewirken können.

Gute Kindererziehung besteht sowohl aus dem demütigen Eingeständnis persönlicher Machtlosigkeit als auch im hoffnungsvollen Ruhen in der Kraft und der Gnade Gottes. Besitzen Sie diese Ruhe? Ist die Erziehung bei Ihnen von Sorgen geprägt, sodass Sie Dinge tun und sagen, die Sie nicht tun oder sagen sollten? Sind Sie eher geneigt, Kontrolle haben zu wollen, als sich dem harten Prozess der Veränderung zu verpflichten? Arbeiten Sie eher daran, dass Ihre Kinder *Ihren* Willen tun, anstatt ihnen dabei zu helfen, so zu werden, wie Gott es will? Haben Sie den Blick auf den mächtigen und liebenden Erlöser ausgerichtet?

Gott ist mit Ihnen. Er möchte das Beste für Sie und Ihre Kinder. Es gibt niemanden außer Gott, der die Macht hat, diese Dinge zu bewirken. Er hat die Last der Veränderung nicht auf Ihre Schultern gelegt, denn er würde von Ihnen nicht etwas verlangen, was Sie gar nicht tun können. Gott hat Sie als Eltern lediglich dazu berufen, ein demütiges und treues Werkzeug der Veränderung im Leben Ihrer Kinder zu sein. Zur Erfüllung dieser Aufgabe hält er für Sie in jedem Augenblick die erforderliche Gnade bereit.

Kapitel 5

Identität

Grundsatz:
Wenn wir unsere Identität nicht in Christus wissen und in ihr ruhen, werden wir sie in unseren Kindern suchen.

Wenige Eltern denken darüber nach, und kaum einer von ihnen ist sich bewusst, dass sie es jeden Tag tun. Kindererziehung ist immer davon geprägt, worin wir unsere Identität suchen. Dies mag die theoretischste Aussage sein, die Sie jemals in einem Elternratgeber gelesen haben. Doch in diesem Kapitel soll erklärt werden, was in großen Teilen die Probleme ausmacht, die wir bei der Kindererziehung häufig erleben. Es soll erklärt werden, warum unsere Kinder die fest in ihrem Innern verankerte Fähigkeit besitzen, uns wehzutun. Warum sie uns so wütend machen können. Dieses Kapitel soll uns dabei helfen zu verstehen, woher unsere Kinder die Fähigkeit haben, uns die Freude und den Schlaf zu rauben. Es soll erklären, warum wir den Erfolg sowie das Versagen unserer Kinder so persönlich nehmen. Warum unsere Kinder es schaffen, dass wir in Bezug auf sie großen Stolz, aber auch tiefe Beschämung empfinden können. Unabhängig davon, wie stark wir unsere Kinder lieben, handelt es sich bei all den Dingen, die ich gerade erwähnt habe, nicht um ein Problem der *Liebe*, sondern um ein Problem der *Identität*. Wenn wir das begreifen, wird es unsere Sicht auf uns selbst verändern, und auch die Art, wie wir täglich mit unseren Kindern umgehen.

Sally richtete ihr ganzes Leben auf genau eine Sache aus: Sie wollte etwas aus ihren Kindern machen. Sie hatte ihnen bereits dicke Bücher vorgelesen, bevor sie sprechen konnten. Sie hatte sie zur Musikschule gebracht, lange bevor sie in den Kindergarten kamen. Dann, als ihre Kinder in der Schule waren, hatte sie von ihnen nicht nur Spitzenleistungen verlangt, sondern auch etliche außerschulische Aktivitäten für sie ausgewählt, weil sie meinte, dass sie dadurch auf eine erfolgreiche Zukunft vorbereitet würden. Zwischen Schule und all den anderen Aktivitäten, die von ihnen erwartet wurden, hatten Sallys Kinder beinahe keine Zeit mehr für sich selbst. Selbst die Wochenenden waren mit Museumsbesuchen, klassischen Konzerten und Gemeindeprojekten ausgefüllt. Sally hatte sich ihrem Traum verpflichtet, über die Maßen erfolgreiche Kinder hervorzubringen. Sie war also nicht nur selbst ehrgeizig und unerbittlich, sondern erwartete denselben Ehrgeiz auch von ihren Kindern.

Ich traf mich mit Sallys Sohn Jamie, denn Sally hatte mich seinetwegen um Hilfe gebeten. Seine Schulnoten hatten sich verschlechtert, und er war zu einigen seiner vorgesehenen Aktivitäten nicht erschienen. Und so begann Sally, sich Sorgen zu machen. Das Ganze spitzte sich eines Morgens zu, als Jamie sich weigerte, sein Zimmer zu verlassen und in die Schule zu gehen, und er seiner Mutter sagte, dass er seine Geige nie wieder in die Hand nehmen wolle. Dies hatte zu einem üblen, zweistündigen Streit zwischen Jamie und Sally geführt. Schließlich war er dann doch zur Schule gegangen. Aber als sie ihn abholen wollte, um ihn zur Musikstunde zu fahren, war er nirgends aufzufinden und tauchte erst um 22 Uhr wieder zu Hause auf.

Sally sah ihren Traum, an dem sie all die Jahre gearbeitet hatte, durch die Finger rinnen und geriet in Panik. Sie rief mich an und berichtete mir, Jamie sei durchgedreht und wolle nicht mehr mit ihr reden, sie benötige schnell Hilfe. Zwei Tage später hatte ich ein erstes Gespräch mit Sally und Jamie. Ich möchte beschreiben, in welcher Verfassung sich die beiden befanden, als ich ihnen an jenem Tag gegenübersaß. Sally war ganz offensichtlich zornig und ungeduldig, war unruhig und seufzte genervt. Jamie sah aus wie ein geschlagener junger Mann. Er saß dort, den Kopf nach unten gesenkt, als wartete er auf seine Hinrichtung. Ich versuchte, so gut ich konnte, von Sally zu erfragen, was das Problem sei, doch sie weigerte sich, mir meine Fragen zu beantworten. Sie sagte mir, sie verstehe nicht, warum ich unnötig Zeit verschwenden und mit ihr sprechen würde. Schließlich benötige nicht sie Hilfe, sondern Jamie. Mehr als einmal sagte sie: »Ich habe zu schwer und zu lange daran gearbeitet, um das alles wegzuwerfen – und das nur, weil mein Sohn eines Morgens aufwacht und sich entschließt, faul zu sein. Ich brauche Ihre Hilfe, damit ich den alten Jamie wieder zurückbekomme.«

So bat ich Sally, mich einige Minuten mit Jamie allein zu lassen, damit ich mit ihm unter vier Augen reden könne. Sie war nicht glücklich, dass sie den Raum verlassen sollte, aber sie tat es dann doch. Als wir allein waren, fragte ich Jamie, was los war. Ich wollte das Ganze offen gestalten. Ich wollte nicht, dass er den Eindruck bekam, dass ich im Auftrag seiner Mutter handelte – auch wenn ich ihre Sichtweise verstehen konnte. Ich hatte gerade meine Frage gestellt, da begann Jamie auch schon zu weinen. Es war ihm peinlich, dass er weinte, aber ich versicherte ihm, dass es in Ordnung sei. Er erwiderte, leise, aber mit dem resignativen Zorn eines gebrochenen jungen Mannes: »Ich kann das nicht länger. Ich kann das einfach nicht. Es ist nie genug. Der Druck hört nie auf. Ich habe keine freie Minute. Ich habe keine Freunde. Ich habe keine Entscheidungsfreiheit. Alles, was ich machen darf, ist, von morgens bis abends zu arbeiten. Ich muss zwei Stunden vor der Schule üben, nach der Schule habe ich Schreibunterricht, Musikunterricht und einen College-Vorbereitungskurs. Danach sind die Hausaufgaben dran. Dann muss ich zwei weitere Stunden lang üben, bevor ich schließlich ins Bett falle. Ach ja, und ich muss pro Quartal immer mindestens eine Sportart ausüben. Aber ich bin nicht Superman. Ich kann das einfach nicht länger. Deswegen habe ich meiner Mutter gesagt, dass ich aufhören und das nicht länger mitmachen werde. Ich bin jetzt ein paar Tage nicht mehr zur Schule gegangen und habe auch alle anderen Sachen nicht mehr gemacht, weil ich mich geweigert habe aufzustehen, und wenn ich doch aufgestanden bin, dann habe ich mich geweigert, mein Zimmer zu verlassen. Wenn ich wüsste, wohin ich gehen könnte, würde ich von hier wegrennen, aber ich weiß nicht, wohin.«

Als ich Jamie so zuhörte, wurde mir klar, dass das Ganze nicht nur irgendeine Masche war. Jamie lag nicht einfach im Clinch mit seiner Mutter. Ich wusste: Jamie meinte, was er sagte. Er war von dem Erfolgszug abgesprungen, und es gab nichts, was ihn dazu bringen konnte, wieder aufzuspringen. Aber ich wusste auch, dass ich mit seiner Mutter sprechen musste. Denn mir war klar, dass die Ursache für dieses Durcheinander nicht nur Jamies Rebellion und Faulheit war. Nein, es ging auch um seine Mutter. Es ging um Probleme tief in ihrem Innern. Und es würde für sie schwer werden, das zu akzeptieren.

Was meinen Sie: Was könnte wohl die Ursache dafür sein, wenn Eltern ein Kind bis zur mentalen, körperlichen und emotionalen Erschöpfung antreiben, sodass das Kind gewillt ist, seine Zukunftsperspektive aufzugeben und sein bisheriges Leben hinzuschmeißen, nur um diesen Anforderungen zu entkommen? Was geht wohl in Eltern vor, die täglich mit ihrem Kind zusammen sind und doch nicht sehen, dass etwas nicht in Ordnung ist, den Zusammenbruch nicht bemerken, der sich vor ihren Augen abspielt? Welches Problem haben Eltern, die ihrem Kind nicht erlauben, aufzuhören, weil sie nicht mit den Folgen klarkämen? Was für ein inneres Problem haben Eltern, die mehr auf Erfolg ausgerichtet sind als auf ihr Kind, von dem sie verlangen, ebendiesen Erfolg einzubringen?

Ich bat Sally, wieder ins Zimmer zurückzukommen, und sagte ihr, dass ich mir Sorgen um Jamie machen würde – aber dass ich nicht nur an Jamie Seelsorge betreiben wolle, sondern auch an ihr. Ich konnte sehen, wie sie erstarrte. »Ich bin nicht hierhergekommen, weil ich Seelsorge brauche. Ich denke, dass bei mir – mit Ausnahme der Last, die ich als Mutter zu tragen habe – alles in Ordnung ist«, erwiderte sie. Ich versuchte, ihr auf freundliche Art und Weise zu sagen, dass ich den Eindruck gewonnen hätte, dass es nicht sinnvoll sei, nur mit Jamie zu sprechen, und nicht auch mit ihr. Doch alles, was sie aus meinen Worten verstand, war wohl, dass ich für Jamie Partei ergriffen hatte. Sie antwortete, ich würde weder mit ihr noch mit Jamie reden. Dann verließ sie, sichtbar verärgert, schnell das Zimmer.

Ich wünschte, ich könnte sagen, dass die Geschichte von Sally und Jamie eine Ausnahme ist, aber das kann ich leider nicht. Ich denke, dass sich Tausende von Eltern genauso verhalten wie Sally gegenüber Jamie. Der Grund dafür ist nicht, dass diese Eltern lieblos und grausam wären, und auch nicht, dass sie kein Interesse daran hätten, was mit ihren Kindern geschieht. Was ich jetzt schreibe, wird Sie verwirren: Ich bin überzeugt, dass dieses System unerbittlicher Regeln, Leistungen und Verpflichtungen nur deshalb existiert, weil sich diese Eltern *zu sehr* um den gegenwärtigen und zukünftigen Erfolg ihrer Kinder sorgen. Das Verlangen nach Erfolg unserer Kinder ist zwar an sich etwas Gutes. Doch es wird dann zu etwas Schlechtem, wenn es alles andere beherrscht. Das führt dazu, dass Eltern Dinge tun, durch die ihre Kinder letztendlich überfordert und verbittert werden – im Namen einer guten Sache. Bitte lesen Sie weiter und lassen Sie mich versuchen, die Verwirrung aufzulösen.

Die Suche nach Identität

Menschen sind dazu gemacht, Dinge auszulegen und zu interpretieren. Wir wurden als denkende Wesen erschaffen, ausgestattet mit einem Verstand. Unsere Gedanken gehen unseren Handlungen immer voraus, bestimmen also auch ihre Ausrichtung. Nichts von dem, was wir tun, keine Entscheidung, die wir treffen, und kein Wort, das wir aussprechen, befindet sich im luftleeren Raum. Alle unsere Aktionen und Reaktionen hängen davon ab, *was wir meinen*, wer wir sind, wer Gott ist, was der Sinn unseres Lebens ist, was wichtig ist, und von wem wir Hilfe, Frieden, Ruhe und Sicherheit erwarten. Unser praktisches Leben gründet sich nicht so sehr auf die reinen Fakten in Bezug auf unsere Existenz, sondern eher auf die Bedeutung, die sich aus diesen Fakten für uns ergibt. Das ist auch der Grund dafür, warum zwei Menschen, die sich in genau den gleichen Umständen befinden, sich darin völlig unterschiedlich verhalten können. An der Art und Weise, wie wir unsere Kinder erziehen, wird offenbar, was wir glauben und wie wir die Welt sehen. Unsere Reaktionen als Eltern ergeben sich nicht daraus, wie unsere Kinder sind oder was sie tun, sondern daraus, welche *Bedeutung* sich für uns daraus ergibt.

Denken wir an jemanden, der zu seinem Kind sagt: »Ich hätte niemals gedacht, dass du mir so etwas antun würdest!« Diese Person reagiert nicht auf die reinen Fakten der Situation, sondern auf die Auslegung und Interpretation dieser Fakten. Die Deutung lautet: »Bei dem, was mein Kind getan hat, handelt es sich irgendwie auch um einen persönlichen Angriff gegen mich« – egal ob das Kind sich dessen bewusst war oder nicht. Oder denken wir an jemanden, der mehr Zeit damit verbringt, seine Kinder zu bestrafen, weil sie das Gesetz gebrochen haben, als dass er mit ihnen über Jesus spricht, der an ihrer Stelle das Gesetz vollkommen gehalten hat, weil Gott wusste, dass wir es niemals könnten. Diese Reaktion gründet sich nicht auf die *Tatsache* des Ungehorsams, sondern darauf, wie der Ungehorsam der Kinder *gedeutet* wird – verbunden mit dem Glauben, dass es so zu einer Veränderung der Kinder kommen könnte. Es ist daher für alle Eltern wichtig zu überprüfen, was sie glauben und wie sie die Welt sehen, weil das ihre Interaktion mit ihren Kindern stark beeinflusst.

Ein zentraler Bestandteil dieser persönlichen Weltanschauung ist die Frage nach Identität, nach Lebenssinn und Zweckbestimmung. Jeder Mensch beantwortet diese Frage auf seine eigene Art und Weise. Doch von dieser Antwort hängt ab, wie wir mit unseren Kindern sprechen und umgehen. Es gibt nur zwei Möglichkeiten für uns, Identität zu finden. Die eine Möglichkeit ist *vertikal*: Wir können unsere Identität, unsere Ausrichtung und die Beurteilung unseres Lebens bei Gott suchen – in seiner Liebe und Annahme, seiner vergebenden Gnade, seiner beständigen Gegenwart, seiner Kraft und seinen Verheißungen und in der *Herrlichkeit* all dieses Segens, den er auf uns hat herabregnen lassen. So haben wir erfüllte und zufriedene Herzen und können froh Erziehung ausüben. Dann sind wir mutig und hoffnungsvoll und haben keinerlei Mangel, weil wir alles, was wir benötigen, in Gott gefunden haben. Petrus schreibt:

> *»Da seine göttliche Kraft uns alles zum Leben und zur Gottseligkeit geschenkt hat durch die Erkenntnis dessen, der uns berufen hat durch Herrlichkeit und Tugend, durch die er uns die kostbaren und größten Verheißungen geschenkt hat, damit ihr durch diese Teilhaber der göttlichen Natur werdet, die ihr dem Verderben entflohen seid, das in der Welt ist durch die Begierde …« (2. Petrus 1,3-4).*

Beachten wir, auf welchen Zeitraum der Hoffnung sich dieser Bibelabschnitt bezieht. Petrus spricht nicht von der vergangenen Errettung oder von der zukünftigen Errettung, sondern er spricht von dem Werk Gottes, das er *gegenwärtig* für uns tut. Als gläubige Eltern können wir, egal was mit unseren Kindern auch geschehen mag, morgens in dem Bewusstsein aufwachen, von der wichtigsten Person des Universums treu und innig geliebt zu werden. Weil Gott uns liebt, überlässt er uns nicht unserer eigenen Weisheit, Kraft oder Ressourcen. Weil er uns liebt, wird er uns niemals mit unseren Elternproblemen alleinlassen. Weil er uns liebt, hat er uns mit Dingen verbunden, die weitaus größer sind als wir. Weil er uns liebt, vergibt er uns nicht nur unsere Sünden, sondern gibt uns auch Gnade, um es künftig besser zu machen. Weil er uns liebt, arbeitet er täglich daran, dass wir wachsen und uns verändern, damit wir besser tun können, wozu er uns berufen hat. Weil er uns liebt, arbeitet er daran, unsere Herzen mit einer Freude zu erfüllen, die nicht von den Umständen abhängig ist. Er liebt uns so sehr, dass er sich dazu entschieden hat, in uns zu leben. Er hat uns nicht nur Verheißungen gegeben, sondern er ist gegenwärtig in uns, und zwar mit all seiner Macht, Gnade und Herrlichkeit – damit wir Herzensfrieden, Sinn, Ausrichtung und Mut für den vor uns liegenden Tag als Eltern haben.

Wenn wir jedoch nicht in unserer vertikalen Identität ruhen, dann werden wir nach einer *horizontalen* Identität suchen – dann werden wir uns und den Sinn des Lebens in der Schöpfung, unseren Besitztümern, unseren Erfolgen, unserer Karriere, unserem Ehepartner, unseren Kindern oder in irgendetwas anderem suchen. Das Problem ist nur, dass das Geschaffene niemals dafür konzipiert worden ist, uns Identität zu geben. Es ist nicht dafür konzipiert worden, unsere Herzen zu erfüllen und uns Frieden zu geben. Es ist nicht dazu gemacht worden, uns Lebenssinn und Zweckbestimmung zu verleihen. Alle guten Dinge der Schöpfung sollen uns auf den Einen verweisen, der allein fähig ist, uns das zu geben, wonach unsere Herzen verlangen, nämlich Identität, Frieden und Lebenssinn.

Es bringt nichts, in einer kaputten, nicht richtig funktionierenden Schöpfung nach Identität zu suchen. Das führt nur zu Enttäuschungen, Ängsten, Getriebensein und zu mehr Kontrolle, als jemand von uns je haben wird (vgl. 2. Petrus 1,8-9). Petrus sagt sogar, dass jemand ein Christ sein und doch ein Leben führen kann, das »träge« und »fruchtleer« ist. Dies geschieht dann, wenn er vergessen hat, wer er ist und was ihm gegeben worden ist. Leider trifft dies auch auf viele Eltern zu. Sie suchen in ihren Kindern, was ihnen bereits in Christus gegeben worden ist, und merken es nicht einmal. Ihre Ängste und ihr Getriebensein sind die Folge einer »Identitäts-Amnesie«. Diese »Identitäts-Amnesie« führt immer auch zu einem Identitäts*ersatz*. Das bedeutet für uns Eltern, dass, wenn wir unsere Identität nicht in Gott und in dem Werk seines Sohnes finden, wir sie wahrscheinlich in unseren Kindern suchen werden.

Dazu möchte ich drei Dinge anmerken. *Erstens*: Es ist nur allzu natürlich, unsere Identität in unseren Kindern zu suchen, und es ist sehr schwer, dagegen anzugehen. Ja, vermutlich tappen sogar alle Eltern in irgendeiner Weise in diese Falle. *Zweitens*: Es ist armselig, in der Erziehung Identität suchen zu müssen. Denken wir einmal darüber nach: Wir erziehen verlorene, rebellische, törichte, blinde, eigensinnige Sünder. Ich will nicht auf Ihren Kindern herumhacken. Aber was ich gerade beschrieben habe, ist der Zustand jedes Menschen, der in Gottes Welt hineingeboren wird. *Drittens*: Es ist furchtbar erdrückend für unsere Kinder, an jedem neuen Tag die schwere Last unserer Identität und unseres Lebenssinns zu tragen, inklusive all der Erwartungen und Ansprüche, die damit verbunden sind. Das kann letztendlich kein Kind tragen.

Genau das, was ich gerade beschrieben habe, traf auf Sally und Jamie zu. Keiner der beiden war sich jedoch dessen bewusst. Sally dachte, sie sei einfach nur eine gute Mutter. Sie merkte nicht, dass jenes System unerbittlicher Forderungen nicht von Sally für Jamie, sondern von Sally für *Sally* aufgestellt worden war. Doch bitte verstehen Sie mich nicht falsch. Ich meine nicht, dass Sally egoistisch war, nach dem Motto: »Alles soll sich nur um mich drehen.« Aber Sally suchte in Jamie Lebenssinn, Zweckbestimmung und Herzensfrieden, also Dinge, die er ihr überhaupt nicht geben konnte. Sie suchte in einem fünfzehnjährigen Jungen ihre Lebenserfüllung, und er brach unter dieser Last zusammen. Das Ergebnis war, dass sich beide elend fühlten und sich in einem Kampf befanden, den keiner von ihnen verstand und in dem keiner von ihnen sein wollte.

Doch gehen wir mit Sally nicht zu sehr ins Gericht. Denn irgendwie suchen wir alle unsere Identität und Sicherheit dort, wo wir sie nicht finden können. Wir neigen alle dazu, zu viel Lebenssinn von unseren Kindern erhalten zu wollen. Wir tendieren alle dazu, die Hochs und Tiefs der Unterordnung und des Ungehorsams unserer Kinder auf uns zu übertragen. Wir neigen alle dazu, den Erfolg unserer Kinder viel zu sehr für unser eigenes Wohlbefinden zu benötigen. Doch wenn wir bei unseren Kindern suchen, was wir bereits in dem Herrn Jesus haben, dann treiben wir sie nicht nur an, weil wir wissen, dass es das Beste für sie ist, sondern weil wir *ihren* Erfolg benötigen, um *uns* gut zu fühlen und um einen Grund zu haben, jeden Morgen aufzustehen und weiterzumachen. Wir brauchen ihre Liebe und ihre Anerkennung, damit wir uns gut fühlen. Wir wollen, dass sie auf eine bestimmte Art und Weise gekleidet sind und sich auf eine bestimmte Art und Weise verhalten, damit wir das Gefühl haben, dass unsere Arbeit als Eltern nicht vergeblich war. Deshalb bringen wir, obwohl wir unsere Kinder lieben, nicht nur Liebe in ihre Erziehung hinein, sondern auch unsere eigenen Bedürfnisse, wodurch dann Egoismus, Leistungsansprüche, Forderungen und Ehrgeiz in die Erziehung einfließen. Auch wenn uns das nicht bewusst ist, beginnen wir dann, unsere Kinder so zu behandeln, als seien sie uns nur deshalb gegeben, um der lebendige Beweis dafür zu sein, dass wir gute Menschen sind und unsere Aufgabe im Leben gut erfüllen. Vielleicht ist das Verlangen, Kinder großzuziehen, auf die wir stolz sein können, in Wahrheit das Verlangen danach, uns in Bezug auf uns selbst und darauf, wie wir unser Leben geführt haben, gut zu fühlen.

Liebe Eltern, das ist anstrengend und frustrierend. Es ist anstrengend, es nötig zu haben, dass unreife, sündige Kinder gute Leistungen erbringen, um sich selbst und sein Leben gut zu finden. Es ist anstrengend, einem Erfolgserlebnis nach dem anderen nachzujagen und doch niemals wirklich zufrieden zu sein. Es ist frustrierend, sich von der Liebe von jemandem zu ernähren, der zu unreif ist, einem diese Liebe beständig geben zu können. Es ist anstrengend, das Versagen seiner Kinder persönlich zu nehmen, so als hätten sie sich mit Absicht gegen die Eltern verschworen. Es ist anstrengend, sich seinen Terminkalender mit einer Aktivität nach der anderen vollzustopfen, sodass nur noch wenig freie Zeit übrig bleibt – nur weil die Eltern den Erfolg ihrer Kinder brauchen. Es ist frustrierend, mit der Sünde und den Kämpfen seiner Kinder zu tun zu haben, wenn man als Eltern aber annähernd Perfektion braucht, um das Gefühl zu haben, dass es die Sache wert ist. Es ist anstrengend und frustrierend, von seinen Kindern zu erwarten, was sie einem gar nicht geben können, und das dringende Bedürfnis nach etwas zu haben, wozu man doch nicht die Macht hat, es hervorzubringen. Wenn dann die Kinder älter werden, beginnen sie zu verstehen, dass ihre Eltern vieles von dem, was sie getan haben, gar nicht für sie getan haben, sondern für sich selbst.

Liebe Eltern, unsere Kinder können uns nicht Leben geben. Sie können uns keine feste Hoffnung geben. Sie können uns keinen Wert geben. Sie können uns keinen Herzensfrieden geben. Sie können uns nicht das rechte Verlangen oder die rechte Motivation geben. Sie können uns keine Kraft geben, um weiterzumachen. Sie können uns keine Zuversicht und keinen Mut inmitten von Prüfungen geben. Sie können uns auch nicht die vollkommene, erfüllende Liebe geben, nach der wir uns sehnen. Ich möchte es einmal so formulieren: Wir können unsere Kinder nicht zu unseren persönlichen Errettern machen! Das funktioniert einfach nicht. Denn das ist eine Last, die sie nicht tragen können und die nur zu Schwierigkeiten führen und Probleme in die Beziehung zu unseren Kindern hineinbringen wird. *Jesus* ist unser Leben. Diese Tatsache befreit uns und unsere Kinder von der Last, von ihnen zu erwarten, was uns unser Erretter bereits gegeben hat.

Sally war zunehmend ängstlich, wütend und frustriert. Jamie war erschöpft und ebenso wütend. Je mehr sie forderte, umso mehr widerstand er ihr. Ihre Beziehung zu Jamie zerbröckelte vor ihren Augen. Doch sie erkannte es nicht und machte einfach so weiter wie bisher. All das war das traurige Ergebnis dessen, dass sie ihre Identität in einem gebrochenen und unreifen jungen Mann zu finden suchte – etwas, was er ihr schlichtweg nicht geben konnte. Liebe Eltern, das können wir besser machen: mit der Gegenwart, den Verheißungen und der Kraft Jesu, womit wir in Gnade überhäuft worden sind.

Woran können wir es erkennen?

Woran können wir erkennen, ob wir unsere Identität auf die Schultern unserer Kinder laden? Woher wissen wir, ob wir von unseren Kindern erwarten, dass sie für uns tun, was Gott bereits in seinem Sohn für uns getan hat? Was deutet darauf hin, dass unsere Erziehung mehr davon gesteuert wird, was wir von unseren Kindern brauchen, als von dem, was Gott durch uns in unseren Kindern bewirken möchte?

Es gibt fünf sichere Anzeichen:

1. *Eine zu große Fokussierung auf Erfolg.*
   Natürlich, wenn wir unsere Kinder lieben, möchten wir, dass es ihnen gut geht. Eltern wollen nicht, dass ihre Kinder versagen oder scheitern. Wir wollen, dass unsere Kinder etwas erreichen und dass ihnen von anderen Menschen Anerkennung entgegengebracht wird. Alle Eltern möchten, dass sich ihre Kinder Mühe geben und noch mehr erreichen. Aber das ist etwas anderes, als sich *zu sehr* darauf zu konzentrieren, *zu sehr* davon beseelt zu sein und *zu sehr* von den Leistungen unserer Kinder angetrieben zu werden.

   Könnte es sein, dass Sie zu sehr auf den Erfolg Ihrer Kinder ausgerichtet sind, weil Sie das brauchen, um *selbst* erfolgreich zu sein? Könnte es sein, dass Ihre Kinder dabei sind, unter der schweren Last Ihrer Erwartungen zusammenzubrechen? Könnte es sein, dass die Ursache für den Widerstand Ihrer Kinder nicht Rebellion oder Faulheit ist, sondern dass Sie schlichtweg zu viel von ihnen verlangen? Könnte es sein, dass Sie, weil Sie so sehr auf die *Leistungen* Ihrer Kinder fokussiert sind, dem Zustand ihrer *Herzen* nicht genug Aufmerksamkeit schenken? Könnte es sein, dass Ihre Fokussierung auf den Erfolg als Eltern für Sie und Ihre Kinder geistlich gesehen nicht gesund ist, weil diese Fokussierung darin gegründet ist, dass Sie von Ihren Kindern eine Befriedigung erwarten, die sie Ihnen niemals geben können?

2. *Ein zu großes Besorgtsein um das eigene Ansehen.*
   Dieser Punkt kann nicht oft genug erwähnt werden. Vielleicht schreiben Sie sich folgenden Satz auf und kleben ihn sich an Ihren Spiegel: *Gott hat mir nicht Kinder gegeben, um mein Ansehen zu steigern, sondern seins.* »Vertikale Identitäts-Amnesie« bewirkt, dass wir uns zu viele Gedanken darüber machen, was andere über

uns und unser Leben denken. Das führt bei vielen Eltern zu Menschenfurcht, die wiederum bewirkt, dass sie ihre Kämpfe verleugnen oder verbergen und der Welt um sie herum so vollkommene Kinder präsentieren, wie es sie in keiner Familie gibt. Wenn wir uns zu große Sorgen um unser Ansehen als Eltern machen, dann werden wir nicht nach der Hilfe suchen, die wir in unseren Problemen benötigen. Denn um nach der nötigen Hilfe zu suchen, müssen wir *zugeben*, dass die Dinge bei uns gar nicht so gut laufen. Wir können in einem Kind, das täglich neu die Gnade zur Errettung braucht, nun einmal keine Siegestrophäe sehen.

Könnte es sein, dass Ihnen Ihr gutes Ansehen als Eltern zu wichtig ist? Könnte es sein, dass es Ihnen viel zu wichtig ist, was andere von Ihren Kindern denken? Könnte es sein, dass Sie erwarten, dass unreife, sündige Kinder in die Welt hinausgehen und Ihr Ansehen als Mutter oder Vater aufpolieren? Könnte es sein, dass Sie Ihr Wunsch nach gutem Ansehen davon abhält, zuzugeben, dass Sie Hilfe brauchen, und Hilfe zu suchen für die Bereiche, in denen Sie in der Erziehung Probleme haben?

3. *Ein zu großes Kontrollbedürfnis.*
   Wenn Sie den Erfolg Ihrer Kinder für Ihr eigenes Wohlbefinden und Ansehen brauchen, weil Sie sich darin Identität zu finden erhoffen, dann werden Sie versuchen, Situationen, Umstände und Menschen um Sie herum zu kontrollieren, um sicherzustellen, dass Sie diese Ziele auch erreichen. Es gibt einen maßgeblichen Unterschied zwischen der Ausübung angemessener elterlicher Autorität und dem Verlangen, eine derartige Kontrolle im Leben unserer Kinder auszuüben. In einem solchen Kontrollsystem dürfen Kinder keine Fehler machen. Sie lernen nicht, eigenständige Entscheidungen zu treffen und zwischen mehreren Optionen zu wählen. Sie lernen kein vernünftiges, eigenständiges Zeitmanagement. Sie lernen nicht, ihr eigenes Können einzuschätzen und ihre Fähigkeiten zu erkennen. Sie lernen nicht, zu erkennen, in welchem Bereich sie vielleicht zu sehr engagiert sind, und statt-

dessen persönliche Zeit für Gott sowie für Gemeinschaft mit anderen zu reservieren. Sie sehen nicht, dass aus guten Dingen schlechte werden, wenn sie beherrschend werden.

Könnte es sein, dass Ihr Verlangen nach Erfolg dazu geführt hat, ein Maß an Kontrolle auszuüben, das dem Wachstum und der Entwicklung Ihrer Kinder im Wege steht? Könnte es sein, dass Ihre elterliche Angst darin begründet ist, dass Sie versuchen, Dinge zu kontrollieren, die Sie gar nicht kontrollieren können? Könnte es sein, dass Ihr Streben nach elterlicher Kontrolle Sie davon abgehalten hat, in der vollkommenen, weisen Kontrolle Ihres himmlischen Vaters zu ruhen, die er über Sie und Ihre Kinder ausübt?

4. *Eine zu große Betonung des Tuns statt des Seins.*
Bei unserem elterlichen Kampf um Erfolg, Ansehen und Kontrolle beginnen wir, aus dem Blick zu verlieren, was eigentlich für den Einen, den wir repräsentieren, von größtem Wert ist. Denken wir einmal über Folgendes nach: Gott hat die Mächte der natürlichen Welt benutzt und all die verschiedenen Ereignisse der Menschheitsgeschichte so gelenkt, dass sein Sohn kommen konnte, um uns durch seinen Tod von uns selbst zu erretten.

Gott hat dieses fundamentale, lebensverändernde Werk nicht in erster Linie getan, damit unsere Kinder Erfolg haben, sondern damit sie in eine Liebesbeziehung mit Gott gebracht werden können und ein Leben führen, das ihm wohlgefällig ist. Was Sie und Ihre Kinder am meisten brauchen, ist nicht Erfolg, sondern Erlösung. Was Sie und Ihre Kinder brauchen, ist nicht Ehre für die eigenen Leistungen, sondern Erlösung von ebendieser Gefangenschaft der Selbstverherrlichung – sodass Sie die Freiheit genießen können, zur Verherrlichung eines anderen zu leben.

Könnte es sein, dass die Leistungen, von denen Sie wollen, dass Ihre Kinder sie erbringen, Sie davon abgehalten haben, sich auf die Dinge zu konzentrieren, die Ihre Kinder so dringend benötigen, aber nicht aus sich selbst hervorbringen können? Könnte es sein, dass Sie Ihr Fokus auf körperliche, gesellschaftliche und erzieherische Leistungen davon abgehalten hat, sich auf die Herzen Ihrer Kinder zu konzentrieren? Könnte es sein, dass Ihre Konzentration auf das, was Sie von Ihren Kindern erwarten, dazu geführt hat, dass Sie dem im Wege stehen, was allein Gott an Ihren Kindern wirken kann? Könnte es sein, dass die Werte, die *Gott* in Ihren Kindern sehen möchte, sich von den Werten unterscheiden, die *Ihre* Erwartungen und Reaktionen gegenüber Ihren Kindern steuern?

5. *Ein zu großes Versuchtsein, das Ganze persönlich zu nehmen.* Wenn Ihr eigenes Wohlbefinden und Ansehen davon abhängt, ob Ihre Kinder erfolgreich sind, und wenn Sie zudem ein starkes Kontrollbedürfnis haben, dann werden Sie Dinge, die nicht persönlich gemeint waren, persönlich nehmen. Dann verschiebt sich unmerklich der Fokus von dem, wie *Gott* das Verhalten Ihrer Kinder sieht, hin zu dem, welche Auswirkung das Verhalten Ihrer Kinder auf *Sie* hat. Dann heißt es: »Wie konntest du *mir* das nur antun?«, anstatt: »Das ist nicht das, was *Gott* von dir möchte.« Es ist ungemein schädlich für eine Beziehung, wenn wir etwas persönlich nehmen, was gar nicht persönlich gemeint ist. Es führt dazu, dass unsere Kinder für etwas beschuldigt werden, das sie gar nicht getan haben. Nehmen wir einmal an, dass Ihr Sohn in der Küche ein totales Durcheinander hinterlassen hat. Sie sagen zu ihm: »Warum hinterlässt du so ein Durcheinander in der Küche – bei allem, was ich für dich tue?« Denken wir einmal über die Logik dieser Aussage nach. War das, was Ihr Sohn getan hat, tatsächlich persönlich gemeint, oder war es einfach nur das Ergebnis von Faulheit und Egoismus – also von der Sünde, die wir noch immer alle mit uns herumschleppen? Denken Sie wirklich, dass Ihr Sohn am Morgen aufgewacht ist und prompt den Entschluss gefasst hat: »Um 7:12 Uhr werde ich meine Mutter ärgern. Ich weiß auch schon, wie ich das anstellen werde. Ich werde ihre Küche mal so richtig durcheinanderbringen. Ja, das

wird sie bestimmt ärgern«? Natürlich war es *nicht* so! Das, was Ihr Sohn getan hat, war *nicht* persönlich gemeint. Das gilt auch für die vielen anderen Dinge, die er tut und mit denen Sie sich beschäftigen müssen. Wenn wir alle diese Dinge persönlich nehmen, führt das dazu, dass wir übersehen, dass Gott diesen Augenblick dazu gebrauchen möchte, um uns das Herz unseres Kindes zu offenbaren. Außerdem unterstellen wir unserem Kind dabei Motive, die es in Wirklichkeit gar nicht hatte.

Könnte es sein, dass es zu Spannungen in Ihrer Beziehung zu Ihren Kindern gekommen ist, weil Sie dazu neigen, Dinge persönlich zu nehmen, die gar nicht persönlich gemeint sind? Könnte es sein, dass Ihr Wunsch, bestimmte Dinge von Ihren Kindern zu bekommen, der Grund dafür ist? Könnte es sein, dass Ihre Neigung, Dinge persönlich zu nehmen, in entscheidenden Augenblicken dazu geführt hat, dass Sie sich *gegen* Ihre Kinder gestellt haben, anstatt ihnen in ihrem Kampf gegen die Sünde *beizustehen*? Könnte es sein, dass Sie, weil Sie sich persönlich angegriffen gefühlt haben, wütend geworden sind, obwohl Sie nach Gottes Willen mit Gnade hätten reagieren sollen?

Ist es nicht wunderbar zu wissen, dass Gottes Gegenwart und Fürsorge so umfassend, treu und vollkommen ist, dass uns für unsere Berufung als Eltern alles zur Verfügung steht, was wir brauchen? Ist es nicht wunderbar zu wissen, dass wir nicht mehr in unseren Kindern oder irgendwo anders nach Lebenserfüllung zu suchen brauchen, weil Jesus uns Leben im Überfluss gibt? Ist es nicht wunderbar zu wissen, dass wir als Kinder Gottes allen Grund haben *weiterzumachen*, selbst am scheinbar schlimmsten, katastrophalsten Tag? Ist es nicht wunderbar zu wissen, dass wir von unseren Kindern nicht erwarten müssen, uns Erfüllung zu geben, weil *Jesus* unsere Herzen vollkommen erfüllt? Nur das vollbrachte, vollständige Werk Jesu befreit uns davon, bedürftige, erschöpfte und frustrierte Eltern zu sein und von unseren Kindern zu erwarten, was sie uns niemals geben können. Erleben Sie, liebe Eltern, diese wunderbare Freiheit?

Kapitel 6

Prozess

Grundsatz:
Als Eltern müssen wir langfristig ausgerichtet sein, denn Veränderung ist kein einmaliges Ereignis, sondern ein Prozess.

Jeder von uns will es, aber keiner kriegt es. Manchmal kann es dermaßen frustrierend sein. Wir würden uns freuen, wenn wir es nur ein einziges Mal erleben könnten, aber irgendwie scheint es uns jedes Mal zu entwischen. Als Eltern denken wir vermutlich gar nicht bewusst darüber nach, aber der Wunsch ist dennoch vorhanden, und das führt zu viel Ungeduld und Enttäuschung. Wir neigen alle zu der Annahme, die Macht zu besitzen, es hervorzubringen – aber diese Macht haben wir nun einmal nicht. Wir alle sagen und tun Dinge, von denen wir meinen, dass sie es hervorbringen könnten. Aber unsere Worte und Handlungen besitzen einfach nicht die Macht, die wir ihnen zuschreiben. Wovon rede ich? Ich meine Folgendes: Wir wollen, dass Kindererziehung eine Reihe von Ereignissen ist und nicht ein lebensbegleitender Prozess. Deswegen sind wir auch in manchen Momenten der Erziehung so zornig. Wir sind aufgebracht und denken, dass wir, wenn wir nur streng genug sind und laut genug sprechen und ausreichend starke Drohungen ausstoßen, schon gewinnen werden und dass sich unsere Kinder dann augenblicklich ändern. Viele Eltern haben zu mir ungefähr Folgendes gesagt: »Herr Tripp, ich habe bereits alles ausprobiert, was Sie vorgeschlagen haben, aber es hat nicht funktioniert.« Ich frage dann immer: »Woher wissen Sie das?«

Gerade hat Ihr vier Jahre alter Sohn seine zwei Jahre alte Schwester geschlagen. Sie fragen: »Warum tust du so was?« Sie erwarten von ihm, dass er sagt: »Ich habe sie geschlagen, weil ich ein sündiges Herz habe. Deswegen bin ich egoistisch, eifersüchtig und aggressiv. Ich bin jemand, der von sich selbst errettet werden muss. Du weißt doch, Mama, mein größter Feind ist nicht außerhalb von mir, sondern in mir. Deshalb brauche ich einen Erlöser.« Ihr Junge hat seine Schwester nun bereits siebzig Mal geschlagen, und Sie hatten nun bereits viele Male so ein Gespräch und sind es leid. Sie möchten, dass er einfach nur bekennt und endlich Hilfe sucht. Kann es denn nicht aufgrund eines einzigen Gesprächs zu einer Änderung kommen? Nein! Stattdessen sagt er zu Ihnen: »Sie nimmt mir immer die Sachen weg. Ich habe ihr gesagt, dass sie das nicht machen soll. Aber sie will einfach nicht hören. Warum schreist du nicht *sie* an?« Das Ganze ist für Sie einfach frustrierend, und Sie sind kurz davor, die Geduld zu verlieren.

Es ist bereits 0:25 Uhr, und Ihre Tochter ist immer noch nicht zu Hause. Sie haben ihr gesagt, dass sie vor Mitternacht zu Hause sein soll, und sie hat es Ihnen versprochen. Sie hat nicht angerufen, obwohl sie ein Handy hat. Sie sitzen im Wohnzimmer, starren zur Eingangstür, das Handy in der Hand, und sind innerlich am Kochen. Plötzlich hören Sie, wie das Auto in die Einfahrt fährt und quietschend zum Stehen kommt. Dann, Sekunden später, geht die Tür auf. Das Ganze passiert nicht zum ersten Mal. Sie sagt, sie mag es überhaupt nicht, um eine bestimmte Zeit zu Hause sein zu müssen, aber sie will es in Zukunft besser machen. Sie reagiert jedes Mal verärgert, wenn sie wieder einmal von Ihnen daran erinnert wird, wann sie zu Hause sein soll. Sie wollen all ihre kreativen Ausreden nicht mehr hören. Sie wollen nicht hören, dass die wenigen Minuten, die sie zu spät kommt, doch gar keinen großen Unterschied machen. Sie wollen nicht mehr hören, dass sie immerhin keinen Alkohol trinkt und keine Drogen nimmt. Aber zu dem ersehnten Gespräch, in dem sie sich ihre Unverantwortlichkeit eingesteht, ihre Schuld nicht mehr auf andere schiebt und sich eingesteht, dass sie Hilfe braucht, kommt es auch diesmal nicht. Sie sagen ihr, dass sie ins Bett gehen soll und dass Sie morgen früh noch einmal mit ihr darüber reden wollen. Entmutigt gehen Sie ins Bett, frustriert darüber, immer wieder die gleiche Situation erleben zu müssen.

Das Evangelium Jesu Christi stellt uns das ultimative Vorbild dessen vor, wozu Gott uns Eltern berufen hat. Denken wir einmal darüber nach, wie Gott, der Vater, an dem Leben seiner Kinder – also an unserem Leben – arbeitet. Wir wurden aufgrund des vollbrachten Werkes Jesu in die Familie Gottes aufgenommen, und zwar mit allen Rechten und Privilegien, die damit verbunden sind. Wir sind vollkommen gerechtfertigt und völlig angenommen worden, aber wir sind noch nicht perfekt. Denn in uns muss noch eine ziemliche Veränderung stattfinden. Ich möchte das so formulieren: Die *Macht* der Sünde ist gebrochen worden, aber die *Gegenwart* der Sünde bleibt bestehen und soll Schritt für Schritt ausgerottet werden. Das ist wichtig: Schritt für Schritt, fortschreitend. Das Werk der *Rechtfertigung*, das der Vater an uns getan hat, ist ein einmaliges Ereignis, aber sein Werk der *Umgestaltung* ist ein lebenslanger Prozess. Wenn Gott einen Menschen rechtfertigt, verplichtet er sich damit zu einem täglichen Prozess der Erkenntnisvermittlung, Überführung, Vergebung, Umgestaltung und der befreienden Gnade.

Mir gefällt, wie Paulus diesen Prozess beschreibt:

> *»Aber darum ist mir Barmherzigkeit zuteil geworden, damit an mir, dem ersten, Jesus Christus die ganze Langmut erzeige, zum Vorbild für die, die an ihn glauben werden zum ewigen Leben« (1. Timotheus 1,16).*

Paulus sagt: »Weil ich der Schlimmste aller Sünder bin, kann Jesus Christus mich als ein Beispiel dafür gebrauchen, wie langmütig und bereitwillig er ist, das Werk der Gnade zu tun. Diejenigen, die sich dem himmlischen Vater anvertrauen, werden durch das Ausmaß seiner Geduld ermutigt.«

Liebe Eltern, das ist unser Maßstab. Kindererziehung ist nicht einfach eine Reihe dramatischer Auseinandersetzungen und Bekenntnisse, sondern vielmehr ein lebensbegleitender Prozess einer allmählichen Bewusstmachung und fortschreitenden Veränderung. Der Vierjährige wird wohl kaum sagen, nachdem er mit seinem falschen Verhalten konfrontiert worden ist: »Ich bin ein egoistischer, von mir selbst beherrschter Götzendiener, der erlöst werden muss.« Ein Mittelstufenschüler wird nicht urplötzlich zu einem vollkommen umgewandelten Menschen werden, und auch der Jugendliche wird immer noch der elterlichen Weisheit bedürfen. Ich glaube, dass der Wunsch nach sofortiger Veränderung uns nur in Schwierigkeiten bringt.

Heute ist der Tag, an dem Sie in den Urlaub fahren. Sie haben sich das ganze Jahr über bemüht, Ihre Kinder gut zu erziehen. Wäre es jetzt nicht schön, wenn diese Ihnen wenigstens während des Urlaubs eine gewisse Auszeit gönnen würden? Doch was wünschen wir uns hier eigentlich? Wir hoffen darauf, dass sich diese kleinen Sünder, die noch einen Tag zuvor so dringend unsere Aufmerksamkeit benötigten, über Nacht in völlig geheiligte kleine Menschen verwandelt haben, die sich von nun an selbst erziehen. So dauert es nicht allzu lange – Sie haben kaum mehr als einen Kilometer zurückgelegt –, da bricht auf der Rückbank unter den Kindern ein Streit aus. Langsam beginnen Sie, die Geduld zu verlieren, und drohen damit, nach Hause zurückzufahren und den Urlaub abzubrechen.

Die Fehleinschätzung unserer elterlichen Aufgabe wird immer zu unrealistischen Erwartungen an unsere Kinder führen und zu Augenblicken, in denen wir frustriert Dinge tun und sagen, die wir besser nicht tun oder sagen sollten.

Erziehung wäre viel einfacher, wenn wir uns lediglich mit falschem Verhalten zu beschäftigen hätten. Aber wir müssen uns mit etwas beschäftigen, dass sehr viel tiefgehender und weitaus gefährlicher ist. Die Bibel macht ziemlich deutlich, dass einer der gefährlichsten Aspekte der Sünde, bei Eltern und bei Kindern, der ist, dass sie blind macht (vgl. Jesaja 6,10; 43,8; Zefanja 1,17; Matthäus 15,14; Johannes 3,10; 2. Korinther 4,4). Ich habe schon oft gesagt: »Sünde macht blind! Und raten Sie mal, wen sie zuerst blind macht?« Es fällt mir nicht schwer, die Sünde meiner Familienmitglieder, Nachbarn und Freunde zu sehen. Aber es kann mich ziemlich überraschen, wenn bei *mir* Sünde zum Vorschein kommt. Genau damit müssen wir uns in Bezug auf unsere Kinder beschäftigen.

Es ist schon schlimm genug, wenn Kinder aufgrund ihrer Sünde gegen Autorität rebellieren, ihre eigenen Regeln aufstellen wollen und somit Falsches tun. Doch wenn wir wegen dieser Dinge an unseren Kindern Erziehung ausüben, tun wir das gleichzeitig eben auch an jemandem, der sich selbst und seine Sünde gar nicht im rechten Licht sieht. Das Falsche erscheint unseren Kindern gar nicht so falsch, und wer sie sind, ist für sie überhaupt nicht ersichtlich. Unsere Kinder sind nicht nur egoistisch und rebellisch – sie sind *blind*. Was für uns durch die Gnade Gottes deutlich sichtbar ist, ist für unsere Kinder überhaupt nicht sichtbar. Was uns offensichtlich erscheint, ist für unsere Kinder keineswegs offensichtlich. Die Reaktion, die wir als natürlich ansehen, erscheint ihnen unlogisch. Unsere Kinder denken, bei ihnen sei alles in Ordnung, aber das stimmt nicht. Sie meinen, richtig zu liegen, aber sie liegen falsch. Sie meinen, eine weise Entscheidung getroffen zu haben, aber in Wirklichkeit war ihre Entscheidung töricht. Sie denken, dass sie unsere elterliche Hilfe nicht brauchen. Es ist daher gar nicht verwunderlich, dass unsere Kinder sich uns widersetzen!

Das Problem des oben erwähnten Vierjährigen besteht nicht allein darin, *dass* er seine Schwester geschlagen hat, sondern dass er auch noch meint, es sei völlig *gerechtfertigt*, sie zu schlagen. Er hält sie für die Schuldige. Er meint, dass nicht er, sondern seine Schwester elterliche Korrektur benötigt. Er denkt das, weil er blind ist. Und die Tochter, die zu spät nach Hause kommt? Sie kann nichts Schlimmes darin sehen. Sie meint, dass die Eltern das Ganze zu sehr dramatisieren und außerdem voreingenommen sind. Denn sie hält sich für eine verantwortungsbewusste Person, die für ihr Zuspätkommen auch gute Gründe vorbringen kann. Sie meint, dass sich ihre Eltern einfach nur entspannen müssen, denn bei ihr ist ja alles in Ordnung. Sie denkt das, weil sie blind ist.

Niemand kann der betrügerischen Macht der Sünde entfliehen. Eltern müssen die Macht geistlicher Blindheit verstehen. Unsere Aufgabe wäre weitaus leichter, wenn wir geistlich *sehende* Personen erziehen würden, solche, die sich selbst im rechten Licht sehen.

Es gibt einen wesentlichen Unterschied zwischen geistlicher Blindheit und körperlicher Blindheit. *Körperlich* Blinde wissen, dass sie blind sind, und versuchen unverzüglich, diese beträchtliche körperliche Einschränkung zu kompensieren. Ich habe einen Freund, der seit seinem neunten Lebensjahr blind ist. Ich bin verblüfft über die vielen Fähigkeiten, die er sich hervorragend angeeignet hat, obwohl sie eigentlich Augenlicht erfordern. Da er bereits in seiner Kindheit blind geworden ist, wird er sein Leben lang versuchen, die Beschränkungen, denen er durch seine Blindheit unterliegt, irgendwie zu verringern. Wenn ich ihn besuche, bin ich immer wieder verblüfft, wie kreativ er seine Blindheit »umgeht«. Es mag seltsam erscheinen, aber sein Wissen um seine Blindheit hat seine gesamte Kreativität beflügelt.

Geistliche Blindheit hingegen – mit der jedes Kind auf die Welt kommt – ist anders als die Blindheit, die mein Freund hat. Warum? Weil geistliche Blindheit etwas hat, das sie viel gefährlicher macht und den Umgang mit ihr erschwert. Im Gegensatz zu körperlich Blinden, die *wissen*, dass sie blind sind, sind geistlich Blinde für ihre Blindheit blind. Sie sind blind, aber sie meinen, sehr gut sehen zu können. Das Betrügerische der Sünde, gepaart mit falscher Selbstwahrnehmung, führt zu geistlicher Blindheit. Beide Dinge wirken in den Herzen unserer Kinder. Unsere Kinder verhalten sich nicht einfach falsch, sondern sie *sehen* nicht, dass es falsch ist, und sie sehen auch nicht, dass ihr Verhalten von der in ihnen wohnenden Sünde ausgelöst wird. Wenn wir das verstehen, ändert sich, wie wir über Erziehung denken.

Das Gespräch mit dem Vierjährigen wird dadurch verkompliziert, dass wir nicht mit einer sehenden Person sprechen. Die Konfrontation mit der Tochter wird dadurch erschwert, dass wir es mit jemandem zu tun haben, der blind ist. Es geht nicht darum, dass unsere Kinder nicht schnell genug bekennen oder sich nicht schnell genug ändern. Es geht darum, dass sie nicht sehen, was wir sehen. Deshalb denken sie, dass wir falsch liegen und unnötig streng sind. Aus einem einzigen Gespräch mit unserem Kind wird keine 180-Grad-Kehrtwende resultieren. Und weil wir, obwohl wir es uns anders erhoffen, mit unseren Kindern *immer wieder* Gespräche führen müssen, kommt es unsererseits zu Ärger, Ungeduld und Frust.

Aber es ist wichtig, noch etwas anderes zu verstehen. Wenn es um *unsere* geistliche Blindheit geht, sind wir unseren Kindern nämlich weitaus ähnlicher, als dass wir uns von ihnen unterscheiden. Denn die Sünde macht auch uns blind. Sünde macht auch uns viel zu selbstsicher und selbstbewusst. Sünde bewirkt, dass wir meinen, bei uns sei alles in Ordnung – obwohl es nicht der Fall ist. Sünde bewirkt, dass wir uns Korrektur widersetzen, uns angegriffen fühlen und uns selbst verteidigen, wenn wir mit unserer Sünde konfrontiert werden. Sünde bewirkt, dass wir uns selbst rechtfertigen, wenn wir eigentlich besser zuhören, uns überprüfen und zu einem Bekenntnis bereit sein sollten. Genauso wie unsere Kinder brauchen wir Eltern einen Vater, der uns über einen langen Zeitraum geduldig dabei hilft, sehen zu lernen. Wir brauchen einen Vater, der, weil er barmherzig ist, keine sofortige Veränderung verlangt. Wir brauchen einen Vater, der um unseren Zustand weiß und uns nicht einfach zurechtweist, sondern uns auch mit seiner Gnade begegnet. Obwohl wir erwachsen sind und Gott vielleicht schon viele Jahre kennen, gibt es in uns noch immer (versteckte) geistliche Blindheit. Noch immer neigen wir dazu, uns seiner Fürsorge zu widersetzen, die wir noch immer nötig haben. Wie unsere Kinder begehen auch wir immer wieder die gleichen Fehler – nicht nur, weil wir blind sind, sondern weil wir blind für unsere eigene Blindheit sind. Wenn wir uns jemals ändern sollen, bedürfen wir – genau wie unsere Kinder – mitfühlender, geduldiger Pflege.

Kindererziehung ist ein nie endendes Gespräch

Wie soll nun all das Gesagte unser Denken in Bezug auf die Aufgabe, zu der Gott uns als Eltern berufen hat, umgestalten? Was sollten wir erwarten und wozu sollten wir uns verpflichten? Wie muss unsere Persönlichkeit sich verändern, damit wir Teil dessen sein können, was Gott im Leben unserer Kinder bewirken möchte, und damit wir dem Wirken Gottes nicht im Wege stehen?

Was getan werden muss, können wir nicht tun. Aber wir sind dazu auserwählt worden, ein bereitwilliges Werkzeug in den Händen des Einen zu sein, der es machen kann und will. Wenn Sie ein geschärftes und griffbereites Werkzeug in den Händen desjenigen sein möchten, der echte Veränderung bewirken kann, dann sollten Sie in Bezug auf Ihre Kindererziehung diese drei Punkte beherzigen:

1. *Den Gesamtprozess im Hinterkopf haben.*
   Es ist wichtig, eine geistige und geistliche Neuorientierung vorzunehmen – weg von Erziehung als einer Reihe unzusammenhängender, korrigierender Zusammenstöße, hin zu Erziehung als einem lebensbegleitenden, zusammenhängenden Prozess. Da Veränderung fast immer ein Prozess ist und selten plötzlich geschieht, sollten wir bedenken, dass wir bei Auseinandersetzungen mit unseren Kindern nicht nach *einem* dramatischen, umgestaltenden Ereignis Ausschau halten können. Denn Veränderung ist nur selten das Resultat eines dramatischen Augen-

blicks. Daher wird es häufig nur zu »Teilgesprächen« und bruchstückhaften, flüchtigen Augenblicken kommen. Aber in jedem dieser Augenblicke können wir unseren Kindern Weisheit vermitteln, ihnen ihr Herz offenbar machen, ihre Selbsterkenntnis vergrößern, ihr Gewissen beleben, ihnen größere Gotteserkenntnis vermitteln, ihnen eine biblisch geprägte Sichtweise geben. Gleichzeitig geben wir dem Geist Gottes die Möglichkeit, Dinge in und für unsere Kinder zu tun, die wir nicht tun können.

Unser und unserer Kinder weiser Vater hat Erziehung als fortschreitenden Prozess konzipiert: Schritt für Schritt, Stück für Stück. Er hat uns dazu berufen, die kleinen Augenblicke des Lebens zu nutzen, um kleine Schritte mit unseren Kindern zu gehen. Er möchte, dass wir uns damit begnügen, unseren Kindern immer etwas mehr zu vermitteln, wer sie sind, wer Gott ist, wer andere Menschen sind und was das Leben ist, und so zu ihrer moralischen und geistlichen Erkenntnis ein weiteres Stück hinzuzufügen. Erziehung meint: Gott gebraucht unvollkommene Menschen zur Veränderung unvollkommener Menschen. Ja, unsere Kinder – so wie das auch bei uns der Fall war – werden ihr Elternhaus auch noch als unvollkommene Menschen verlassen. Eines der letzten Dinge, die der Herr Jesus seinen Jüngern mit auf den Weg gegeben hat, war, dass er ihnen noch vieles zu sagen habe, dass sie es jedoch noch nicht tragen könnten. Dann versprach er ihnen, einen anderen Lehrer zu senden, um sein Werk zu vollenden. Er, der beste Lehrer aller Zeiten, hatte den Gesamtprozess im Blick, und deshalb war er bereit, seine Arbeit abzugeben, obwohl die Jünger noch unvollkommene Menschen waren (vgl. Johannes 16,12-15).

2. *Erziehung als ein immerwährendes Gespräch ansehen.*
Diese Haltung empfinde ich als äußerst befreiend. Warum? Weil es uns Eltern von dem Druck befreit, bei unseren Kindern durch ein einziges Gespräch erreichen zu wollen, was wir niemals erreichen können. Denn dieses eine Gespräch ist lediglich

ein Augenblick in dem fortdauernden Gespräch, das begonnen hat, als unser Kind geboren wurde, und vermutlich nicht einmal dann enden wird, wenn unser Kind sein Elternhaus verlässt. Wir sind befreit von der Last, all unsere Hoffnungen in Bezug auf unser Kind auf dieses eine Gespräch zu setzen. Denn wir gehen ja zunächst einmal davon aus, dass unser Kind auch weiterhin bei uns wohnen wird, sodass sich noch viele weitere Gelegenheiten zu Gesprächen ergeben werden.

Gott liebt unser Kind viel mehr als wir. Er wird immer wieder deutlich machen, was mit diesem Kind nicht in Ordnung ist, und uns somit eine Gelegenheit nach der anderen geben, um weitere Schritte im Prozess der Erkenntnis, Überführung, Hingabe und Veränderung zu gehen. Denn genau dazu hat Gott uns berufen. Das ist es, woran wir im Leben unserer Kinder mitwirken sollen. Daher halten wir Tag für Tag nach einer neuen Gelegenheit Ausschau, das Gespräch einen Schritt voranzubringen. Deshalb sind all jene Augenblicke, in denen Korrektur erforderlich wird, für uns keine Störungen oder Unannehmlichkeiten, sondern Geschenke, die uns Gott in Gnade gewährt – er, der an den Herzen unserer Kinder arbeitet. Aus diesem Grund ärgern wir uns auch nicht darüber, dass unsere Kinder uns brauchen. Im Gegenteil, wir freuen uns über eine weitere Gelegenheit, die Entwicklung voranzubringen. So sind wir, kurz gesagt, mit *vielen kleinen Augenblicken der Veränderung* beschäftigt.

Seien es der kurze Augenblick vor dem Zubettgehen, die kurzen Gespräche am Esstisch, die wenigen, sorgfältig bedachten Worte im Einkaufszentrum, die wenigen Kommentare nach der Schule oder die Diskussionen im Auto. Ja, wir sind dazu berufen, für jede dieser Gelegenheiten und für all die Schritte zur Errettung, Wiederherstellung und Veränderung unserer Kinder dankbar zu sein. Deshalb wachen wir zwar jeden Morgen in dem Wissen auf, dass ein hoher Auftrag auf uns wartet, aber sind doch dankbar für einen weiteren Tag, an dem wir im wichtigsten Prozess auf dieser Erde weitere Schritte mit unseren Kindern gehen können.

3. *Zielorientiert erziehen.*
   Anstatt immer nur *reaktiv* zu sein, müssen wir den Blick auf das »Gesamtprojekt Erziehung« richten. Das heißt? Wir kennen unsere Kinder, wissen, was ihre Schwächen sind, wissen um ihre Blindheit, ihre Versuchungen, ihre Rebellion und ihre Probleme. Deshalb suchen wir nach Gelegenheiten, um anzusprechen, was Gott uns über das bedürftige Herz von jedem einzelnen unserer Kinder gezeigt hat. Das bedeutet, dass wir unsere Kinder jeden Tag mit Dingen beschäftigen sollten, von denen wir bereits wissen, dass sie für sie wichtig sind. Wir weisen den Vierjährigen auf einfache Dinge hin und die jugendliche Tochter auf anspruchsvollere Dinge. Aber mit jedem einzelnen Kind setzen wir das Gespräch fort – weil wir mit Blick auf das »Gesamtprojekt« erziehen, und deswegen sind wir auch bereit, eine weitere gottgegebene Gelegenheit zu ergreifen.

Weil die meisten von uns nicht mit Blick auf das »Gesamtprojekt« erziehen, also nicht offen sind für die nächste Gelegenheit, die Gott uns dazu schenkt, neigen wir dazu, in der Erziehung *reaktiv* zu sein. Überrascht von einem weiteren Problem, das unser Handeln erfordert, reagieren wir, so gut wir können, auf den jeweiligen Augenblick. Das Problem dabei ist nur, dass reaktive Erziehung meistens *emotional* reaktiv ist. Weil wir an unsere Aufgabe nicht mit Blick auf das »Gesamtprojekt« herangehen, tendieren wir dazu, diese Augenblicke dann als Störungen und Unannehmlichkeiten anzusehen, also zu einem emotionalen Umgang damit. Das schafft bei unseren Kindern eine ungleichmäßige und wechselhafte Vorstellung von Autorität: »Gestern ging es unseren Eltern emotional nicht gut. Der Lärm im Haus hat sie verrückt gemacht, deshalb haben sie uns Kinder angeschrien. Heute dagegen fühlen sie sich gut. Der gleiche Lärmpegel, der uns gestern in Schwierigkeiten gebracht hat, führt heute nicht zur gleichen Reaktion.«

Anstatt ein Gefühl dafür zu bekommen, dass sie Autorität benötigen und sich der Autorität, die Gott in ihr Leben gegeben hat, unterordnen sollen, werden viele Kinder deshalb leider zu »Gefühls-Wetterfröschen«. Sie haben gelernt, dass die Hausregeln nicht gleichbleibend, sondern von der Gefühlslage des gerade anwesenden Elternteils abhängig sind. Daher betrachten sie fortwährend die momentane »Wetterlage«, um herauszufinden, was sie sich gerade erlauben können oder nicht. Und weil die Vorgehensweise der Eltern in der Ausübung ihrer Autorität wechselhaft ist, ist auch die Unterordnung der Kinder unter diese Autorität wechselhaft. Als Folge davon kommt auch das »immerwährende Erziehungsgespräch« nicht voran, die Kinder wachsen nicht und die Eltern sind nicht die Werkzeuge der Veränderung, zu denen Gott sie eingesetzt hat. Das geht besser.

Dem Vater folgen

Wenn wir an dem Prozess des himmlischen Vaters im Leben unserer Kinder teilhaben möchten, dann müssen wir uns dazu verpflichten, dies auf *seine* Art und Weise zu tun. Ich möchte das so formulieren: Wenn wir Werkzeuge in den Händen unseres himmlischen Vaters sein möchten, dann müssen wir nicht nur seinem *Werk* verpflichtet sein, sondern auch seinem *Charakter*. Nun, ich möchte ganz offen sein: Was guter Erziehung im Wege steht, ist nicht ein Mangel an Gelegenheiten. Was guter Erziehung im Wege steht, ist nicht der Charakter unsere Kinder. Ja, was denn sonst? Der Charakter der Eltern! Wir verwandeln gottgegebene Gelegenheiten zum Dienst in Augenblicke, in denen wir ärgerlich werden. Wir reagieren in Momenten, in denen Geduld erforderlich wäre, mit Ungeduld. Wir sind selbstgerecht gerade in den Augenblicken, in denen wir eigentlich aufgerufen wären zu bekennen, dass wir unseren Kindern sehr viel mehr ähneln, als dass wir anders sind als sie. Wir stoßen in Situationen, in denen Ruhe und Weisheit erforderlich wären, Drohungen aus. Wir nehmen in Augenblicken, in denen wir aufgerufen sind, Mitgefühl und Verständnis zu zeigen, die Dinge persönlich. Wir ärgern uns oft über unsere Kinder, nicht, weil sie Gottes Gesetz gebrochen haben, sondern weil sie den Gesetzen unserer Ruhe und unserer Bequemlichkeit zuwiderhandeln. Es gibt Zeiten, in denen wir nicht *fordern*, sondern *dienen* sollten. Leider gibt es jedoch auch Augenblicke, in denen wir uns darüber ärgern, dass unsere Kinder uns brauchen und wir schon wieder den Flur hinuntergehen und sie maßregeln müssen.

Die Art von Erziehung, die ich in diesem Kapitel beschrieben habe, erfordert Geduld, Demut, Selbstbeherrschung, Unterordnung, Sanftmut, Liebe, Treue und Freude. Wenn wir ehrlich sind, dann müssen wir bekennen: Keine dieser Charaktereigenschaften entspricht unserer Natur. Jeder von uns wird sagen müssen: »Wenn man *das* für gute Kindererziehung braucht, werde ich es wohl niemals hinbekommen.« Aber das Gute ist, dass wir unsere Kinder nicht mit unserer eigenen Kraft und mit unseren menschlichen Ressourcen zu erziehen brauchen. Denn an den obigen Charaktereigenschaften, die notwendig sind, um ein Teil des Handelns Gottes im Leben unserer Kinder sein zu können, fällt eine Sache auf: Sie stammen (fast) alle aus Galater 5. Dort finden wir das, was im Allgemeinen als die »Frucht des Geistes« bezeichnet wird:

> *»Die Frucht des Geistes aber ist: Liebe, Freude, Friede, Langmut, Freundlichkeit, Gütigkeit, Treue, Sanftmut, Enthaltsamkeit; gegen solche Dinge gibt es kein Gesetz« (Galater 5,22-23).*

Wenn wir diese Charaktereigenschaften als moralische Ziele betrachten und denken, dass wir sie erreichen müssen, dann werden sie uns unerreichbar erscheinen und uns frustrieren. Doch hier gilt es, eine fundamentale Wahrheit zu verstehen. Bei diesen Charaktereigenschaften handelt es sich nicht um einen moralischen *Maßstab*, den Gott uns vorlegt und von dem er erwartet, dass wir ihn aus eigener Kraft erreichen. Nein, diese Eigenschaften sind die moralischen *Geschenke* Gottes, des Gottes einer herrlichen Gnade. Nun, was bedeutet das? Es bedeutet, dass Gott sehr wohl weiß, dass wir, wenn er nicht zu unseren Gunsten eingreifen würde, nicht darum bitten würden, dass diese Charaktereigenschaften unser Herz beherrschen. Wir würden auch nicht darum bitten, dass sie unser Verhalten gegenüber unseren Kindern prägen. All diese Eigenschaften besitzen Sünder von Natur aus nicht. Sünde bringt jeden Einzelnen von uns nicht nur in ein moralisches *Drama*, sondern in ein moralisches *Dilemma*. In welches Dilemma? Wir sind unfähig zu tun, womit Gott uns beauftragt hat und was er von uns erwartet. Denn wir besitzen von Natur aus gar nicht die dafür erforderlichen Eigenschaften. Glücklicherweise sagt die Bibel jedoch nicht, dass Gott uns einen unerreichbaren Maßstab vorlegt, uns dann beim Scheitern zusieht und schließlich folgerichtig verurteilt. Nein, die gute Botschaft der Bibel ist, dass Gott uns einen kompromisslosen Maßstab vorgelegt und dann seinen Sohn gesandt hat, der diesen Maßstab an unserer Stelle vollkommen erfüllt hat, sodass wir in die Freiheit versetzt werden, unser Versagen zuzugeben und Gott um Hilfe zu bitten. Das Kreuz Jesu Christi meint in diesem Zusammenhang: Wir müssen unsere elterlichen Probleme nicht verleugnen. Wir müssen nicht so tun, als seien wir etwas, was wir gar nicht sind. Und: Wir brauchen uns ganz bestimmt nicht vor dem Einen zu verstecken, der fähig ist, uns zu helfen!

Doch das ist noch nicht alles. Die Verse aus Galater 5 lehren uns, dass Gott uns nicht allein mit Vergebung segnet, sondern auch mit neuer Kraft. Jesus Christus ist nicht nur gestorben, um mir meine Sünden zu vergeben, sondern auch, damit ich durch seine Gnade verändert werde. Die obige Liste der Charaktereigenschaften ist das Geschenk seiner Gnade, das er jedem einzelnen an Christus Gläubigen gegeben hat. Jesus ist gestorben, damit lieblose Menschen zu liebevollen werden, Murrende zu sich Freuenden, Streitsüchtige zu Friedensstiftern, Ungeduldige zu Geduldigen und unfreundliche Menschen zu solchen, die für ihre Freundlichkeit bekannt sind. Zwischen der Bekehrung (»*Vergangenheits-Gnade*«) und dem Beim-Herrn-Sein (»*Zukunfts-Gnade*«) arbeitet Gott *gegenwärtig* daran, dass diese Dinge in unserem Herzen und in unserem Leben

Gestalt gewinnen. Gott arbeitet in all den Alltagssituationen, an allen Orten und durch alle Beziehungen unseres Lebens daran, uns fortschreitend durch seine Gnade umzugestalten. Unser himmlischer Vater durchläuft mit *uns* seinen Prozess der Gnade, sodass wir alles Nötige haben, um im Leben unserer *Kinder* Teil dieses Gnadenprozesses sein zu können. Er erzieht *uns* mit geduldiger Barmherzigkeit, damit wir dazu ausgerüstet sind, unsere *Kinder* zu erziehen, und zwar Schritt für Schritt, mit der gleichen Gnade, die uns selbst täglich zuteilwird. An den Tagen, an denen wir alles andere als geduldig sind, tun wir gut daran, an zwei Dinge zu denken: *Erstens* ist uns bereits all unser Versagen vergeben worden. Daher können wir dieses Versagen demütig zugeben, bekennen und Gott um Hilfe bitten. *Zweitens* sind wir nicht mehr in unserem Versagen gefangen. Denn der Gott der überreichlichen Gnade bewirkt bei uns Veränderung, Reife und Wachstum, damit wir immer öfter Gott durch uns an unseren Kindern wirken lassen und unseren Kindern immer weniger im Wege stehen.

Wie unsere Kinder müssen auch wir uns nicht selbst erziehen. Denn Gott segnet uns täglich mit seiner Gegenwart und seiner Gnade, sodass wir diese Gnade an unsere Kinder weitergeben können. Wie wir, so müssen auch unsere Kinder bekennen, dass sie Gott von Natur aus nicht entsprechen. Deshalb benötigen sie nicht allein unsere elterliche Fürsorge, sondern – und das ist viel wichtiger – sie benötigen auch die lebenslange und herzensverändernde Barmherzigkeit des himmlischen Vaters.

Kapitel 7

Verloren

Grundsatz:
Als Eltern haben wir nicht einfach mit schlechtem Verhalten zu tun, sondern mit dem Zustand, der zu schlechtem Verhalten führt.

Der folgende Gedanke könnte verändern, wie Sie über die Aufgabe denken, zu der Gott Sie als Eltern berufen hat. Denn er zeigt eine völlig andere Art, mit jenen Augenblicken umzugehen, in denen Ihre Kinder Sie verrückt machen oder sich Ihnen widersetzen wollen. Dieser Gedanke wird Sie davor bewahren, das, was eigentlich nicht so gemeint ist, persönlich zu nehmen. Dieser Gedanke kann Sie davor schützen zu meinen, dass Ihr Kind nur mit der Absicht aufgestanden ist, Ihnen den ganzen Tag zu verderben. Es ist eine Erklärung dafür, warum Sie mit vielem nicht nur *einmal*, sondern *immer wieder* zu tun haben. Außerdem macht dieser Gedanke den bedeutsamen *geistlichen* Aspekt Ihrer Aufgabe an Ihren Kindern deutlich.

Es geht um Folgendes: In unserer Erziehung haben wir nicht nur mit den falschen *Verhaltensweisen* unsere Kinder zu tun, sondern mit ihrem *Zustand*. Vielleicht denken Sie nun: »Herr Tripp, ich weiß überhaupt nicht, wovon sie reden. Ich möchte einfach, dass meine Tochter ihre Karotten isst. Ich will nur, dass mein Sohn seine Klamotten weggeräumt. Ich bin es leid, dass meine Kinder dauernd mit mir diskutieren. Ich will einfach nur, dass sie gehorchen, dann wäre ich zufrieden.« Es gilt, Folgendes zu verstehen: All der Widerstand unserer Kinder, all das Jammern und die Nörgeleien, alle Faulheit und das verantwortungslose Handeln, alle Geschwisterstreitereien und alle törichten Entscheidungen – all diese Dinge, die wir erleben, sind die Frucht einer tiefer liegenden Ursache. Doch wenn wir diese Ursache nicht verstehen, dann werden wir uns mit oberflächlichen Erfolgen und Lösungen zufriedengeben, die zu keiner dauerhaften Veränderung führen werden.

Auf Konferenzen über Kindererziehung spreche ich oft mit erschöpften und entmutigten Eltern. Einige sagen: »Ich habe den Eindruck, dass nichts von dem, was ich tue, wirklich funktioniert.« Oder sie fragen: »Warum muss ich mich immer wieder mit den gleichen Dingen auseinandersetzen?« Oder sie bekennen leise, dass sie den Augenblick, wenn ihr jüngstes Kind das Elternhaus verlässt, gar nicht erwarten können. Ich hatte schon viele Gespräche mit Eltern, die mir unter Tränen gesagt haben, dass sie keine enge Beziehung zu ihren Kindern hätten oder dass sie bereits mehr als ein Erziehungsbuch gelesen hätten, ihnen letztlich jedoch keines dieser Bücher geholfen habe. Ich bin fest davon überzeugt, dass jemand, der nicht weiß, womit er es zu tun hat, aufgrund all der gescheiterten Versuche schnell erschöpft und entmutigt sein wird.

Was meine ich nun, wenn ich sage, dass es bei Erziehung nicht allein um das Verhalten unserer Kinder geht, sondern um ihren Zustand? Es gibt einen starken Satz, den der Herr Jesus einmal gesagt hat, der ziemlich genau das trifft, von dem ich hier rede:

> *»Denn der Sohn des Menschen ist gekommen, zu suchen und zu erretten, was verloren ist« (Lukas 19,10).*

Wir werden die Aufgabe, zu der uns Gott als Eltern berufen hat, und die Dinge, mit denen wir uns täglich auseinandersetzen müssen, erst dann verstehen, wenn wir verstehen, was der Herr Jesus mit diesen Worten gemeint hat: Unsere Kinder sind nicht einfach nur ungehorsam. Sie sind ungehorsam, weil sie *verloren* sind. Unsere Kinder treffen nicht einfach nur törichte Entscheidungen. Sie treffen törichte Entscheidungen, weil sie verloren sind. Unsere Kinder kommen nicht einfach nur mit ihren Geschwistern nicht klar. Sie haben Schwierigkeiten mit ihren Geschwistern, weil sie verloren sind. Unsere Kinder sind nicht einfach nur faul. Sie sind faul, weil sie verloren sind. Unsere Kinder widersetzen sich nicht einfach nur unserer Autorität. Sie widersetzen sich unserer Autorität, weil sie verloren sind. All das, womit wir uns auseinandersetzen müssen, ist die Folge einer tiefer liegenden Ursache. Diese Ursache gilt es zu erkennen und dann nicht mehr aus den Augen zu verlieren.

Drei Tage lang gutes Benehmen

Sie war äußerst frustriert und wollte mich das auch wissen lassen. Sie sagte: »Herr Tripp, ich brauche keine lange Elternkonferenz mit einem Haufen Anweisungen, die ich tun soll oder nicht. Ich will einfach nur, dass sich meine Kinder drei Tage lang gut benehmen. Das wäre für mich das Schönste!« Ich fühlte mich durch diese Aussage nicht angegriffen, weil ich selbst Vater bin und schon genauso frustriert gewesen bin. Aber der kurze Wutausbruch dieser Frau machte mich nachdenklich. Wie viele Eltern wünschen sich genau das und sagen zu ihren Kindern: »Kannst du dich nicht einfach mal gut benehmen!« Sie würden beinahe alles tun, fast jeden Preis zahlen, fast jeden Handel eingehen, wenn sie nur einmal drei Tage erleben dürften, an denen ihre Kinder leuchtende Beispiele noblen Benehmens und selbsständigen Verhaltens wären – und zwar von morgens früh bis abends spät. Aber bei Erziehung geht es um weit mehr als nur um drei Tage gutes Benehmen oder drei Jahre gutes Benehmen oder drei Jahrzehnte gutes Benehmen. Es geht um den *Zustand*, der gutes Benehmen zu einem derart schwer erreichbaren Ziel zu machen scheint.

Vielleicht kann ein medizinisches Beispiel helfen, um das zu verdeutlichen. Wenn Sie Magenkrebs hätten, dann würden Sie sich auf Ihren *Zustand* fokussieren, und nicht nur auf die *Symptome* des

Zustands. Sie würden sich zum Beispiel darüber freuen, wenn Sie drei Tage lang keine starken Bauchschmerzen und keine Übelkeit hätten. Aber Sie würden, nur weil es Ihnen drei Tage lang gut geht, nicht denken, dass Sie gesund sind. Sie würden auch wissen, dass Medikamente, die Ihre Symptome verringern, etwas Wunderbares sind, weil sie es Ihnen ermöglichen, sich wohlzufühlen. Aber sie sind ja nicht die Lösung für Ihr Problem. Sie wüssten, dass Sie nicht nur von den schrecklichen Symptomen befreit werden müssten, sondern von dem Zustand, also von dem Krebs, der die Ursache für all die Symptome ist. Es hätte keinerlei Sinn, zu einem Arzt zu gehen, der die Symptome lindern kann, aber keine Ahnung von der Krankheit hat, die diese Symptome verursacht.

So ist das auch mit der Kindererziehung. Natürlich sollten wir Gott für jeden Augenblick dankbar sein, in dem unsere Kinder auf uns hören oder sich dazu entschließen, das Richtige zu tun. Wir sollten für jeden Tag dankbar sein, an dem unsere Kinder folgsam sind und gut miteinander auskommen. Wir sollten für jedes gut verlaufende Gespräch dankbar sein und auch für jede Situation, in der – wenn auch nur für einen kurzen Augenblick – eines unserer Kinder zur Einsicht kommt. Wir sollten für jeden Augenblick dankbar sein, in dem wir geachtet werden oder in dem unsere Kinder uns wissen lassen, dass sie dankbar sind. Wir sollten dankbar sein, wenn eine Mahlzeit ruhig verläuft oder die Zimmer unserer Kinder aufgeräumt sind. Aber: Wir sollten uns damit nicht zufriedengeben. Wir sollten nicht denken, dass das die Lösung ist. Als Eltern, die am Werk Gottes im Leben unserer Kinder mitarbeiten möchten, dürfen wir uns nicht damit zufriedengeben, lediglich die Symptome zu lindern, während unsere Kinder unter einem Zustand zu leiden haben, der zerstörerisch für sie ist und der für uns großes Herzeleid bedeuten wird.

Deshalb: Freuen wir uns über die drei Tage guten Benehmens, doch geben wir uns nicht damit zufrieden.

Unsere Kinder sind verloren. Was bedeutet das?

Der Herr Jesus gebraucht das Wort »*verloren*« in einem bildlichen Sinn: das verlorene Schaf, die verlorene Münze, der verlorene Sohn. Jedes dieser Bilder enthält etwas von dem, was mit dem Zustand gemeint ist, der als *verloren* bezeichnet wird. *Verloren* ist eines jener Worte, die unterschiedliche Bedeutungen haben. *Verloren* kann »vertrieben« oder »vom Weg abgekommen« bedeuten. *Verloren* kann »tot« bedeuten. *Verloren* kann »besiegt« bedeuten. Und *verloren* kann auch »verwirrt« bedeuten. Drei Gleichnisse der Bibel machen deutlich, um was es bei dem biblischen Begriff *verloren* geht. Wenn wir verstehen, was diese drei Gleichnisse grundsätzlich behandeln, werden wir ein Gespür dafür bekommen, wer unsere Kinder sind und zu was wir als Eltern berufen sind. Denken wir daran, dass wir unsere Aufmerksamkeit nicht allein dem Verhalten unserer Kinder widmen dürfen, sondern – was weitaus fundamentaler ist – dem Zustand, der zu diesem Verhalten führt. Daher können wir auch aufhören, rein reaktiv zu sein, sondern in den ganz spontanen Alltagsmomenten zielorientiert erziehen. Lukas 15 ist eine enorme Hilfe für Eltern. Denn dieser Text wirft mithilfe anschaulicher Bilder ein Licht auf den Zustand (*verloren*), der die Ursache für all die Gedanken, Sehnsüchte, Entscheidungen, Worte und Handlungen unserer Kinder ist, mit denen wir uns als Eltern beschäftigen müssen.

Das Gleichnis vom verlorenen Schaf

»Es kamen aber alle Zöllner und Sünder zu ihm, um ihn zu hören; und die Pharisäer und die Schriftgelehrten murrten und sprachen: Dieser nimmt Sünder auf und isst mit ihnen.

Er sprach aber zu ihnen dieses Gleichnis und sagte: Welcher Mensch unter euch, der hundert Schafe hat und eins von ihnen verloren hat, lässt nicht die neunundneunzig in der Wüste zurück und geht dem verlorenen nach, bis er es findet? Und wenn er es gefunden hat, legt er es mit Freuden auf seine Schultern; und wenn er nach Hause kommt, ruft er die Freunde und die Nachbarn zusammen und spricht zu ihnen: Freut euch mit mir, denn ich habe mein Schaf gefunden, das verloren war. Ich sage euch: Ebenso wird Freude im Himmel sein über einen Sünder, der Buße tut, mehr als über neunundneunzig Gerechte, die die Buße nicht nötig haben« (Lukas 15,1-7).

Das Gleichnis von der verlorenen Münze

»Oder welche Frau, die zehn Drachmen hat, zündet nicht, wenn sie eine Drachme verliert, eine Lampe an und kehrt das Haus und sucht sorgfältig, bis sie sie findet? Und wenn sie sie gefunden hat, ruft sie die Freundinnen und Nachbarinnen zusammen und spricht: Freut euch mit mir, denn ich habe die Drachme gefunden, die ich verloren hatte. Ebenso, sage ich euch, ist Freude vor den Engeln Gottes über einen Sünder, der Buße tut« (Lukas 15,8-10).

Das Gleichnis vom verlorenen Sohn

»Er sprach aber: Ein gewisser Mensch hatte zwei Söhne; und der jüngere von ihnen sprach zu dem Vater: Vater, gib mir den Teil des Vermögens, der mir zufällt. Und er teilte ihnen die Habe. Und nach nicht vielen Tagen brachte der jüngere Sohn alles zusammen und reiste weg in ein fernes Land, und dort vergeudete er sein Vermögen, indem er ausschweifend lebte. Als er aber alles verschwendet hatte, kam eine gewaltige Hungersnot über jenes Land, und er selbst fing an, Mangel zu leiden. Und er ging hin und hängte sich an einen der Bürger jenes Landes; und der schickte ihn auf seine Felder, Schweine zu hüten. Und er begehrte seinen Bauch zu füllen mit den Futterpflanzen, die die Schweine fraßen; und niemand gab ihm. Als er aber zu sich selbst kam, sprach er: Wie viele Tagelöhner meines Vaters haben Überfluss an Brot, ich aber komme hier um vor Hunger. Ich will mich aufmachen

und zu meinem Vater gehen und will zu ihm sagen: Vater, ich habe gesündigt gegen den Himmel und vor dir, ich bin nicht mehr würdig, dein Sohn zu heißen; mache mich wie einen deiner Tagelöhner. Und er machte sich auf und ging zu seinem Vater. Als er aber noch fern war, sah ihn sein Vater und wurde innerlich bewegt und lief hin und fiel ihm um den Hals und küsste ihn sehr. Der Sohn aber sprach zu ihm: Vater, ich habe gesündigt gegen den Himmel und vor dir, ich bin nicht mehr würdig, dein Sohn zu heißen. Der Vater aber sprach zu seinen Knechten: Bringt schnell das beste Gewand her und zieht es ihm an und tut einen Ring an seine Hand und Sandalen an seine Füße; und bringt das gemästete Kalb her und schlachtet es und lasst uns essen und fröhlich sein; denn dieser mein Sohn war tot und ist wieder lebendig geworden, war verloren und ist gefunden worden. Und sie fingen an, fröhlich zu sein.

Sein älterer Sohn aber war auf dem Feld; und als er kam und sich dem Haus näherte, hörte er Musik und Reigen. Und er rief einen der Knechte herzu und erkundigte sich, was das wohl wäre. Der aber sprach zu ihm: Dein Bruder ist gekommen, und dein Vater hat das gemästete Kalb geschlachtet, weil er ihn gesund wiedererhalten hat. Er aber wurde zornig und wollte nicht hineingehen. Sein Vater aber ging hinaus und drang in ihn. Er aber antwortete und sprach zu seinem Vater: Siehe, so viele Jahre diene ich dir, und niemals habe ich ein Gebot von dir übertreten; und mir hast du niemals ein Böcklein gegeben, damit ich mit meinen Freunden fröhlich wäre; da aber dieser dein Sohn gekommen ist, der deine Habe mit Huren verprasst hat, hast du ihm das gemästete Kalb geschlachtet. Er aber sprach zu ihm: Kind, du bist allezeit bei mir, und all das Meine ist dein. Man musste doch fröhlich sein und sich freuen; denn dieser dein Bruder war tot und ist lebendig geworden, und verloren und ist gefunden worden« (Lukas 15,11-32).

Jedes dieser Gleichnisse unterstreicht einen Aspekt von dem, was es bedeutet, verloren zu sein. Außerdem helfen uns die Gleichnisse dabei, unsere Erfahrung mit unseren Kindern und unsere »Aufgabenbeschreibung« als Eltern zu verstehen. Beginnen wir mit dem

Gleichnis vom verlorenen Schaf. Drei Punkte fallen bei diesem Gleichnis besonders auf. *Erstens*: Schafe brauchen einen Hirten. Sie brauchen die Weisheit, den Schutz und die Nahrung, die ihnen ein Hirte geben kann. Wie unsere Kinder, so hat der Schöpfer auch die Schafe so erschaffen, dass sie unter der *Obhut* von jemandem am besten gedeihen. Wir sollten uns in jenen Augenblicken, in denen deutlich wird, dass unsere Kinder uns brauchen, niemals ärgern – ganz gleich, was wir deswegen unterbrechen müssen. Dass unsere Kinder durch uns beaufsichtigt, versorgt und getragen werden müssen, beruht auf der weisen Entscheidung des Schöpfers. Schafe benötigen den Dienst eines Hirten, weil sie Schafe sind. Kinder benötigen Erziehung, weil sie Menschen sind. Wegen der Bedürfnisse unserer Kinder müssen wir früh aufstehen, werden wir hundertmal am Tag gestört und sogar aus dem Schlaf gerissen. Aber unsere Kinder sind nun einmal auf uns angewiesen, und Gott hat uns zu der Aufgabe berufen, sie zu versorgen.

Zweitens: Schafe neigen zum Umherstreifen. Es liegt in der Natur der Schafe, leicht abgelenkt und schnell durch das üppige Grün jenseits des Zauns betört zu werden. Es liegt in der Natur der Schafe, einem anderen umherstreifenden Schaf blindlings zu folgen. Das gilt auch für unsere Kinder. Aufgrund der Sünde, die in ihnen wohnt, neigen Kinder zum »Umherstreifen« und möchten aus dem schützenden Bereich der Unterweisung, Korrektur und Erziehung durch ihre Eltern ausbrechen. Sie neigen dazu, sich von anderen Kindern beeinflussen zu lassen, die ebenso wenig wie sie dazu imstande sind, sich selbst zu leiten. Doch das meiste des falschen Verhaltens unserer Kinder geschieht nicht mit Absicht oder aus bewusster Rebellion. Manchmal zwar schon, aber in der Regel ist ihr Ungehorsam die Frucht ihrer Verlorenheit. Ein Kind wacht nicht auf und sagt sich: »Um 8:30 Uhr werde ich mich mit meiner Mutter streiten.« Oder: »Um 19:30 Uhr werde ich meiner Mutter ganz bewusst ungehorsam sein.« Wenn wir den Ungehorsam unserer Kinder auf diese Art deuten, werden wir ihren Ungehorsam vermutlich persönlich nehmen und ihnen Motive unterstellen, die gar nicht in ihrem Herzen waren. Es ist wichtig, diesen Punkt zu betonen: Unsere Kinder werden »umherstreifen«, aber nicht, weil sie mit uns Streit suchen, sondern weil sie verloren sind.

Aber dieses aufrüttelnde Gleichnis weist noch einen *dritten* Aspekt auf. Wenn ein Schaf sich beim Umherstreifen erst einmal verirrt hat, dann ist es unfähig, sich selbst aus dieser Situation zu befreien. Das verirrte Schaf braucht jemanden, der es sucht, findet und wieder nach Hause bringt. So ist das auch mit unseren Kindern. Sie müssen nicht so sehr von der Welt um sie herum oder von ihren Freunden befreit werden. Nein, sie müssen *von sich selbst* befreit werden. Es gibt in ihrem Leben keine größere Gefahr als die Gefahr, die sie für sich selbst darstellen. Warum? Weil sie verloren sind. Weil sie verloren sind, tragen sie etwas mit sich herum, das sie aus der Fürsorge, aus dem Schutzraum herauszieht, den Gott für sie erdacht hat. Das lässt sie denken, unabhängiger leben zu können, als der Mensch aus Gottes Sicht leben soll. Das bedeutet, dass Erziehung eine fortwährende, Tag für Tag bestehende »Befreiungsmission« ist. Das bedeutet auch, dass wir Eltern uns täglich an unsere Berufung erinnern müssen, unsere Kinder zu *befreien*. Und es bedeutet, ihnen die Augenblicke, in denen Befreiung notwendig ist, nicht übel zu nehmen.

Bei dem Gleichnis von der verlorenen Münze geht es nicht darum, was es für die Münze bedeutet, verloren zu sein. Nein, in diesem Gleichnis wird das Augenmerk auf denjenigen gelenkt, der nach der Münze sucht. Diese kurze, anschauliche Geschichte, die nur drei Verse lang ist, stellt ein beeindruckendes Porträt der Beziehung Gottes zum Verlorenen dar. Obwohl die Frau in dem Gleichnis noch immer neun Münzen besitzt, sucht sie gründlich nach der einen verlorenen Münze. Und dann, als sie die verlorene Münze gefunden hat, feiert sie ein Fest mit ihrer ganzen Familie und ihren Freunden! Das ist die Haltung des himmlischen Vaters, der sich um jedes einzelne seiner verlorenen Kinder kümmert – und der, wenn er es gefunden hat, ein Freudenfest mit den Engeln im Himmel feiert. Diese drei Bibelverse porträtieren eindrucksvoll das Mitgefühl, die Geduld und die Gnade, die wir als Botschafter Gottes an unseren Kindern ausleben sollen. Wir ärgern uns nicht über unsere Kinder, weil sie verloren sind und unserer Hilfe bedürfen. Wir halten ihnen ihr Verlorensein nicht vor. Wir erinnern sie nicht daran, wie viel gerechter wir im Vergleich zu ihnen sind. Wir halten ihnen auch nicht vor, dass *wir* das, was sie tun oder sagen, *niemals* gemacht hätten. Nein, wir üben Erziehung in Barmherzigkeit und Gnade aus. Wir haben geduldige Herzen. Und wir freuen uns jedes Mal, wenn sie etwas Falsches bekennen oder wenn sie das Richtige tun.

Das längste der drei »verloren«-Gleichnisse ist das Gleichnis vom verlorenen Sohn. Es ist vielleicht das bekannteste aller Gleichnisse Jesu. Allein über dieses Gleichnis könnte ein ganzes Erziehungsbuch geschrieben werden. Schauen wir uns einmal an, auf welche Weise dieses Gleichnis veranschaulicht, was *Verlorensein* bedeutet, und wie es uns dabei hilft, unsere Aufgabe als Eltern zu verstehen. Vielleicht fällt als Erstes auf, wie versessen dieser Sohn darauf ist, sein eigenes Ding zu machen und die Welt zu genießen. Zu Hause hat er alles, aber er kann der Versuchung, unabhängig zu sein, einfach nicht widerstehen. Eine der furchteinflößendsten Bestandteile des Verlorenseins unserer Kinder ist ihre Empfänglichkeit für Versuchungen. In ihnen ist etwas, das sie zu den gefährlichen Dingen dort draußen hinzieht. Immer wieder wünschen wir uns, dass unsere Kinder zu einer bestimmten Sache Nein sagen würden, aber sie tun es nicht. Doch das ist noch nicht alles. Mit ihrer Empfänglichkeit für Versuchungen ist die Neigung zum Selbstbetrug verbunden. Was bedeutet das? Nun, der Sohn in dem Gleichnis hatte ein falsches Selbstbild. Er meinte zu schaffen, was er nicht schaffen konnte. Das gilt auch für unsere Kinder: Sie sprechen sich selbst die Fähigkeit zu, Dinge tun zu können, die kein unabhängiges Kind tun kann.

Daraus folgt, dass verlorene Menschen eine Gefahr für sich selbst darstellen. Deshalb steuern sie auf ihr eigenes Verderben zu – auch wenn sie sich dessen vermutlich gar nicht bewusst sind. Diese Gefahr, die die Erziehung so wichtig und gleichzeitig so schwer macht, wohnt nicht *außerhalb*, sondern *in* unseren Kindern. Es gibt kein Kind, das nicht in dieser Gefahr steht. Die Empfänglichkeit für Versuchungen und die Neigung zum Selbstbetrug lassen unsere Kinder zu einer Gefahr für sich selbst werden. Deshalb ist es – und ich möchte das noch einmal betonen – sehr wichtig zu verstehen, dass die Befreiung, die unsere Kinder benötigen, die Befreiung von sich selbst ist.

Letzten Endes, wie der Vater in dem Gleichnis so eindringlich veranschaulicht, ist das, was verlorene Kinder am meisten brauchen, nicht Kritik, Verurteilung oder Strafe. Ja, Kinder brauchen Autorität. Ja, Kinder brauchen Regeln und die *Durchsetzung* dieser Regeln. Ja, Kinder müssen für die von ihnen getroffenen Entscheidungen Verantwortung übernehmen. Aber was ich nun schreiben werde, kann ich gar nicht genug betonen – es ist ja eines der Hauptthemen dieses Buches: All das, was ich gerade erwähnt habe, sind für den Schutz des Kindes vor sich selbst zwar sehr wichtig, aber sie können ein Kind nicht von sich selbst befreien. Trotzdem braucht jedes Kind diese Befreiung. Wie bei dem verlorenen Sohn, so ist es auch bei verlorenen Kindern: Verlorene Kinder brauchen Verständnis. Verlorene Kinder brauchen Geduld. Verlorene Kinder brauchen Anerkennung. Verlorene Kinder brauchen Vergebung. Verlorene Kinder brauchen Gnade. Es ist bewegend zu sehen, dass der Vater des verlorenen Sohnes niemals aufgegeben hat. Er hat der Bitterkeit niemals Raum gegeben. Er hat seine Zuversicht nie weggeworfen. Er hat die Tür seines Herzens niemals verschlossen. Er hat niemals aufgehört, seinen Sohn zu lieben. Er hatte Sehnsucht nach ihm, hielt Ausschau nach ihm. Er war bereit für die Rückkehr seines Sohnes. Was für ein wunderschönes Vorbild für uns Eltern! Der Vater in dem Gleichnis steht für den himmlischen Vater. Der verlorene Sohn steht für jeden Einzelnen von uns. Wie unsere Kinder, so sind auch wir ohne die Befreiung durch Gott verloren. Wie unsere Kinder, so sind auch wir für Versuchungen empfänglich. Wie unsere Kinder, so stellen auch wir eine Gefahr für uns selbst dar. Wie unsere Kinder, so bedürfen auch wir der geduldigen Gnade unseres himmlischen Vaters.

Wenn alles, womit wir uns beschäftigen müssten, das schlechte Verhalten unserer Kinder wäre und das Steuern und Kontrollieren dieses Verhaltens, dann wäre Erziehung sehr viel einfacher. Aber es ist eben *nicht* alles. Wir werden täglich – ob wir uns dessen bewusst sind oder nicht – mit der Verlorenheit unserer Kinder konfrontiert. Wir werden täglich damit konfrontiert, wie diese Verlorenheit dazu führt, dass sie sich der Autorität widersetzen, ihre eigenen Wege gehen wollen, und meinen, Dinge tun zu können, die sie gar nicht tun können. Wie ich bereits geschrieben habe, steht es nicht in der Macht von Regeln, unsere Kinder von diesem Zustand zu befreien. Denn das kann einzig und allein durch die mächtige, umgestaltende Gnade Gottes geschehen. Erziehung meint, im Leben unserer Kinder ein Werkzeug dieser Gnade zu sein.

Zwei große Lügen, an die jedes verlorene Kind glaubt

Es ist wichtig zu verstehen, dass jedes Kind, das das Licht dieser Welt erblickt, an zwei gefährliche und zerstörerische Lügen glaubt. Als aufmerksame Beobachter können Sie sehen, welche Auswirkungen diese Lügen im Leben Ihrer Kinder haben. Die Macht dieser Lügen sollten Sie weitaus wichtiger nehmen als den einen frustrierenden Augenblick, den Sie manchmal mit einem Ihrer Kinder erleben.

Die erste Lüge ist die Lüge der *Unabhängigkeit*. Diese Lüge sagt mir, dass ich ein vollkommen unabhängiger Mensch bin und deshalb auch das Recht habe, mein Leben so zu führen, wie *ich* es will. Sie sagt mir, dass mein Leben mir gehört und ich daher auch mit meinem Leben machen können sollte, was mich glücklich macht. Zu dieser Lüge gehört auch die Ansicht, niemand habe mir zu sagen, was ich zu tun und zu lassen habe.

Wenn Eltern darum kämpfen, dass ihr Kleinkind das isst, was es soll, dann geht es dabei eigentlich nicht um das Essen. Es geht nicht darum, dass das Kind eine andere Ansicht zum Thema Ernährung hat. Schließlich versteht es davon noch nichts. Bei diesem Kampf geht es um Unabhängigkeit. Es geht darum, dass dieser kleine Junge den Regeln widersteht. Es geht darum, dass sein kleiner Mund ihm gehört und niemand ihm zu sagen hat, was er da hineinstecken soll. Meine Tochter entschied sich dafür, keine Erbsen in ihrem Mund haben zu wollen – obwohl sie nicht einmal wusste, wie Erbsen schmecken. Deshalb hielt sie ihren Kiefer geschlossen, und das mit der Kraft eines Schraubstocks. Sie war nicht bereit, ihn wieder zu öffnen. Dabei verteidigte sie sich nicht gegen Erbsen. Sie verteidigte ihre Unabhängigkeit. Sie wusste nicht, dass Menschen nicht dafür gemacht sind, unabhängig zu leben.

Bei dem Kampf um Kleidung geht es nicht um Mode, sondern um Unabhängigkeit. Bei der Diskussion, ob Ihr Teenager zu einer Party gehen kann, geht es nicht zuerst darum, dass ihm die Partys seiner Freunde attraktiv erscheinen. Es geht um seinen fortwährenden Widerstand gegen die Tatsache, dass ihm irgendjemand vorschreiben will, was er zu tun oder zu lassen hat. Wir alle, einschließlich unserer Kinder, widersetzen uns jeglicher Fremdherrschaft über uns. Wir alle wollen tun, was *wir* tun wollen. Wir alle konzentrieren uns auf das, von dem *wir* meinen, dass es uns glücklich macht. Wir ärgern uns über jeden, der uns dabei im Weg steht.

Es ist beeindruckend, wie sich der Körper eines Kindes, das noch nicht einmal sprechen kann, aus Ärger versteifen kann, und zwar nicht allein deshalb, weil dieses Kind nicht seinen Willen bekommt, sondern weil es bereits meint, dass es sein gutes *Recht* sei, seinen Willen durchzusetzen! Es ist schockierend, wie viel Zorn aus einem Teenager herauskommen kann, wenn seine Mutter Nein zu seiner Wochenendplanung sagt. Er hasst Autorität – doch nicht, weil er seine Eltern hasst, sondern weil er meint, selbst die einzig erforderliche Autorität zu sein, die er benötigt. Liebe Eltern, wir müssen uns jeden Tag mit der Lüge der Unabhängigkeit auseinandersetzen, die im Herzen unserer Kinder wirkt. Aber es ist wichtig, über den Augenblick hinauszublicken. Begnügen wir uns nicht damit, den Kampf um eine Sache zu gewinnen, sondern seien wir vielmehr darauf bedacht, jedes Mal um das *Herz* hinter der Sache zu kämpfen.

Die zweite Lüge ist ebenso gefährlich. Es ist die Lüge der *Selbstgenügsamkeit*. Sie sagt unserem Kind, dass es alles, was es für sein Wohlbefinden braucht, bereits in sich selbst besitzt und dass es unsere Hilfe, Befreiung, Unterweisung, Weisheit oder Korrektur nicht benötigt. Es dauert nicht allzu lang, bis sich Eltern mit der Lüge der Selbstgenügsamkeit im Herzen ihrer Kinder beschäftigen müssen. Ihr kleines Kind hat entdeckt, dass seine Schuhe Schnürsenkel haben, die gebunden werden müssen. Also setzt es sich hin und beginnt, an den Schnürsenkeln herumzunesteln. Es hat keinerlei Ahnung, wie man eine Schleife bindet. Deshalb könnte es ewig an den Schnürsenkeln herumnesteln und doch nie eine Schleife vollenden. Aber wenn Sie Ihren Arm nach unten zu Ihrem Kind ausstrecken, um ihm zu helfen, dann schlägt es Ihre Hand weg. Durch das Wegschlagen Ihrer Hand reklamiert Ihr Kind jedoch nicht die Schnürsenkel für sich, sondern sein Verhalten zeigt seine Selbstgenügsamkeit. Ihr Kind will schlichtweg glauben, dass es auch recht gut ohne Ihre Hilfe und Unterweisung zurechtkommt. Und Ihre Teenager-Tochter, die Ihnen Widerworte gibt, während Sie ihr Dinge zu erklären versuchen, tut es deshalb, weil sie an ihre Selbstgenügsamkeit glaubt und daher der Ansicht ist, bereits alles zu wissen, was sie wissen muss.

Niemand ist unabhängig. Niemand ist selbstgenügsam. Jeder braucht elterliche Fürsorge. Wer etwas anderes glaubt, ist auf eine gefährliche Täuschung hereingefallen und steuert auf Schwierigkeiten zu. Liebe Eltern, es ist furchtbar, dass unsere Kinder auf diese beiden Lügen hereinfallen. Man erkennt es an ihren Handlungen, Reaktionen und Antworten.

Was brauchen verlorene Kinder?

Verlorene Kinder brauchen:

1. *Einsicht*. Das Problem von verlorenen Kindern ist, dass sie sich selbst nicht als verloren erkennen. Deswegen verstehen sie auch nicht, wie sehr sie unsere elterliche Fürsorge brauchen. Wir müs-

sen unseren Kindern also nicht nur sagen, was sie zu *tun* haben, sondern ihnen auch helfen, *sehen* zu lernen, wer sie in Wirklichkeit sind, und ihren gefährlichen Zustand zu erkennen, der zu ihrem zerstörerischen Verhalten führt.

2. *Mitgefühl.* Es ist sinnlos, sich über jemanden zu ärgern, der verloren ist. Es ist sinnlos, sich von jemandem, der verloren ist, angegriffen zu fühlen. Es ist sinnlos, eine verlorene Person mit Worten abzuurteilen oder ihr eine Strafe anzudrohen und dann wegzugehen. Verlorene Menschen brauchen Verständnis und Mitgefühl. Verlorene Kinder brauchen nicht Eltern, die aufgrund ihrer Verlorenheit verärgert sind, sondern sie brauchen Eltern, die darüber *trauern* und sich danach sehnen, dass ihre Kinder gefunden werden.
3. *Hoffnung.* Wenn unsere Kinder beginnen, sich einzugestehen, in welchem Zustand sie sich befinden, und die Gefahr erkennen, die sie für sich selbst darstellen, muss ihnen versichert werden, dass ihnen geholfen werden kann. Sie müssen nicht nur wissen, dass wir nicht ihre Feinde sind, sondern auch, dass wir ihre *Verbündeten* sind. Wir sind da, um alles zu tun, was wir nur können, um sie zu schützen, zu unterstützen und zu leiten. Aber vor allem müssen sie wissen, dass Gott seinen Sohn auf diese Erde gesandt hat, damit sie, wenn sie ihre Not bekennen und ihn um Hilfe anrufen, die notwendige Hilfe auch bekommen werden.
4. *Befreiung.* Aufgrund all dessen, was in diesem Kapitel erörtert wurde, ist Kindererziehung keine »Verhaltenskontroll-Mission«, sondern eine »Herzensbefreiungs-Mission«. Denn die einzige Hoffnung für ein verlorenes Kind ist eine radikale Herzensveränderung. Wir Eltern haben aber nicht die Fähigkeit, die Herzen unserer Kinder zu verändern. Das kann einzig und allein der himmlische Vater tun. Doch wir sind seine Werkzeuge im Leben unserer Kinder. Deshalb konzentrieren wir uns auch nicht auf die Ankündigung von Regeln, die Androhung von Strafen und deren konsequente Durchsetzung. Nein, wir halten nach Gelegenheiten Ausschau, die Themen anzusprechen, die das *Herz* unserer Kin-

der betreffen, und beten darum, dass Gott dabei das Werk der Veränderung in ihnen bewirkt, das niemand anders als er vollbringen kann.

5. *Weisheit.* Unsere Kinder brauchen Weisheit, um zu wissen, wann sie Nein sagen müssen. Ein erfolgreiches Leben ist davon abhängig, ob wir Nein sagen können – doch nicht zu den Autoritäten in unserem Leben oder zu den Menschen, die wir lieben sollen, oder zu der Berufung Gottes, sondern Nein zu uns selbst. Aufgrund ihrer Verlorenheit werden unsere Kinder Gedanken haben, die sie nicht haben sollten, ein Verlangen nach Dingen, nach denen sie nicht verlangen sollten, und von gefährlichen Gefühlen und verlockenden Versuchungen fortgerissen werden. Wenn sie jedoch nicht lernen, wann und wie sie Nein sagen sollen, dann werden sie letztendlich ein Leben führen, das sie nach Gottes Plan nie hätten führen sollen.

Was ist, liebe Eltern, folglich das Wesentliche? Jesus kam, um die Verlorenen zu suchen und zu retten. Er hat uns berufen, unsere verlorenen Kinder zu lieben und zu retten. Wir geben nicht dem Ärger, dem Frust, der Ungeduld oder der Entmutigung nach. Wir handeln an unseren Kindern mit vergebender Gnade, Weisheit, Korrektur und Befreiung. Wir beten jeden Tag dafür, dass Gott uns für unsere Aufgabe als Eltern die nötige Kraft schenken möge. Wir beten darum, dass er unsere Kinder verändert, und zwar auf der tiefsten Ebene, auf der jeder Mensch – einschließlich der Eltern – verändert werden muss.

Kapitel 8

Autorität

Grundsatz:
Eines der fundamentalsten Dinge im Leben eines jeden Kindes ist Autorität. Das Lehren und Vorleben der schützenden Schönheit von Autorität ist Grundlage jeder guten Erziehung.

Sie weinte, als sie mit mir sprach. Ihr standen Frust und Bestürzung ins Gesicht geschrieben. Sie hatte sich während einer Pause auf einer Wochenendkonferenz über Kindererziehung einen Weg durch die Menge gebahnt, weil sie unbedingt mit mir reden wollte. Es hatte den Anschein, dass sie durch nichts aufzuhalten war. Sie erzählte: »Ich bin dieses Wochenende hierhergekommen, weil ich unbedingt mit Ihnen sprechen wollte. Wenn man euch so reden hört mit all euren Geschichten und Grundsätzen, dann klingt Kindererziehung so leicht. Aber es ist nicht leicht. Ich habe einen vierjährigen Sohn, über den ich keinerlei Kontrolle habe. Es gibt nichts, was ich tun oder sagen könnte, das ihn gehorsam sein lässt. Wenn ich laut werde und Nein sage, dann bekommt er einen Wutanfall und hört nicht eher auf, bis ich ihm endlich gebe, was er haben will. Ich habe den Eindruck, dass nicht *ich ihn* erziehe, sondern dass *er mich* beherrscht. Ich weiß, dass das nicht richtig ist, aber jeden Morgen graut es mir davor, dass er aufwacht. Ich kann gar nicht abwarten, dass endlich Abend ist und er ins Bett geht. Dazwischen folgt ein Kampf dem anderen. Es gibt nichts, was leicht ist oder Freude macht. Neuerdings schlägt er mich sogar. Alles, was ich dazu tun muss, ist, anzudeuten, dass ich zu etwas Nein sagen werde. Er ist erst vier, aber er hat mir bereits mehrmals wehgetan. Ich bin mit meinen Kräften am Ende. Ich weiß nicht, was ich machen soll.«

Wer würde nicht mit dieser armen, erschöpften, entmutigten und frustrierten Frau mitfühlen? Wer könnte nicht verstehen, wie schrecklich solche Kämpfe mit einem Kind sind, das man liebt und dem man helfen will? Aber ich möchte, dass Sie einmal innehalten und über einen Ausdruck nachdenken. Lassen Sie einmal die folgenden Worte in Ihr Bewusstsein sinken: »Ich habe einen vierjährigen Sohn, über den ich keinerlei Kontrolle habe.« Dieser Junge ist vier Jahre alt und schon nicht mehr unter Kontrolle zu halten. Er ist vier Jahre alt und weiß bereits genau, was er tun muss, um das zu bekommen, was er will. Er ist vier Jahre alt und hat eine 32 Jahre alte Frau dazu gebracht, mit ihren Kräften am Ende zu sein. Er ist vier Jahre alt, und eine 32-jährige Mutter hat Angst vor seinem Zorn. Er ist vier Jahre alt und bestimmt zu Hause Moral und Beziehungen. Er ist vier Jahre alt, und seine Mutter fürchtet sich vor dem nächsten Tag mit ihm. Er ist vier Jahre alt und betrachtet seine Mutter als seinen Feind und nicht als liebevolle Hilfe, die Gott in sein Leben gestellt hat. Er ist vier Jahre alt und sieht Autorität als etwas Schlechtes an, das es in jeder Hinsicht zu bekämpfen gilt.

Nun, ich konnte dieser guten Frau – wie Sie vermutlich verstehen werden – nicht den konkreten Rat geben, den sie sich erhofft hatte. Denn dafür hätte ich ihr zuerst sehr viele Fragen stellen müssen, um zu erkennen, warum sich die Dinge so schlecht entwickelt hatten. Aber ich würde gerne mit Ihnen die Bedeutsamkeit dieses Themas untersuchen, das im Zentrum der Beziehungsstörung zwischen dieser müden Mutter und ihrem zornigen Sohn stand.

Das Problem zwischen dieser Mutter und ihrem Sohn ist tiefgehender als situative Respektlosigkeit, spontaner Trotz oder Gehorsamsverweigerung. Denn all diese traurigen Dinge entspringen einem grundlegenden Herzensproblem mit: Autorität. Man könnte sagen, dass, wenn dieses fundamentale Problem nicht angegangen wird, alle guten Dinge, die Eltern als Gottes Werkzeuge im Leben ihrer Kinder bewirken wollen, nicht funktionieren werden.

Zunächst einmal ist es wichtig, immer im Gedächtnis zu behalten, dass wir es nie nur mit den Worten und Handlungen unserer Kinder zu tun haben. Wir haben immer auch mit dem zu tun, was das Verhalten unserer Kinder prägt, ausrichtet und steuert, nämlich mit dem Herzen. Ich werde mich im nächsten Kapitel noch mehr mit diesem Thema beschäftigen. Es gibt keine wichtigere Sache für ein Kind, das geboren wird, als die der Autorität. Unsere Kinder müssen früh lernen, dass sie in eine Welt der Autorität hineingeboren worden sind und dass nicht *sie* diese Autorität sind. Warum ist das so wichtig? Weil die Unterordnung unter eine andere Autorität als die eigene für jeden Sünder unnatürlich ist. Sünde bewirkt, dass wir unseren eigenen Willen durchsetzen möchten und unsere eigenen Regeln aufstellen wollen. Sünde überzeugt uns davon, es selbst besser zu wissen. Sünde ist die Ursache dafür, dass ich meinen Willen tun will, und zwar wann und wie ich das will. Sünde bewirkt, dass ich mich anderen, die mir sagen, was ich tun soll, widersetze. Sünde platziert mich sozusagen ins Zentrum *meiner* Welt – doch genau das ist der Ort, an dem ich niemals sein sollte, weil dieser Ort für Gott bestimmt ist, und zwar für Gott allein.

All das bedeutet, dass Kinder als selbst ernannte kleine, unabhängige Herrscher auf diese Welt kommen. Bei unserer Tochter, die ihre Erbsen nicht essen wollte, ging es eigentlich nicht um das Essen an sich. Unsere dreijährige Tochter sagte nicht zu uns: »Ich habe mich gründlich mit Ernährung beschäftigt. Daher weiß ich: Erbsen müssen nicht auf dem Ernährungsplan einer Dreijährigen stehen.« Nein, diese Auseinandersetzung wegen einer Kleinigkeit ist keineswegs eine Kleinigkeit. Denn es geht hier nicht um Erbsen. Es geht um *Autorität*. In Wirklichkeit sagte unsere Tochter uns: »Es gibt niemand, der darüber zu entscheiden hat, was ich in meinen Mund stecke, außer mir selbst!« Unsere Tochter will nicht einfach nur keine Erbsen essen. Sie kämpft gegen die ausgeübte Autorität. Sie kämpft dagegen, dass ihr jemand sagt, was sie zu tun hat. Sie glaubt an die zerstörerische Täuschung der Selbstherrschaft.

Auch bei anderen Problemen – beim Zubettgehen, bei der Frage, welche Kleidung angezogen wird, welche Filme angeschaut werden, oder bei dem Zustand des Kinderzimmers – geht es nicht in erster Linie um all diese Themen an sich. Nein, es geht um einen grundsätzlichen Herzenskampf: »Wer entscheidet, wie ich zu leben habe?« Diesen Kampf können wir sogar bei einem Kleinkind sehen, das noch nicht sprechen kann: Ihr Sohn hat etwas zu essen bekommen. Er ist gewickelt worden. Sie haben ihm alle Schlaflieder gesungen, die Sie kennen. Nun ist er schließlich eingeschlafen. Sie versuchen, sich auf Zehenspitzen aus dem Zimmer zu schleichen. Doch gerade, als Sie die Tür erreichen, hören Sie einen markerschütternden Schrei. Also machen Sie wieder kehrt. Was ist passiert? Ihr Sohn stützt sich auf seine kleinen Arme, versteift seinen Körper und schreit aus voller Kehle. Was will er Ihnen durch sein unverständliches Schreien mitteilen? »Oh nein, das willst du doch nicht wirklich tun! Du wirst mich doch wohl nicht alleinlassen! Ich liebe dich. Ich habe einen wunderbaren Plan für dein Leben. Aber ich habe das Sagen!« Er ist keine zwei Jahre alt. Er kann noch nicht sprechen. Und doch will er, ja, er ist sogar fest dazu entschlossen, der Boss sein.

An dieser Stelle ist ein Vers aus 2. Korinther 5 äußerst hilfreich:

> *»Und er ist für alle gestorben, damit die, die leben, nicht mehr sich selbst leben ...« (2. Korinther 5,15).*

Denken wir einmal über die Bedeutung dieser Aussage nach. Eines der Ziele Jesu, an das Kreuz zu gehen, war das Behandeln ebendieser

Thematik, über die wir gerade nachdenken. Der Herr Jesus wusste, dass unsere Kinder in einer »Knechtschaft in sich selbst« geboren werden würden, die allein durch seine Gnade aufgelöst werden kann. Dieser Drang, für sich selbst zu leben, lässt unsere Kinder auf sich selbst fokussiert und mit sich selbst beschäftigt sein. Es macht sie zornig über alles und jeden, der ihnen auf ihrem heiligen Weg in die Quere kommt. Es bringt sie dazu, den Fokus ihrer Interessen, ihres Verlangens und ihrer Motive auf den kleinen Bereich ihrer Wünsche, Gefühle und Bedürfnisse zu beschränken. Im Zentrum dieser durch die Sünde verursachten Neigung, für sich selbst zu leben, steht das entschlossene Verlangen nach *Selbstherrschaft*.

Das bedeutet, dass es in jedem Kind, das seit dem Sündenfall geboren wurde, einen natürlichen Widerstand gegen jede Autorität gibt. Jedes Kind möchte auf irgendeine Weise seinen eigenen Weg gehen. Jedes Kind neigt zu dem Denken, es sei nicht gut, wenn es von jemandem gesagt bekommt, was es zu tun hat. Jedes Kind will seine eigenen moralischen Regeln aufstellen und seinem eigenen Lebensplan folgen. Der Irrglaube vom Recht auf Selbstherrschaft ist eine der traurigen Konsequenzen der Sünde im Herzen all unserer Kinder. Doch glücklicherweise ist das noch nicht alles, was die obige Bibelstelle uns deutlich macht. Sie zeigt uns auch, dass wir als gläubige Eltern in unserem Kampf, im Leben unserer Kinder Autorität einzusetzen, nicht allein sind. Gott hat die Naturkräfte so gelenkt und die Ereignisse der Menschheitsgeschichte so geführt, dass Jesus genau zur rechten Zeit gekommen ist. Unser Herr hat ein Leben geführt, das wir nicht führen können, einen Tod erlitten, den wir verdient hätten, und ist von den Toten auferstanden, um die Sünde und den Tod zu besiegen. Gott hat all das getan, damit er durch die gewaltige, erlösende und umgestaltende Gnade unsere Knechtschaft auflösen kann.

Das bedeutet, dass wir Eltern nicht die Fähigkeit dazu besitzen, unsere Kinder von ihrer Knechtschaft der Selbstherrschaft zu erlösen – weder durch unsere laute Stimme noch durch unsere starke Persönlichkeit, durch unsere Körpergröße oder durch Drohungen.

Denn wenn wir diese Macht hätten, hätte der Herr Jesus nicht zu kommen brauchen, sein Werk wäre nicht notwendig gewesen. Aber *Jesus* hat die Macht. Ihm ist der furchtbare Irrglaube an die Selbstherrschaft, der sich im Herzen all unserer Kinder befindet, nicht egal. Er hat buchstäblich sein Leben gegeben, damit sie von dieser Knechtschaft befreit werden können. Warum ist das so wichtig? Weil Menschen, die sich der Selbstherrschaft geweiht haben, sich nicht der Herrschaft eines anderen unterordnen werden und daher auch der Ansicht sind, nichts falsch zu machen und somit auch kein Unrecht bekennen zu müssen. Also suchen sie auch nicht die göttliche Vergebung und Hilfe. Man kann sagen, dass es der Drang zur Selbstherrschaft ist, der uns und unsere Kinder von Gott trennt – wenn wir nicht die Gnade Gotte besitzen. Für Kinder gibt es nichts, was zentraler ist als Autorität. *Autorität ablehnen bedeutet Gott ablehnen* – die Autorität über allen Autoritäten. Und die Ablehnung Gottes hat noch nie zu irgendetwas Gutem geführt und wird es auch niemals.

Autorität und das Evangelium Jesu Christi

Aus 2. Korinther 5,15 folgt, dass unsere elterliche Aufgabe, eine klare, liebevolle, beständige, biblische Autorität im Leben unsere Kinder einzusetzen, Arbeit im Evangelium ist. Denn sie entspricht genau dem Evangeliumsauftrag, den der Herr Jesus auf diese Erde gebracht hat, und steht im Zentrum dessen, was das Kreuzesopfer Christi notwendig gemacht hat. Autoritätsarbeit ist Gnadenarbeit. Denken wir einmal anhand von Epheser 6 darüber nach, was das bedeutet.

> *»Ihr Kinder, gehorcht euren Eltern im Herrn, denn das ist recht. ›Ehre deinen Vater und deine Mutter‹, welches das erste Gebot mit Verheißung ist, ›damit es dir wohl ergehe und du lange lebest auf der Erde.‹ Und ihr Väter, reizt eure Kinder nicht zum Zorn, sondern zieht sie auf in der Zucht und Ermahnung des Herrn« (Epheser 6,1-4).*

Autorität als Botschafter ausüben: Arbeit im Evangelium.

Bitte lesen Sie den letzten Satz des obigen Bibelabschnitts noch einmal. Denn an dieser Stelle muss unsere Erörterung zum Thema Ausübung von Autorität beginnen. Es ist sehr wichtig zu verstehen, dass Eltern keine unabhängige, autonome Autorität besitzen. Und zwar absolut gar keine! Wir haben weder das Recht noch die Macht, im Leben unserer Kinder nach unserem eigenen Willen Autorität auszuüben. Nein, die Autorität, die wir haben, ist die Autorität eines *Botschafters*. Ein Botschafter hat in sich und aus sich selbst keinerlei Autorität. Er hat nur deshalb Autorität, weil er einen Herrscher repräsentiert, der Autorität hat. Der wunderbare Plan Gottes ist dieser: Gott will seine unsichtbare Autorität sichtbar werden lassen, indem er sichtbare Autoritäten zu seinen Repräsentanten macht. Das bedeutet, dass jedes Mal, wenn wir an unseren Kindern Autorität ausüben, diese Autorität eine herrliche Veranschaulichung der Autorität Gottes sein muss. Denn für unsere Kinder sind wir ein Blick in das Angesicht Gottes, eine Berührung seiner Hand und der Klang seiner Stimme. Wir dürfen Autorität niemals verärgert und ungeduldig ausüben. Wir dürfen Autorität niemals beleidigend ausüben. Wir dürfen Autorität niemals selbstsüchtig ausüben. Warum nicht? Weil wir in unsere Stellung als Eltern eingesetzt worden sind, um unseren Kindern zu veranschaulichen, wie wunderschön, weise, geduldig, leitend, beschützend, befreiend und vergebend *Gottes* Autorität ist.

Das bedeutet, dass wir es nicht zulassen dürfen, uns von unserem Zorn über den Ungehorsam unserer Kinder beherrschen zu lassen, sodass wir Dinge tun, die wir nicht tun sollten. Es bedeutet, dass wir niemals eine Erziehungsmaßnahme mit beschimpfenden, erniedrigenden oder verurteilenden Worten verbinden sollten. Es bedeutet auch, dass wir unsere Kinder nicht wie Lakaien behandeln sollten, die dazu da sind, uns das Leben einfacher zu machen. (Natürlich sollten unsere Kinder in die anfallende Hausarbeit mit eingebunden werden. Aber ein Vater, der gerne Zeitung liest und dessen Zeitung in seiner Reichweite liegt, sollte seinen Sohn, der sich im Obergeschoss befindet, nicht auffordern, herunterzukommen und ihm die Zeitung zu bringen.) Wir sollten niemals auf eine Art und Weise Autorität ausüben, die den Anschein erweckt, wir würden unsere Beziehung mit unserem Kind aufkündigen. Die Ausübung unserer Autorität sollte niemals nach unserer momentanen Laune erfolgen. (Das wird nämlich immer zu einer verwirrenden und widersprüchlichen Autoritätsanwendung führen, in der das, was gestern falsch war, heute gar nicht mehr so falsch erscheint. In einem derart unvorhersehbaren, unsicheren Umfeld werden Kinder zu »Gefühls-Wetterfröschen«, die nervös die »Wetterlage« ihrer Eltern beobachten, um zu sehen, was sie momentan tun können und was nicht, ohne in Schwierigkeiten zu geraten.)

Warum ist das so wichtig? Es ist deshalb so wichtig, weil sich Kinder, wie bereits erwähnt, von Geburt an Autoritäten widersetzen. Sie erkennen nicht, dass echtes Leben in bereitwilliger Unterordnung unter Autorität gefunden wird. Wenn wir Autorität auf eine gleichgültige, beleidigende, egoistische Art und Weise ausüben, werden wir die natürliche Rebellion gegen jede Autorität, die im Herzen unserer Kinder ist, nur noch verstärken. Gott hat uns dazu berufen, unseren Kinder Tag für Tag aufzuzeigen, wie wundervoll, hilfreich und geduldig die Autorität Gottes ist. Wir möchten uns als Eltern von Gott dazu gebrauchen lassen, unseren Kindern verstehen zu helfen, dass in der Unterordnung unter Autorität Leben und Freiheit zu finden sind. Wenn das gelingt, werden die Kinder ihre Not anerkennen, ihre falschen Taten bekennen und sich nach der Hilfe des Retters ausstrecken. Es gibt nichts Wichtigeres im Leben unserer Kinder. Was für einen Eindruck gewinnen Ihre Kinder anhand der Weise, wie *Sie* Autorität ausüben, von der Autorität *Gottes*?

Unseren Kindern verstehen helfen, warum sie die Dinge tun, die sie tun: Arbeit im Evangelium.

Bitte lesen Sie jetzt noch einmal den letzten Satz des Bibelabschnitts. Wir sind nicht nur zur »Zucht« unserer Kinder berufen, sondern auch zu ihrer »Ermahnung«. Das ist entscheidend. Unsere Kinder wissen nicht, warum sie die Dinge tun, die sie tun. Sie wissen nicht, warum sie sich uns widersetzen. Sie wissen nicht, warum sie mit uns streiten. Sie wissen nicht, warum wir sie wütend machen. Sie wissen nicht, warum sie meinen, alles besser zu wissen als wir. Sie wissen nicht, warum sie ihren eigenen Willen haben wollen. Sie wissen nicht, warum sie sich Spannungen und schmerzlichen Situationen aussetzen, nur um sich ein bisschen Unabhängigkeit zu erkämpfen. Unsere Kinder wissen nicht, wer sie sind und warum sie die Dinge tun, die sie tun. Unsere Kinder leiden täglich unter ihrem Mangel an geistlicher Selbsterkenntnis.

Liebe Eltern, das ist unsere Aufgabe. Es reicht nicht aus, dass wir unsere Kinder einfach nur maßregeln, wenn sie etwas Falsches getan haben. Denn wir haben es immer mit einem tieferen Problem zu tun als nur einem falschen Verhalten. Unsere Erziehungsmaßnahmen (»Zucht«) müssen mit klarer biblischer Unterweisung (»Ermahnung«) einhergehen. Damit meine ich nicht das Halten wütender Moralpredigten. Was ich meine, ist ein kurzes Gespräch, das unserem Kind erneut ermöglicht, seinen Herzenskampf, der hinter seinem Widerstand gegen die Autorität steht, zu erkennen und zu verstehen. Gott hat uns in seinem Wort die Geheimnisse menschlichen Verlangens und menschlicher Motivation offenbart. Diese Geheimnisse können wir nun unseren Kindern offenbaren, die verloren, unwissend und einem Irrglauben erlegen sind. Jedes Mal, wenn wir als Botschafter unsere Erziehungsmaßnahmen mit Unterweisung verknüpfen, geben wir dem Geist Gottes eine erneute Gelegenheit, im Herzen unserer Kinder Überführung und Verlangen nach Hilfe zu bewirken. Je mehr unsere Kinder verstehen, warum sie die Dinge tun, die sie tun, umso leichter wird es ihnen fallen, begangenes Unrecht zuzugeben und *unsere* und *Gottes* Vergebung zu suchen. Denken Sie daran: Weil alles, was unsere Kinder tun, aus ihren Herzen hervorkommt, offenbart alles, was sie tun, *was* in ihren Herzen ist. Unseren Kindern dabei erkennen zu helfen, was ihr Verhalten über ihr Herz aussagt, ist Arbeit im Evangelium.

Wie oft verbinden Sie Augenblicke der Maßregelung mit geduldiger Unterweisung?

Autorität schon früh in kleinen Dingen einsetzen: Arbeit im Evangelium.

Tragen wir früh unsere Autoritätskämpfe aus. Tragen wir sie aus, wenn es noch um Kleinigkeiten geht. Nutzen wir die kurzen Situationen, die Gott uns schenkt, wenn unsere Kinder noch jung sind. Wir wollen keine Autoritätskämpfe mit Siebzehnjährigen austragen müssen. Denken wir nicht, dass die Momente des Widerstands gegenüber unserer Autorität zu Themen wie Essen, Kleidung, Schlafenszeit, Filme, Hausarbeit etc. unwichtig wären, weil es scheinbar nicht so wichtige Dinge sind. Denn all diese kleinen Augenblicke sind von großer Wichtigkeit, weil die *Ursache* für den Widerstand, wie bereits erwähnt, nicht Ansichten über das Essen und das Schlafengehen sind, sondern ein *Herz*, das sich jeder Autorität widersetzt – mit Ausnahme der eigenen.

Seien wir dankbar für diese Situationen. Sehen wir sie nicht als etwas Schlechtes an, als Störungen oder Unannehmlichkeiten. Denn sie sind etwas Gutes. Es sind Augenblicke der *Gnade*. Wobei wir bei einem weiteren grundlegenden Thema dieses Buches sind: Liebe Eltern, wenn Sie die Sünde und die Schwachheit Ihrer Kinder sehen oder hören, dann ist das nie eine Unannehmlichkeit, nie eine Störung. Es ist immer Gnade. Wir Eltern sollen seine Werkzeuge zur Überführung, Vergebung und verändernden Gnade sein. Wir müssen uns mit dem Widerstand unserer Kinder auseinandersetzen, weil Gott ein Gott wunderbarer Gnade ist. Seine Gnade hat die Macht, sehr Schlechtes in sehr Gutes zu verwandeln. Ist es nicht mit dem Kreuz Jesu Christi genauso? Das Kreuz ist das *schlimmste* Ereignis, das jemals stattgefunden hat. Und doch wurde es, nach dem Plan Gottes, zu dem *besten* Ereignis, das jemals stattgefunden hat. Gott steht uns mit seiner Gegenwart und seiner Gnade in den Versuchungen bei, die wir beim Maßregeln unserer Kinder erleben, um in genau diesen Augenblicken in den Herzen unserer Kinder das zu bewirken, was wir niemals bewirken könnten. Reagieren wir in jenen Augenblicken nicht verärgert. Seien wir nicht frustriert, dass wir immer wieder mit den gleichen Dingen zu tun haben. Danken wir Gott vielmehr für seine Gnade und versuchen wir, ein Werkzeug in seinen mächtigen Händen zu sein.

Aber da ist noch etwas anderes, das über diese scheinbar unwichtigen Augenblicke der Maßregelung und Ermahnung gesagt werden muss. Wir müssen uns bewusst sein, dass unsere Kinder nicht wissen, was wahrer Gehorsam bedeutet. Es ist unsere Aufgabe, ihnen dies zu verdeutlichen. Was bedeutet denn Gehorsam? Es ist die bereitwillige Unterordnung unseres Herzens unter die Autoritäten, die Gott in unser Leben gestellt hat. Das motiviert und lässt uns freudig die Dinge tun, wozu uns die Autoritäten, die Gott in unser Leben gestellt hat, auffordern. Nun, was bedeutet das konkret? Die kleine Sharon hat ihr Spielzeug überall in ihrem Zimmer verteilt. Ihre Mutter sagt ihr, dass sie ihr Zimmer aufräumen soll. Sharon geht den Flur unter Schimpfen und Schreien hinunter in ihr Zimmer. Hier ist es sehr wichtig, Sharon nicht in dem Glauben zu lassen, dass sie gehorsam ist. Denn auch wenn Sharon in ihr Zimmer geht, so wird doch an der Art, *wie* sie es tut, deutlich, dass in ihrem Herzen Zorn und Rebellion gegen ihre Mutter und gegen deren Autorität sind. Und wahrer Gehorsam beginnt immer im Herzen.

Deshalb sollte Sharon zurückgerufen werden – doch nicht, um ihr zu sagen: »Wage es nicht noch einmal, so mit deiner Mutter zu reden. Was glaubst du eigentlich, wer du bist! Du willst nicht wissen, was passiert, wenn du noch einmal so mit mir redest!« Eine zornige Reaktion wie diese verhärtet nur das Herz unserer Kinder gegenüber Autorität – obwohl wir uns doch eigentlich von Gott gebrauchen lassen mochten, um ihr Herz *weich* zu machen. Daher sollten wir in einer derartigen Situation zunächst Gott um Geduld und Gnade bitten und dann unser Kind liebevoll zurückrufen und ihm sagen: »Sharon, es gibt da ein Problem. Ich war nicht unfreundlich zu dir. Ich habe von dir nicht verlangt, irgendetwas Böses zu tun. Ich habe dich nicht beschimpft, aber du hast mich angeschrien. Wenn du mich, deine Mama, anschreist, dann versuchst du, die Mama deiner Mama zu sein. Aber wenn du die Mama deiner Mama bist, dann hast du überhaupt keine Mama, die dich anleitet und beschützt.« Doch wird

Sharon dann auf ihre Knie fallen und sagen: »Ich habe es begriffen. Ich bin ein egozentrischer Rebell gegen jede Autorität. Ich möchte über meine eigene Welt herrschen. Deswegen hasse ich es, wenn mir jemand sagt, was ich tun soll. Mama, ich muss aus der Gefahr gerettet werden, die ich mir selbst bin!«? Natürlich nicht. Aber immerhin haben wir einen kleinen Schritt getan, um unserem Kind dabei zu helfen, sein Herz zu erkennen. Es wird noch viele, viele weitere Gespräche dieser Art geben müssen, kurze Situationen, die Gott in seiner Gnade ermöglicht und die es zu ergreifen gilt.

Fechten Sie Ihre Autoritätskämpfe schon im jungen Alter Ihrer Kinder aus? Wenn nicht, was muss sich an der Art und Weise ändern, wie Sie in den Augenblicken der Maßregelung mit Ihren Kindern umgehen?

Konstant Autorität ausüben: Arbeit im Evangelium.

Ich bin auf diesen Punkt bereits eingegangen, doch hier noch einige wenige Gedanken dazu. Das Ausüben der *Liebe* Gottes steht niemals dem Ausüben seiner *Autorität* im Wege. Das Austeilen der *Gnade* Gottes beeinträchtigt niemals das Ausüben der *Autorität* Gottes. Das Verwirklichen des souveränen *Planes* Gottes wird durch das Ausüben seiner *Autorität* niemals unterbrochen. Gott möchte immer wieder, dass seine Regeln auch durchgesetzt werden. Gott hat keine schlechten Tage, an denen er böse und gemein ist. Seine göttliche Freude hält ihn nicht davon ab, stetig die schwere Arbeit eines erziehenden Vaters zu tun. Im Gegenteil: Gott ist wunderbar – in der völligen Beständigkeit seiner Treue, mit der er seine heiligen Gebote aufrechterhält und seine Kinder erzieht. Und *wir* sollten ihm als seine Botschafter darin gleichen. Unsere Kinder brauchen die Sicherheit einer treuen, beständigen, festen, kompromisslosen und liebevollen Autorität – einer Autorität, die von Gnade geprägt und gesteuert wird.

Ist das Ausüben Ihrer elterlichen Autorität konstant, weil es von dem Wissen um Gottes Berufung motiviert wird? Oder ist es eher wechselhaft, weil es von Ihren jeweiligen Gefühlen beeinflusst wird?

Zugeben, dass wir unseren Kindern bezüglich Autorität weitaus mehr gleichen, als dass wir uns von ihnen unterscheiden: Arbeit im Evangelium.

Warum werden wir zornig, wenn wir unsere Autorität anwenden? Warum machen wir an einem Tag aus einer bestimmten Angelegenheit eine große Sache, während wir an einem anderen Tag das Gleiche einfach abtun? Warum neigen wir dazu, die Situationen, in denen wir unsere Kinder maßregeln müssen, als Unannehmlichkeiten anzusehen? Wir tun all diese Dinge, weil wir unseren Kindern weitaus mehr gleichen, als dass wir uns von ihnen unterscheiden. Die Sünde ist ebenso in uns, wie sie in unseren Kindern ist. Das ist auch der Grund dafür, warum wir – genau wie unsere Kinder – unseren Willen durchsetzen und die Dinge auf *unsere* Art und Weise tun wollen. Jedes Mal, wenn wir als Botschafter auf eine böswillige, zornige, ungeduldige, verurteilende oder beleidigende Art und Weise Autorität ausüben, rebellieren wir gegen die Autorität des Einen, der uns dazu berufen hat, ihn zu repräsentieren. Nicht nur unsere Kinder haben ein Autoritätsproblem – auch wir. Nicht nur unsere Kinder bedürfen einer geduldigen Befreiung – auch wir. Nicht nur unsere Kinder brauchen Unterweisung – auch wir. Nicht nur unsere Kinder brauchen vergebende Gnade – auch wir. Nicht nur unsere Kinder gehorchen äußerlich und rebellieren innerlich. Unser Zorn und unsere Ungeduld als Eltern offenbaren den wahren Zustand unserer Herzen. Wie unsere Kinder, so bedürfen auch wir der Fürsorge eines liebenden Vaters, der uns nicht mit Verachtung straft, sondern der uns vielmehr mit seiner Gnade umsorgt. Die Berufung Gottes für uns Eltern besteht darin, seine Autorität sichtbar zu machen. Doch wer könnte das verstehen und von sich behaupten: »Klar, das kann ich, kein Problem«? Denn das Verstehen der unergründlichen Heiligkeit der Berufung Gottes konfrontiert uns mit der unergründlichen Tiefe unserer eigenen Unzulänglichkeit. Dies anzuerkennen, ist fundamental, denn niemand beschenkt andere Menschen freudiger und beständiger mit Gnade, als jemand, der täglich anerkennt, diese Gnade selbst so sehr zu benötigen. Gott beruft Rebellen unter seine Autorität, um diejenigen zu befreien, die gegen seine Autorität rebellieren. Das kann allein die allgewaltige Gnade bewirken.

Erkennen Sie demütig an, dass in Ihrem eigenen Herzen Rebellion ist, während Sie mit der Rebellion Ihrer Kinder konfrontiert werden? Üben Sie dann Ihre Autorität in Geduld und Gnade aus?

In den Gesprächen über Autorität das Kreuz Jesu Christi erwähnen: Arbeit im Evangelium.

Unser Herr Jesus ist in diese Welt gekommen und auf dieser Erde gestorben, um uns und unsere Kinder von der Knechtschaft des Herzens und dem Festhalten an unserer unabhängigen Autorität zu befreien, also von uns selbst. Also fühlt es sich auch nicht komisch an, sondern liegt im Gegenteil auf der Hand, in Augenblicken der Maßregelung über das Geschenk des Kreuzes Jesu Christi zu sprechen. Es ist nicht komisch, über die Vergebung und die Hoffnung auf Veränderung zu reden, die das Kreuz ermöglicht hat. Im Gegenteil: Es wäre komisch, wenn wir *nicht* darüber sprechen würden. Wenn es keine Sünde gäbe, dann gäbe es auch keine Rebellion. Wenn es keine Rebellion gäbe, dann bräuchten wir auch keinen Erretter. Wenn wir keinen Erretter bräuchten, dann wäre auch das Kreuz nicht notwendig gewesen. Jeder Augenblick der Rebellion offenbart die Herzen unserer Kinder. Jeder Augenblick, in dem die Herzen unserer Kinder offenbar gemacht werden, ist eine gottgegebene Gelegenheit, um über den Erretter zu sprechen, der der Einzige ist, der unsere Kinder von sich selbst befreien kann. Es ist wichtig, die Rebellion unserer Kinder in einem bestimmten Moment immer mit dem großen Panorama der Erlösung zu verbinden.

Verweisen Sie Ihre Kinder in Augenblicken der Maßregelung immer wieder auf die Hoffnung und die Hilfe, die im Sterben und in der Auferstehung Jesu gefunden wird?

Es ist also wirklich so: Es gibt kein zentraleres Thema im Leben unserer Kinder als Autorität. Der Kampf unserer Kinder mit der Autorität offenbart deutlich, wie sehr die Sünde in ihren Herzen verankert ist und wie nötig unsere Kinder die Gnade des Erretters brauchen. In dieser Hinsicht sind wir wirklich wie unsere Kinder. Wenn wir das zugeben, dann können wir auch in Demut und Gnade Autorität ausüben. Dann können wir unseren Kindern auch eine kleine Vorstellung davon vermitteln, wie herrlich, wunderschön und gut Gottes Autorität in Wirklichkeit ist.

Kapitel 9

Torheit

Grundsatz:
Die Torheit in unseren Kindern
ist gefährlicher für sie als die äußeren Versuchungen.
Nur die Gnade Gottes besitzt die Macht, Toren zu retten.

Sally hat sich mit zweieinhalb Jahren dafür entschieden, ihr ganzes Leben lang kein Gemüse essen zu wollen.

Billy ist fünf Jahre alt und teilt seinen Eltern mit, dass er nur schlafen kann, wenn er bei ihnen schlafen darf.

Immer wenn Jared von seinem Vater gesagt bekommt, was er tun soll, fängt er an, mit ihm zu diskutieren.

Cindy ist sechs und findet es doof, dass sie sich noch nicht schminken darf.

Bo ist fest davon überzeugt, dass seine Zukunft im Spielen von Videospielen liegt und nicht darin, Hausaufgaben zu machen.

Miley ist wie besessen davon, während der Schule alberne Nachrichten an ihre Freunde zu schicken.

Jason meint, dass Grasrauchen nicht besonders schlimm sei.

Sarah lügt, immer wenn sie es für angebracht hält.

Jennifer ist wie besessen von ihrem Aussehen.

Peter meint, Sport sei das Wichtigste im Leben.

Justin hat die Highschool geschmissen und sich damit verbaut, aufs College zu gehen.

All diese Kinder sind unterschiedlich alt und befinden sich in den verschiedensten Situationen, aber alle Geschichten haben letztendlich das gleiche Thema. Es begegnet Eltern jeden Tag. Es ist für unsere Kinder von größter Gefahr. Es wird ihr Leben viel komplizierter machen, als sie denken. Es führt immer wieder zu Konflikten mit ihren Eltern. Es betrifft nicht in erster Linie, was sie getan haben, sondern was sie sind. Sie sind damit auf die Welt gekommen und nicht in der Lage, sich selbst davon zu befreien. Deshalb müssen sie davon befreit werden. Es handelt sich um die traurige und gefährliche Eigenschaft, die von der Bibel als *Torheit* bezeichnet wird. Ich bin fest davon überzeugt, dass Eltern, die nicht verstehen, was die Bibel über Torheit sagt, auch nicht völlig verstehen werden, zu welcher Aufgabe Gott sie als Werkzeuge im Leben ihrer Kinder berufen hat.

Es dreht sich alles um das Herz

Zuerst einmal gilt es festzuhalten: Als Eltern haben wir es *niemals* lediglich mit den Worten und Handlungen unserer Kinder zu tun, sondern immer auch mit dem, was ihre Worte und ihr Verhalten steuert, nämlich mit ihrem Herzen. Leider verlieren das viele gläubige Eltern aus den Augen oder wissen es gar nicht und denken deshalb, ihre Aufgabe bestehe darin, das Verhalten ihrer Kinder zu steuern und zu kontrollieren. Sie richten ihren ganzen elterlichen Fokus und ihre gesamte Energie auf das Aufstellen und Durchsetzen von Regeln. Nun, unsere Kinder brauchen – wie ich in diesem Buch bereits angemerkt habe – das Gesetz. Sie brauchen auch Autoritäten, die dieses Gesetz aufstellen und durchsetzen. Aber sie brauchen noch viel mehr. Das Gesetz besitzt die mächtige Fähigkeit, die Sünde zu offenbaren, die in unseren Kindern wohnt. Außerdem ist Gottes Gesetz der vollkommene Maßstab für das Leben unserer Kinder. Aber das Gesetz besitzt eben *nicht* die Fähigkeit, unsere Kinder zu *ändern*. Das Gesetz wird bei ihnen nicht bewirken, dass sie das Richtige tun. Das Gesetz wird unsere Kinder nicht zu demütigen Anbetern Gottes machen. Das Gesetz wird sie nicht von ihrem Hochmut und ihrer Selbstverherrlichung befreien. Das Gesetz wird sie nicht gerecht machen. Das Gesetz ist etwas sehr Gutes, aber es reicht schlichtweg nicht aus.

Als gläubige Eltern müssen wir ein praktisches Wissen über das Herz besitzen. Dieses biblische Verständnis über das Herz muss uns anleiten, wenn uns das Fehlverhalten unsere Kinder begegnet. Vielleicht denken Sie jetzt: »Herr Tripp, ich verstehe, was Sie sagen, aber ich weiß nicht, was das ganz praktisch für den täglichen Umgang mit meinen Kindern bedeutet.« Vielleicht kann uns genau dabei ein kurzer Vers aus den ersten Kapiteln des Buches der Sprüche Einsicht geben und verändern, wie wir über die Aufgabe denken, zu der Gott uns im Leben unserer Kinder berufen hat. Lesen Sie mehrmals sorgfältig die Worte aus Sprüche 4. Es ist der Rat eines weisen Vaters an seinen Sohn:

> *»Behüte dein Herz mehr als alles, was zu bewahren ist; denn von ihm aus sind die Ausgänge des Lebens« (Sprüche 4,23).*

Was meint der Vater damit? Nun, er sagt: »Mein Sohn, wenn du irgendeiner Sache deine Aufmerksamkeit schenkst, dann dieser. Fokussiere dich darauf. Mach sie zu deiner Priorität. Lass dich nicht davon ablenken und vergiss sie nicht.« Was ist denn mit *dieser Sache* gemeint? Es ist das Herz. Warum sagt ein weiser Vater: »Mein Sohn, achte so sorgfältig wie nur möglich auf den Inhalt und den Charakter deines Herzens«? Warum ist das eine so wichtige Sache, dass ein weiser Vater sie seinem Kind mitteilt? Warum ist es so wichtig, dass sein Kind das weiß? Bevor ich diese Fragen beantworte, möchte ich zunächst einmal eine ziemlich traurige Beobachtung anmerken: Es gibt Tausende gläubiger Eltern, die niemals auf den Gedanken kommen würden, dies zu ihren Kindern zu sagen. Es gibt Tausende gläubiger Eltern, die noch nie mit einem ihrer Kinder ein Gespräch über das Herz geführt haben. Doch warum ist eben gerade das der Hauptpunkt, den der Vater seinem Sohn in diesem Gespräch, in dem es viel um Weisheit geht, klarmachen will?

Die Antwort auf die Frage, die in der ersten Hälfte von Sprüche 4,23 gestellt wird, ist in der zweiten Hälfte des gleichen Verses zu finden. »Mein Sohn, achte sorgfältig auf dein Herz.« Warum? »Denn von ihm aus sind die Ausgänge des Lebens.« Nun, was bedeutet das? Es bedeutet, dass das Leben unserer Kinder von ihren Herzen gesteuert wird. Es bedeutet, dass die Worte und das Verhalten unserer Kinder ihrem Herzen entspringen. Eine biblische Definition des Herzens lautet: *Das Herz ist der Kern und die Ursache der Persönlichkeit.* Das Herz ist der Ursprung dessen, was unsere Kinder tun und sagen. Wie wir, so leben auch unsere Kinder das aus, was in ihren Herzen ist. Wie bei uns, so werden auch bei ihnen ihre Wörter und ihr Verhalten mehr von dem geprägt, was in ihnen ist, als von dem, was sie umgibt. Das bedeutet, dass das, was ihre Herzen beherrscht, auch ihre Worte und ihre Handlungen beherrschen wird.

Deshalb sind zum Beispiel die Probleme bezüglich der Worte, die unsere Kinder benutzen, zuallererst *Herzensprobleme.* All die bösen Dinge, die Kinder zueinander sagen, haben ihren Ursprung in ihrem Herzen – wo sich Hass, Zorn, Bitterkeit, Egoismus, Eifersucht, Unfreundlichkeit, Ungeduld oder zu wenig Liebe findet. Der Ungehorsam, mit dem wir zu tun haben, ist nicht in erster Linie ein *Verhaltens*problem. Er ist ein *Herzens*problem. Unsere Kinder sind deshalb ungehorsam, weil Hochmut, Rebellion, Unabhängigkeit, Selbstgenügsamkeit und das Verlangen nach Selbstherrschaft ihre Herzen beherrschen. Es genügt nicht, als Eltern einfach nur Nein zu sagen oder: »Weil du das gemacht hast, bekommst du diese Strafe.«

Wenn Erziehung das Herz einbeziehen und sich sogar darauf fokussieren muss, dann gilt es, zwei Dinge immer im Gedächtnis zu behalten. *Erstens* müssen wir uns immer wieder daran erinnern – damit wir es unter dem Druck unserer elterlichen Pflichten nicht vergessen –, dass alle Verhaltensprobleme unserer Kinder eigentlich Herzensprobleme sind. Ja, es ist wahr: Das Problem ist das Herz – und das gilt sowohl für unsere Kinder als auch für uns selbst! *Zweitens* dürfen wir nicht vergessen, dass eine dauerhafte Veränderung des Verhaltens unserer Kinder – nach der sich alle Eltern sehnen – immer über das Herz geht. Wenn im Herzen unserer Kinder keine Veränderung geschieht, dann wird eine Verhaltensänderung nicht von langer Dauer sein. Das bedeutet, dass eine Erziehungsmaßnahme oder Korrektur (»Zucht«) von *Unterweisung* (»Ermahnung«) begleitet werden muss. Um was für eine Art von Unterweisung geht es dabei? Wenn wir eines unserer Kinder maßregeln müssen, dann ist das eine gottgegebene Gelegenheit, um über das Herz dieses Kindes zu reden. Das Handeln eines Kindes offenbart den wahren Zustand seines Herzens, also zeigt uns sein schlechtes Verhalten, wovon sein Herz beherrscht wird, und gibt uns eine Gelegenheit, unserem Kind erkennen zu helfen, was in seinem Herzen ist. Es ist eine Gelegenheit, die uns unser gnädiger Heiland schenkt. Dabei sind wir jedes Mal Teil des Werkes Gottes an unseren Kindern. Wir geben dem Geist Gottes die Möglichkeit, dem Kind Selbsterkenntnis zu vermitteln, welche sensibel für Sünde macht, persönliche Überführung bewirkt und den Wunsch nach Veränderung erzeugt. Wir sollten in solchen Augenblicken Fragen stellen, Geschichten erzählen, Dinge veranschaulichen – alles, was das Kind dazu bringt, innezuhalten, sich nicht mehr selbst zu verteidigen und prüfend in sein eigenes Herz zu blicken.

Diese Augenblicke sind nicht so sehr »gesetzliche« Augenblicke, bei denen es in erster Linie um Regeln und die jeweiligen Strafen geht. Nein, es geht darum, wie der Gott der Liebe sie nutzt, um unseren Kindern zu helfen: sich selbst zu *er*kennen, das Erkannte zu *be*kennen und sich nach Gottes Hilfe auszustrecken. Diese Augenblicke des »Gesetzes« sind also in Wahrheit Augenblicke der Gnade. Wenn wir das verstanden haben, dann verändert das unseren Umgang mit unseren Kindern. Dann *drohen* wir unseren Kindern nicht: »Ihr wollt nicht wissen, was ich mache, wenn ich heute noch einen Streit zwischen euch abbrechen muss!« Dann *manipulieren* wir unsere Kinder nicht: »Wenn du die ganze nächste Woche lieb zu deinen Schwestern bist, kaufe ich dir das Spielzeug, das du dir gewünscht hast.«

Dann werden wir unseren Kindern auch keine *Schuld einreden*: »Ich erinnere mich noch an die Zeit, als alles noch einfach war. Jetzt ist wegen deines Benehmens alles so kompliziert geworden.« Drohung, Manipulation und Schuldzuweisungen sind Mittel, die Eltern gebrauchen, um eine Verhaltensänderung bei ihren Kindern zu bewirken – doch ohne sich mit ihren Herzen zu beschäftigen.

An dieser Stelle erweist sich das Evangelium Jesu Christi – von dem wir behaupten, dass wir daran glauben – in Bezug auf unsere Kindererziehung als hilfreich. Denken wir nur an die strahlende Verheißung des Werkes unseres Heilands, deren Erfüllung zu jenem Zeitpunkt noch ausstand:

> *»Und ich werde euch ein neues Herz geben und einen neuen Geist in euer Inneres geben; und ich werde das steinerne Herz aus eurem Fleisch wegnehmen und euch ein fleischernes Herz geben« (Hesekiel 36,26).*

Der Herr Jesus kam, um uns und unseren Kindern das zu geben, was wir alle so dringend benötigen: ein neues Herz. Also geht es bei dem Leben, dem Tod und der Auferstehung Jesu nicht zuerst um neues *Verhalten*, sondern um ein erneuertes *Herz*. Denn wenn unsere Herzen nicht erneuert werden, wird sich auch unser Verhalten nicht ändern.

Nun, was bedeutet das, »ein neues Herz«? Es bedeutet *nicht*: ein vollkommenes Herz. Denken wir an das Bild, an den Unterschied zwischen Stein und Fleisch. Wie schon gesagt: Wenn ich einen Stein in meiner Hand habe und diesen Stein mit all meiner Kraft zusammenpresse, was, meinen Sie, wird wohl passieren? Nun, die einzig logische Antwort ist: Nichts! Der Stein ist hart, deshalb widersteht er der Veränderung. Fleisch dagegen ist weich und deshalb form- und veränderbar. Jesus kam, damit unsere Herzen neu würden und erneuerbar blieben. Er kam, damit unsere Herzen verändert würden und veränderbar blieben. Und das möchte er auch für unsere Kinder. Deswegen möchte er uns die Herzen unserer Kinder offenbar machen, damit wir Werkzeuge seines Werkes der Veränderung sein können. Warum befindet sich diese Weissagung über Jesus im Alten Testament? Damit wir daran denken, dass dauerhafte Herzensveränderung nur durch seine rettende, vergebende, verändernde und erlösende Gnade möglich ist. Ohne diese Gnade sind unsere Kinder dazu verurteilt, mit den steinernen Herzen zu leben, mit denen sie geboren wurden. Und *wir* sind ohne diese Gnade dazu gezwungen, ihre Erziehung ohne wirkliche Hoffnung auf dauerhafte Veränderung auszuüben.

Aber Gott hat uns nicht ohne die Hilfe seiner Gnade gelassen. Er hat seinen Sohn gesandt, damit es für uns Eltern praktisch möglich wird, Werkzeuge zu einer echten und dauerhaften Herzensveränderung unserer Kinder sein zu können. Wenn wir das verstanden haben, dann verstehen wir auch, dass Erziehungsmaßnahmen und Korrektur zugleich gottgegebene Möglichkeiten sind, um an das Herz unserer Kinder heranzukommen. Unsere Kinder brauchen unsere Autorität, aber sie brauchen auch Einsicht. Denn Einsicht führt zu Bekenntnis, und Bekenntnis führt zu neuem Leben. Alle drei Dinge sind Gnade von Gott.

Ich möchte noch eine weitere Anmerkung machen: Zu verstehen, was die Bibel über das Herz sagt, offenbart gleichzeitig die Schwäche und Unzulänglichkeit dessen, was ich als *»Kloster-Erziehung«* bezeichne. Denken wir einen Moment darüber nach, welches Denken zu der Errichtung mittelalterlicher Klöster geführt hat. Der Gedanke war: »Dort draußen ist eine böse Welt, und um diesem Bösen zu entfliehen, erschaffen wir eine Gemeinschaft, die hinter dicken Mauern lebt, sodass die dahinter lebenden Menschen vom Bösen der sie umgebenen Welt getrennt werden.« Das Problem ist nur, dass mehr oder weniger alle in den Klöstern lebenden Menschen mit ebenjenen Dingen zu kämpfen hatten, denen sie zu entfliehen suchten. Doch was war der große Irrtum der Klosteridee? Das will ich Ihnen sagen: In den Klöstern waren Menschen! Und diese Menschen brachten all das Böse ihrer eigenen Herzen mit in die Klöster. Das eigentliche Problem ist also nicht die Gesellschaft, sondern der Mensch. *Menschen* machen eine Gesellschaft moralisch falsch und gefährlich.

Viele gläubige Eltern meinen aber, das Wichtigste, was sie tun müssten, um Gott wohlgefällige Kinder hervorzubringen, sei, ihre Kinder vor dem Bösen der sie umgebenden Gesellschaft zu schützen. Sollten unsere Kinder allem, was unsere Gesellschaft anzubieten hat, ausgesetzt werden? Die Antwort ist klar: Auf keinen Fall! Brauchen Kinder beständig den weisen Schutz ihrer Eltern? Auf jeden Fall! Aber Gott hat uns nicht dazu aufgerufen, ein Familienkloster zu erschaffen. »Kloster-Erziehung« wird unsere Kinder nicht vor moralischen Gefahren schützen. Warum nicht? Die Antwort darauf finden wir in der Bibel. Dort lesen wir immer wieder, dass sich die größte Gefahr für uns und unsere Kinder *in* uns und nicht *außerhalb* von uns befindet. Die Sünde, Ungerechtigkeit und Übertretung in unseren Herzen und in den Herzen unserer Kinder ist die größte moralische Gefahr für uns. Deshalb benötigen wir alle die Gnade eines neuen Herzens. Deshalb ist beschützende (»Kloster«-)Erziehung auch unzureichend. Wir können keine Schutzmauern errichten, die unsere Kinder vor der Gefahr in ihrem eigenen Herzen beschützen. Natürlich müssen wir unsere Kinder beschützen. Wir müssen das tun, weil wir in einer gefallenen Welt leben. Aber wir müssen uns auch darüber im Klaren sein, dass das nur ein kleiner Teil der Arbeit ist, zu der Gott uns berufen hat.

Wenn das Herz das eigentliche Problem ist, was ist dann mit dem Herzen nicht in Ordnung?

Die Bibel spricht ziemlich deutlich von einer Störung in den Herzen aller Kinder. Und wenn wir verstehen, was die Bibel darüber sagt, wird es verändern, wie wir über die Erziehung jener denken, die Gott unserer Fürsorge anvertraut hat. Schauen wir nun noch einmal in das Buch der Sprüche, um zu verstehen, was mit den Herzen unserer Kinder falsch ist:

»Narrheit ist gekettet an das Herz des Knaben; die Rute der Zucht wird sie davon entfernen« (Sprüche 22,15).

Mit dieser Narrheit (Torheit) müssen wir uns als Eltern täglich beschäftigen – bewusst oder unbewusst. Torheit bringt unser Kind auf den Gedanken, es besser zu wissen als wir. Torheit bringt unser Kind dazu, gegen unsere Autorität zu rebellieren. Torheit bewirkt, dass sich Geschwister ständig streiten. Torheit macht einen Teenager glauben, der Weg der Welt sei besser als der Weg Gottes. Torheit bringt ein Kind dazu, Aufgaben lieber aus dem Weg zu gehen, als sie in Treue auszuführen. Torheit sagt einem Kind, materielle Dinge seien wichtiger als geistliche. Torheit ist das, was unsere Arbeit als Eltern so wichtig und zugleich so schwer macht.

Es klingt vielleicht lieblos, ist aber biblisch: Unsere Kinder, die wir erziehen, sind Toren. Es ist unerlässlich, zu verstehen, dass ebendiese Torheit eine der größten Gefahren darstellt, denen unsere Kinder ausgesetzt sind. Diese Torheit ist eine Gefahr, der unsere Kinder nicht entkommen können, denn sie wohnt in ihren Herzen. Toren brauchen Hilfe. Toren brauchen Rettung. Toren müssen die Gefahr erkennen, die sie für sich selbst darstellen. Toren bedürfen der Veränderung.

Vielleicht fragen Sie sich jetzt: »Was ist denn überhaupt Torheit?« Der Tor lebt in einer verdrehten Welt. Der Tor sieht Torheit und hält sie für Weisheit. Der Tor sieht das Gute und hält es für das Böse. Der Tor sieht das Falsche und hält es für das Richtige. Der Tor hasst es, wenn andere über ihn herrschen. Der Tor hasst es, sich innerhalb gewisser Grenzen aufzuhalten. Der Tor möchte seine eigenen Wege gehen. Der Tor meint, dass ihm andere im Weg stehen. Der Tor meint, nichts lernen zu müssen. Der Tor meint, immer recht zu haben. Der Tor lebt für das, was vergänglich, und nicht für das, was ewig ist. Der Tor hält sich für das Zentrum aller Dinge und möchte, dass sich alles um ihn dreht. Der Tor verlangt, bedient zu werden, und hasst es, anderen zu dienen. Der Tor streitet mit Weisen und hört auf Toren. Der Tor denkt komplett falsch, ist aber davon überzeugt, immer richtig zu liegen. Der Tor befindet sich auf einem gefahrvollen und zerstörerischen Weg, meint aber, ein gutes Leben zu haben. Die Aussage aus dem Buch der Sprüche ist tragisch, sie bricht uns das Herz. Unsere Kinder haben das Herz eines Toren, und deshalb sind sie eine Gefahr für sich selbst. Sie benötigen dringend die Errettung durch die Arme Gottes, in die sie unsere elterliche Fürsorge leiten soll.

Ohne die Worte aus Psalm 53 allerdings können wir weder die eigentliche Gefahr noch den Ursprung der Torheit, die sich im Herzen jedes Kindes befindet, wirklich verstehen:

> *»Der Tor spricht in seinem Herzen: Es ist kein Gott!*
> *Sie haben Böses getan und haben abscheulich das Unrecht verübt;*
> *da ist keiner, der Gutes tut.*
> *Gott hat vom Himmel herniedergeschaut auf die Menschenkinder,*
> *um zu sehen, ob ein Verständiger da sei,*
> *einer, der Gott suche.*
> *Alle sind abgewichen,*
> *sie sind allesamt verdorben;*
> *da ist keiner, der Gutes tut,*
> *auch nicht einer« (Psalm 53,2-4).*

Das Zentrum der Torheit, das sich im Herzen eines jeden Kindes befindet, ist zutiefst theologischer Natur. Die Auseinandersetzungen bezüglich Essen, Schlafengehen, Hausarbeit, das Streiten der Geschwister untereinander, die Kämpfe um Besitztümer, Kleidung und Verabredungen – das alles sind *theologische* Kämpfe. Im Zentrum der Torheit der Kinder, die Sie zu erziehen berufen sind, steht die Leugnung Gottes. Ich denke nicht, dass dieser Bibelabschnitt von dem formalen, philosophischen Atheismus spricht (obwohl er sicherlich eingeschlossen ist). Dieser Bibeltext spricht ganz praktisch von der Neigung unserer Kinder, so zu leben, als gäbe es Gott nicht. Dieses Leugnen Gottes zeigt sich, indem unsere Kinder ein Leben führen ohne das Bewusstsein, seine Autorität, Weisheit, Kraft und

Gnade zu benötigen. Es führt dazu, dass sie sich selbst zum Mittelpunkt machen. Es heißt, dass unsere Kinder ihr Glück zur wichtigsten Sache des Universums zu machen versuchen. Es bedeutet, Gott das Recht zur Herrschaft abzusprechen und seine weisen Regeln abzulehnen. Jemand, der Gott auf diese Weise ablehnt, wird auch die Autoritäten nicht wertschätzen, die Gott in sein Leben gestellt hat. So jemand wird sich auch nicht an die Grenzen halten wollen, die Gott und jene Autoritäten um ihn herum gesetzt haben. Das führt dazu, dass das Falsche für ihn attraktiv wird und er Dinge tut, die er nicht tun sollte. Deshalb, weil diese Torheit im Herzen eines jeden Kindes ist, schreibt der Psalmist: »Da ist keiner, der Gutes tut, auch nicht einer« (Vers 4). Es ist wichtig, sich bewusst zu machen, dass ein Mensch sehr wohl bekennen kann, er glaube an Gott, und doch ganz praktisch Gottes Existenz verleugnen kann, und zwar durch die Art und Weise, wie er lebt.

Liebe Eltern: Es ist viel natürlicher für unsere Kinder, die Existenz Gottes zu *leugnen*, als diese demütig *anzuerkennen* und sich Gottes heiligen Forderungen für ihr Leben unterzuordnen. Es ist viel natürlicher für unsere Kinder, ihr Glück darin zu suchen, *selbst* den Platz Gottes einzunehmen, als sich bereitwillig und freudig dem *Einen* unterzuordnen, der in Wahrheit Gott ist. Da verwundert es nicht, dass sie sich der elterlichen Autorität widersetzen. Es verwundert nicht, dass Kinder mit ihren Eltern diskutieren, obwohl diese es ganz offensichtlich besser wissen. Es verwundert nicht, dass sie sich andauernd untereinander streiten. Es verwundert nicht, dass sie anspruchsvoll, fordernd, schnell gelangweilt und oft undankbar sind. Es verwundert nicht, dass Eltern am Ende des Tages erschöpft sind. Es verwundert nicht, dass Eltern durch diesen ganzen Prozess entmutigt werden. Die Sünde macht alle unsere Kinder – und auch uns! – zu Toren. Sie bringt unsere Kinder dazu, so zu leben, als gäbe es keinen Gott, sodass sie vom Falschen angezogen werden und sich weigern, das Rechte zu tun, wenn wir sie dazu auffordern. Damit ergibt sich eine einfache, aber traurige Gleichung: Ein Mensch, der sich Gott nicht unterordnen will, wird seinen eigenen Weg gehen!

Dies beschreibt den Kampf unserer Kinder und zugleich unsere elterliche Aufgabe.

Wie erzieht man einen Toren?

Zuerst einmal müssen wir festhalten, dass das, was wir hier betrachten, deutlich macht, dass es grundsätzlich *nicht* ausreicht, christliche Erziehung auf das klare Aufstellen und konsequente Durchsetzen von Regeln und Vorschriften zu reduzieren. Regeln stellen einen großen Schutz für unsere Kinder dar. Doch keine dieser Regeln besitzt die Kraft, unsere Kinder von ihrer Torheit zu befreien. Alle gläubigen Eltern müssen folgenden geistlichen (scheinbaren) Widerspruch verstehen: Die einzige Hoffnung für einen Toren ist der Gott, den jeder Tor auf gewisse Weise leugnet. Die einzige Hoffnung für einen Toren ist Gottes wunderbare, rettende, vergebende, verändernde und erlösende Gnade. Das bedeutet: Wir sind als Eltern nicht nur zu Repräsentanten der *heiligen Autorität* Gottes berufen, sondern auch zu Repräsentanten seiner *erlösenden Gnade*.

Das Problem ist nur Folgendes: Wir neigen alle dazu, besser im Durchsetzen eines Gesetzes zu sein als im Gewähren von Gnade. Wie können wir also zu Personen werden, die im Leben unserer Kinder die unsichtbare Gnade Gottes sichtbar machen? Ich möchte diese Frage anhand von vier Punkten beantworten. Halten Sie sich diese vier Punkte an jedem Tag vor Augen, denn sie stehen für Rettung und Heil eines Toren:

1. *Herrlichkeit*
   Die einzige Lösung für das Problem, dass unsere Kinder nach ihrer eigenen Herrlichkeit streben, ist, sie mit einer *größeren* Herrlichkeit bekannt zu machen. Der Mensch ist dazu gemacht, in Ehrfurcht gegenüber der Existenz und der Herrlichkeit Gottes sein Leben zu führen. Denn sonst leben wir nicht so, wie wir leben sollten. Unsere Aufgabe als Eltern besteht darin, unseren

Kindern die Augen für die überwältigende Herrlichkeit Gottes zu öffnen, sodass sie von ihr so beeindruckt werden, dass sie sich freudig der Herrschaft Gottes unterordnen.

Nun, Gott hat uns dabei geholfen, indem er eine Welt erschaffen hat, die seine Herrlichkeit widerspiegelt, wohin das Auge sieht. Gott hat diese Welt mit Absicht so konzipiert, dass sie ihn offenbart, weil er weiß, wie leicht es für uns Menschen sein kann, blind für seine Existenz zu werden. Es ist also keineswegs unnatürlich, ständig über Gott zu reden, denn seine Existenz ist ja überall sichtbar. Wie kann jemand ein Ei kochen, die Sonne aufgehen sehen, den niederprasselnden Regen hören, dem Lied eines Vogels lauschen, das Brutzeln eines Steaks vernehmen, dem rieselnden Schnee zuschauen, das Verfärben der Blätter wahrnehmen, an einem Strand stehen und über den scheinbar endlosen Ozean blicken, die Vielzahl verschieden klingender Menschenstimmen hören und seinen Kindern *nicht* von der Herrlichkeit Gottes erzählen? Jeden Tag möchte Gott uns Gelegenheiten schenken, um unseren Kindern dabei sehen zu helfen, was sie so dringend sehen müssen.

Ergreifen Sie diese herrlichen Augenblicke, um Ihre Kinder von ihrer Torheit zu befreien?

2. *Weisheit*

Dass ein Tor Weisheit braucht, ist ziemlich offensichtlich. Deshalb müssen wir als Eltern eines Toren nach Situationen Ausschau halten, in denen Weisheit vermittelt werden kann. Gott möchte uns täglich Gelegenheiten schenken, um darauf zu verweisen, wie wunderschön, fürsorglich, praktisch, hilfreich und gut Gottes Weisheit wirklich ist. Denken wir einmal darüber nach: Wer von uns möchte nicht in einer Welt leben, in der alle Menschen freundlich, liebenswürdig, demütig, geduldig, freigebig und dienend sind? Wer von uns möchte nicht in einer Welt leben, in der niemand andere Menschen bestiehlt, in der niemand dem anderen seine Frau wegnimmt, in der niemand Gewalt anwendet und niemand ermordet wird, in der niemand jemals eifersüchtig oder neidisch ist, in der es keine korrupten Regierungen gibt und in der die Menschen immer ehrlich sind? Ich habe gerade die Welt beschrieben, die uns Gott in seiner Weisheit geben möchte.

Es ist wichtig zu begreifen, dass wir uns, da unsere Kinder ja nicht mit einem Hunger nach der Weisheit Gottes auf diese Welt kommen, als Eltern dazu verpflichten müssen, »Weisheits-Verkäufer« zu sein. Wir müssen uns täglich dazu verpflichten, unseren Kindern zu verkaufen, wonach sie gar nicht suchen. Das tun wir, indem wir ihnen vor Augen malen, wie wunderschön die Weisheit ist. Seien wir deshalb nicht verärgert, wenn wir unsere Kinder maßregeln müssen. Der Gott der Gnade gibt uns damit nämlich eine weitere Gelegenheit, an der Rettung unserer Kinder mitzuarbeiten. Deshalb sollten wir geduldig diese Augenblicke ergreifen, doch nicht nur, um Regeln durchsetzen, sondern auch, um darüber zu reden, wie großartig der weise Weg Gottes ist.

3. *Geschichte*

Lasst uns unseren Kindern auch immer wieder die Geschichte von der Person Jesu Christi und seinem Werk erzählen. Erzählen wir ihnen davon, dass Gott uns alle zu unserer Torheit und zu deren Folgen hätte verdammen können. Erzählen wir ihnen, dass Gott stattdessen seinen Sohn auf diese Erde gesandt hat, damit wir nicht verdammt werden, sondern damit er uns vergeben und von uns selbst befreien kann. Diese Geschichte können wir unseren Kindern gar nicht oft genug erzählen. Erzählen wir unseren Kindern davon, wie Gott seine Macht benutzt hat, um die Weltgeschichte so zu lenken, dass Jesus genau zur rechten Zeit auf diese Erde kam und sich mit seiner aufopfernden Liebe zu Toren ausgestreckt hat, die seine Existenz nicht einmal anerkennen. Erzählen wir ihnen davon, dass die Weisheit erschienen ist, um Toren zu befreien, damit Toren weise werden. Beginnen wir mit dem Erzählen dieser Geschichte, wenn unsere Kinder noch klein sind, und hören wir nicht eher auf, als bis sie ihr Elternhaus als junge Erwachsene verlassen.

4. *Einladung*
   Sagen wir unseren Kindern schließlich auch, dass Gott sich hier und jetzt nach ihnen ausstreckt, sie einlädt, ihre Torheit zu bekennen, seine Vergebung zu suchen und seine ewige Hilfe anzunehmen. Erzählen wir unseren Kindern davon, dass Jesus ein vollkommen gerechtes Leben geführt hat, sodass ungerechte Menschen von einem vollkommen heiligen Gott mit offenen Armen willkommen geheißen werden können. Erzählen wir unseren Kindern, dass Jesus sich von ihnen, wenn er sich mit seiner vergebenden Gnade nach ihnen ausgestreckt hat, nie wieder abwenden wird, egal wie töricht sie sich auch verhalten mögen. Schreien wir unsere Kinder nicht an. Führen wir sie zu einem Bekenntnis. Seien wir ein sichtbarer Repräsentant der geduldigen und vergebenden Einladung, mit der Gott sich nach all jenen ausstreckt, die zu ihm kommen.

Erziehung bedeutet, *Herzen* zu erziehen. Herzen zu erziehen, bedeutet, die Torheit zu erkennen und sich mit der Torheit zu beschäftigen, die im Herzen unserer Kinder ist. Es konfrontiert uns erneut damit, dass unsere Kinder nicht nur das *Gesetz* Gottes benötigen, sondern auch mit einem tiefen Bedürfnis nach der *Gnade* Gottes geboren worden sind. Wir sind dazu berufen, Werkzeuge dieser Gnade in den Herzen und im Leben unserer Kinder zu sein.

Doch es gibt noch etwas, das gesagt werden sollte: Wenn wir im Leben unserer Kinder Gottes Werkzeuge der Herzensbefreiung und Herzensveränderung sein wollen, dann müssen wir auch demütig dazu bereit sein, bei unseren eigenen Herzen zu beginnen. Unser eigenes Herz bewirkt nämlich eher, dass wir Gottes Werk im Wege stehen, als dass wir mitarbeiten. Angenommen, es ist 22:30 Uhr, und die Kinder, die Sie um 21:00 Uhr ins Bett gebracht haben, toben noch immer in ihren Betten herum. Also gehen Sie den Flur hinunter, wobei Ihre Schritte deutlich zu hören sind. Dabei werden Sie vermutlich nicht Gott für diese großartige Gelegenheit danken. Wahrscheinlicher ist, dass Ihnen etwa Folgendes durch den Kopf geht:

»Die mache ich fertig!« Sie stehen kurz davor, das Zimmer Ihrer Kinder zu betreten und in Ihrem Zorn Dinge zu tun und zu sagen, die Sie besser lassen sollten. Denken Sie einmal nach: Warum sind Sie eigentlich zornig? Ich nehme an, dass es nicht deswegen ist, weil Ihre Kinder *Gottes* Gesetz gebrochen haben. Das wäre der Zorn der Weisheit, der Erziehung und der Gnade. Nein, Sie sind zornig, weil Ihre Kinder *Ihr* Gesetz gebrochen haben. Und *Ihrem* Gesetzessystem zufolge endet Ihre Erziehung um 21:00 Uhr.

Vermutlich werde ich jetzt Ihre Gefühle verletzen, aber: Wenn wir explodieren und unsere Kinder in der Luft zerreißen, dann reagieren wir selbst wie Toren. Ein Tor macht aus Augenblicken des Dienstes Augenblicke des Zornes. Ein Tor nimmt persönlich, was nicht persönlich gemeint ist. In solchen Augenblicken zeigt sich ein Tor durch seine Reaktion feindlich. Ein Tor gibt sich mit schnellen Lösungen zufrieden – Lösungen, die nicht zum Kern der Sache vordringen. Leider muss ich bekennen, dass auch ich mich gegenüber meinen Kindern viele Male wie ein Tor verhalten habe. Um an die Torheit heranzukommen, die sich im Herzen all unserer Kinder befindet, müssen wir uns zunächst eingestehen, selbst Toren zu sein. Denn nicht allein unsere Kinder bedürfen der Befreiung. Nicht allein unsere Kinder vergessen Gott und tun törichte Dinge. Nicht allein unsere Kinder wollen ihren Willen durchsetzen. Nicht allein unsere Kinder wollen, dass sich alles um sie dreht. *Auch wir* tun all diese Dinge. Deshalb ist unser tägliches Bedürfnis nach der Errettung von dieser bösen Neigung und nach der Vergebung Gottes ebenso groß wie das unserer Kinder.

Das Geheimnis des Wirken Gottes liegt darin, Toren mit der Aufgabe zu betrauen, Toren zu befreien. Deswegen bedarf es der Gnade, um ein Werkzeug der errettenden Gnade Gottes zu sein. Liebe Eltern, je mehr wir bereit sind, unsere eigene Torheit zu bekennen – die in uns ein Bedürfnis nach der Gnade Gottes hervorruft –, umso mehr werden wir bereit sein, uns in Gnade nach den törichten Herzen der Kinder auszustrecken, die Gott unserer Fürsorge anvertraut hat. Doch vergessen wir nicht: Aufgrund des Werkes, das Jesus Christus für uns vollbracht hat, können wir diese Gnade *hier und jetzt* ergreifen.

Kapitel 10

Charakter

Grundsatz:
Nicht alles falsche Handeln unserer Kinder
ist direkte Rebellion gegen Autorität.
Vieles von dem Falschen hat charakterliche Ursachen.

Ich möchte Ihnen eine Szene beschreiben: Es ist Dienstag, später Nachmittag. Die Smiths leben in einem Haus mit offener Wohnküche, Küche und Wohnbereich bilden also ein großes Ganzes. Mutter Smith ist in der Küche und ist völlig nervös und hektisch, denn in ungefähr einer Stunde kommt eine sechsköpfige Familie zum Essen, und sie ist noch nicht annähernd mit ihren Vorbereitungen fertig. Im Wohnzimmer, also in Sichtweite der Mutter, sind ihre drei Kinder, die sieben, neun und elf Jahre alt sind. Sie spielen miteinander. Nun, was, meinen Sie, ist an dieser Szene falsch?

Ich nehme an, dass viele von Ihnen antworten werden: »Nichts! Denn oft, wenn ich stark mit Arbeit beschäftigt war, dann hat der Herr Jesus unserer Familie Gnade geschenkt und meine Kinder haben friedlich miteinander gespielt!« Aber bei näherer Betrachtung wird anhand dieser Szene ein sehr wichtiger *charakterlicher* Mangel im Leben dieser Kinder deutlich.

Jedes dieser Kinder ist alt genug, um verstehen zu können, dass seine Mutter in Schwierigkeiten steckt. Jedes dieser Kinder hat ein Gespür für die Gefühle seiner Mutter. Jedes dieser Kinder dürfte verstehen, dass seine Mutter Hilfe braucht. Jedes dieser Kinder ist im Besitz der nötigen Fähigkeiten, um ihr zu helfen, damit dieser Mutter etwas Druck genommen wird. Aber keines dieser Kinder bietet ihr Hilfe an, weil es ihnen nämlich egal ist. Es ist ihnen egal, dass ihre Mutter nervös und entmutigt ist. Es ist ihnen egal, dass es sie verletzt, dass sie ihr ihre Hilfe nicht anbieten. Es ist ihnen egal, dass ihre Mutter dadurch möglicherweise vor ihren Freunden in Verlegenheit gebracht werden wird. Es ist ihnen einfach egal.

Möchten Sie so jemanden zum Freund haben? Möchten Sie eine derart gleichgültige Person zum Ehepartner haben? Möchten Sie eine so gefühllose Person zum Nachbarn oder zum Chef haben? Das Handeln dieser Kinder, das aus ihrem Herzen kommt, das Gott hier in seiner Gnade offenbart, ist nicht in Ordnung. Es sollte auch für uns nicht in Ordnung sein. Was hier offenbar wird, ist die Ursache vieler Verletzungen, seelischer Qualen, Störungen und Konflikte innerhalb der menschlichen Gesellschaft. Daher reicht es nicht aus, dass wir lediglich auf den direkten Ungehorsam unserer Kinder abzielen. Als Eltern müssen wir immer auch ein Auge auf den *Charakter* unserer Kinder werfen.

In der von mir beschriebenen Situation haben die Kinder nicht gegen eine Regel verstoßen. Sie sind nicht einer Aufforderung ihrer Mutter gegenüber ungehorsam gewesen. Sie haben sich nicht geweigert, das zu tun, was ihnen gesagt wurde. Und doch ist das, was sie tun, in Gottes Augen falsch. Deshalb sollten auch wir es als falsch ansehen. Das Problem dieser Kinder ist nicht, dass sie sich miteinander abgesprochen haben, gegen ihre Mutter zu rebellieren. Ihr Problem ist, dass es ihnen an Charakter mangelt, und deshalb haben sie nicht getan, was recht, gut, liebenswürdig und freundlich gewesen wäre. Wir werden eine gottgegebene Gelegenheit nach der anderen versäumen, wenn wir nicht verstehen, dass *nicht alles* Falsche, was unsere Kinder tun, aus direkter Rebellion gegen Autorität geschieht. Vieles von dem Falschen, das unsere Kinder tun, hat charakterliche Ursachen.

Es reicht nicht aus, nur zu betonen, wie gut Unterordnung unter Autorität ist. Wir müssen auch die Notwendigkeit der Charakterentwicklung betonen. In beiden Fällen helfen wir unseren Kindern zu erkennen, welch ein Schaden durch die Sünde in ihrem und unserem Herzen angerichtet wird. Doch das bedeutet nicht, dass die Mutter nun ins Wohnzimmer marschiert, sich vor ihnen aufbaut und ihre Kinder anschreit. Was ich hiermit sagen will, ist Folgendes: Wenn Sie ein Charakterproblem angehen wollten, dann sollten Sie das nicht mit einem Charakterproblem tun, denn dann werden Sie nicht erreichen, was Gott durch Sie in den Herzen Ihrer Kinder erreichen möchte.

Ein angemessener Umgang mit derartigen Situationen beginnt niemals mit einer Standpauke, sondern immer mit einem Bekenntnis. Bevor wir mit unseren Kindern reden, müssen wir zuerst zu uns selbst und mit unserem Herrn sprechen. Wir müssen bekennen, dass nicht nur unsere Kinder charakterliche Probleme haben, sondern *auch wir*. Denn genau das ist der Grund dafür, warum wir in Situationen, in denen uns Gott dazu aufruft, unseren Kindern Gnade zu erweisen, versucht sind, ärgerlich zu werden. Es ist der Grund, warum wir versucht sind, unsere Kinder mit Worten zu schlagen, wo wir doch dazu aufgerufen sind, sie mit Weisheit zu segnen. Es ist der Grund, warum wir versucht sind, unsere Kinder durch Schuldzuweisung anzutreiben, anstatt in ihnen die Ermutigung des Evangeliums zu entfachen. Es ist der Grund, warum wir Dinge persönlich nehmen, die überhaupt nicht persönlich gemeint sind, und das Ganze auf uns beziehen. Es ist der Grund, warum es Augenblicke gibt, in denen wir den Flur zum Zimmer eines unserer Kinder hinuntergehen und uns allen Ernstes darüber ärgern, dass eines unserer Kinder in diesem Augenblick die Unverschämtheit besitzt, unsere Erziehung zu benötigen!

Vieles von unseren elterlichen Problemen liegt darin begründet, dass Gott noch immer mit dem Eifer der verändernden Gnade daran arbeitet, in unseren Herzen neuen Charakter zu formen. Ohne diese Gnade wären wir der Kälte unseres Herzens ausgeliefert und den Störungen, die diese in jedem Bereich unseres Lebens erzeugt. Wir sollten bekennen, dass wir, was Charakterprobleme anbelangt, unseren

Kindern weit mehr ähneln, als dass wir uns von ihnen unterscheiden. Denn dann sind wir in Situationen, in denen es um charakterliche Probleme geht, geduldiger, freundlicher und gnädiger. Ein solches Bekenntnis schützt uns davor, in diesen Augenblicken Grund zum Zorn zu sehen, sondern zeigt uns, was sie in Wahrheit sind: Augenblicke der *Gnade*. Gott hat jede Einzelheit der betreffenden Situation vorbereitet, um uns die Herzen unserer Kinder zu offenbaren. Er hat uns den jeweiligen Augenblick geschenkt, um uns erneut daran zu erinnern, dass das Herz unseres Kindes nicht in der Weise funktioniert, wie er es beabsichtigt hat. Er tut das, weil er unser Kind liebt und möchte, dass wir Werkzeuge zur Einsicht, zum Bekenntnis und zur Veränderung im Herzen unserer Kinder sind.

Wenn wir anfangen, so über diese Dinge zu denken, anstatt uns darüber zu ärgern, dass wir uns immer wieder damit beschäftigen müssen, dann werden wir von dem Ausmaß und dem Eifer der Gnade Gottes überwältigt werden. Warum liebt Gott unsere Kinder so sehr? Warum hat er so viel Interesse an dem, was in den einzelnen Herzen ist? Warum gebraucht er so konkret seine souveräne Macht und stellt sicher, dass die Charakterprobleme im Herzen unserer Kinder auf eine derart deutliche Weise offenbar gemacht werden? Ja, Gott hat Interesse daran. Er leitet unsere Familie – aber nicht so, dass es immer angenehm ist, sondern um etwas Besseres zu schaffen und zu festigen. Weil Gott ein Gott unermesslicher Gnade und grenzenloser Liebe ist, schenkt er uns bei unseren Kindern immer wieder Gelegenheiten zur Charakterformung.

Erkennen wir diese Gelegenheiten und gehen sie dann in geduldiger Weisheit und aufbauender Gnade an?

Ein verblüffender Zusammenhang

Die Bibel zieht eine Verbindung zu der Ursache von Charakterproblemen, die diese in der Erziehung weitaus wichtiger erscheinen lässt, als wir vielleicht meinen würden. Charakterprobleme sind viel mehr als zwischenmenschliche Unannehmlichkeiten, situationsbedingter Ärger oder harmonische Störungen. Diese Probleme haben etwas zutiefst Moralisches und Theologisches – doch das wird nur derjenige verstehen, der die Bibel ernst nimmt. Warum sind denn alle unsere Kinder – und auch wir Eltern – häufig ungeduldig, unfreundlich, anstrengend, nörgelnd? Warum kämpfen unsere Kinder miteinander, sagen unfreundliche Dinge und zeigen so wenig Liebe? Warum möchten sie die Ersten sein und im Mittelpunkt stehen? Warum fällt es ihnen leichter, sich bedienen zu lassen, als anderen zu dienen? Warum halten sie nach Möglichkeiten Ausschau, nicht mithelfen zu müssen, Schuld auf andere abzuwälzen, und warum meinen sie, mehr zu wissen, als sie in Wirklichkeit tun? Warum widersprechen sie um des Widersprechens willen, sind ehrgeiziger als nötig und haben das Gefühl, immer den Kürzeren zu ziehen? Warum verhalten sie sich nicht liebevoll gegenüber denen, von denen sie sagen, dass sie sie lieben? Warum mögen sie es nicht, anderen etwas abzugeben? Warum suchen sie nach Ausreden, anstatt zu bekennen? Warum?

Wenn wir nicht die Quelle dieser charakterlichen Probleme kennen, ist es schwierig, mit jenen Themen so umzugehen, dass es bei unseren Kindern zu Eingeständnis, Bekenntnis und Veränderung kommt. In diesem Zusammenhang erweist sich die Verbindung, die die Bibel zieht, als praktisch und genial zugleich. Als ich diese Verbindung erkannt habe, hat es für immer verändert, wie ich meine Kinder – und auch mich selbst – sehe und wie ich mit ihren Charakterproblemen umgehe.

Betrachten wir dazu Römer 1, denn hier wird dieser erstaunliche Zusammenhang deutlich. Die folgenden Bibelverse zeigen, was Sünde mit der Funktionsweise des Herzens jedes einzelnen Menschen tut. Hier werden uns die Herzen unserer Kinder beschrieben. Dort ist von Menschen die Rede …

> *»… die die Wahrheit Gottes mit der Lüge vertauscht und dem Geschöpf Verehrung und Dienst dargebracht haben anstatt dem Schöpfer, der gepriesen ist in Ewigkeit. Amen. […]*

Und weil sie es nicht für gut befanden, Gott in Erkenntnis zu haben, hat Gott sie hingegeben in einen verworfenen Sinn, zu tun, was sich nicht geziemt; erfüllt mit aller Ungerechtigkeit, Bosheit, Habsucht, Schlechtigkeit; voll von Neid, Mord, Streit, List, Tücke; Ohrenbläser, Verleumder, Gott Hassende, Gewalttäter, Hochmütige, Prahler, Erfinder böser Dinge, den Eltern Ungehorsame, Unverständige, Treulose, ohne natürliche Liebe, Unbarmherzige; die, obwohl sie Gottes gerechtes Urteil erkennen, dass die, die so etwas tun, des Todes würdig sind, es nicht allein ausüben, sondern auch Wohlgefallen an denen haben, die es tun« (Römer 1,25.28-32).

Vielleicht ist Ihnen beim Lesen aufgefallen, dass in diesen Versen Charaktereigenschaften mit der wichtigsten menschlichen Aufgabe verknüpft werden: *Anbetung*. Dieser Bibelabschnitt macht uns als Eltern deutlich, dass sich das Herz unserer Kinder immer unter der Herrschaft irgendeiner Person oder Sache befindet. Das, was das Herz unserer Kinder beherrscht, wird prägen und bestimmen, wie sie im täglichen Leben mit Situationen und Beziehungen umgehen werden. So führt uns dieser Bibelabschnitt ernst vor Augen, dass mit jedem neuen Tag ein Kampf um die Oberhoheit im Herzen unserer Kinder ausgefochten wird. Wird das Herz unserer Kinder durch die Liebe zum Schöpfer beherrscht (Anbetung) oder durch das Verlangen nach etwas vom Schöpfer Erschaffenen (Götzendienst)? Außerdem macht diese Bibelstelle deutlich, dass wir nur dann, wenn unser Herz von *Gott* beherrscht wird, so auf die Umstände und auf die Menschen in unserem Leben reagieren werden, wie *Gott* es möchte. Denken wir einmal darüber nach, wie uns das in der jeweiligen Situation – wie in der Szene, die ich am Anfang dieses Kapitels beschrieben habe – hilft zu verstehen, zu klären und einzugreifen.

Deshalb stellen wir zuerst einmal die Frage: Wovon wurden die Herzen der Kinder in der Szene an jenem Dienstag beherrscht? Die Antwort fällt nicht allzu schwer: von Vergnügung. Ist Vergnügung etwas Böses? Nein, das ist es nicht. Gott hat uns in eine Welt voller Freuden gestellt und uns mit der Fähigkeit erschaffen, diese auch zu genießen. Doch diese Freuden dürfen nicht unser Herz beherrschen. Denn wenn das Verlangen nach diesen Freuden unser Herz beherrscht, werden wir nicht angemessen auf die Situationen und die Menschen in unserem Leben reagieren. Weil die Kinder in jener Geschichte das bekamen, was sie wollten, war es ihnen egal, welche Probleme ihre Mutter hatte. Wenn Freuden unsere Herzen beherrschen, werden wir nicht das tun, wozu Gott uns berufen hat: die Menschen, die Gott in unser Leben gestellt hat, lieben und ihnen dienen.

Es ist nicht prinzipiell falsch, ein gewisses Maß an Kontrolle ausüben zu wollen. Doch wenn die Herzen unserer Kinder von Kontrolle beherrscht werden, werden sie unsere Autorität als Eltern bei jeder Gelegenheit bekämpfen. Es ist nicht falsch, dass unsere Kinder recht haben wollen. Doch wenn das Verlangen, recht haben zu wollen, ihre Herzen beherrscht, dann werden sie pausenlos streiten und diskutieren. Es ist nicht falsch, dass unsere Tochter akzeptiert werden möchte. Doch wenn ihr Herz beherrscht wird von dem Gedanken, von Menschen angenommen zu werden, dann wird sie versucht sein, Dinge zu tun, die sie nicht tun sollte, nur um akzeptiert zu werden. Es ist nicht falsch, dass sich unser Sohn an materiellen Besitztümern erfreut. Doch wenn das Verlangen, materielle Dinge zu besitzen, sein Herz bestimmt, wird er ständig unzufrieden sein und mehr wollen. Es ist nicht falsch, dass unsere Kinder ein gewisses Maß an Unabhängigkeit haben möchten. Doch wenn Unabhängigkeit ihre Herzen bestimmt, werden sie ihre Eltern jedes Mal bekämpfen, wenn diese ein gewisses Maß an elterlicher Kontrolle über sie auszuüben versuchen. Die charakterlichen Probleme im Leben unserer Kinder treten nicht nur zutage, weil sie *falsche* Dinge wollen, sondern auch, wenn sie von *guten* Dingen abhängig werden. Selbst das Verlangen nach guten Dingen wird zu etwas Schlechtem, wenn es zu einer beherrschenden Angelegenheit wird.

Die biblische Verknüpfung von Charaktereigenschaften und Anbetung ist äußerst hilfreich, wenn wir uns fragen, wie wir diese Themen einordnen und auf sie in Bezug auf unsere Kinder reagieren sollen. Wir müssen unsere elterliche Aufgabenstellung verstehen.

Unsere Kinder kennen die biblische Verknüpfung von Charakter und Anbetung nicht. Wenn jene Mutter in das Wohnzimmer gehen und eines ihrer Kinder fragen würde: »Warum hast du deiner Mutter nicht angeboten, ihr zu helfen? Du hast doch sicher gesehen, dass ich Hilfe brauchte«, dann würde das Kind nicht antworten: »Weil in meinem Herzen Götzendienst ist. Mein Herz wird nicht von Gott bestimmt, sondern vom Vergnügen. Deshalb haben wir uns nicht wirklich Gedanken über dich gemacht. Du weißt doch, Mama, dass fehlgeleitete Anbetung immer zu charakterlichen Problemen führt.« So etwas werden unsere Kinder nicht sagen, denn sie verstehen nicht, warum sie die Dinge tun, die sie tun. Liebe Eltern, darin besteht unsere Aufgabe. Es ist unsere gottgegebene Aufgabe, unseren Kindern die tiefen Geheimnisse des Universums zu offenbaren. Wir müssen ihnen diese Verbindungen klarmachen, die ihnen nicht nur eine gewisse Kenntnis vermitteln, sondern *lebensverändernd* sind. Unsere Kinder brauchen uns nicht nur, damit wir ihnen ihr Versagen aufzeigen, sie schuldig sprechen, Konsequenzen ankündigen und dann den Raum verlassen. Wenn es in der jeweiligen Situation keine Möglichkeit zu einem Gespräch gibt, dann sollten wir diese wichtige Verknüpfung zwischen Herz und Anbetung *auf jeden Fall* später ansprechen. Denn diese Augenblicke sind Augenblicke der Gnade. Gott offenbart uns, was unsere Kinder nicht sehen und nicht verstehen, damit wir ihnen diese Dinge aufzeigen und damit der Geist Gottes in ihren Herzen Unruhe auslösen, sie überführen und ein Bekenntnis bewirken kann.

Jedes Offenbarmachen der Herzen ist Gnade. Jedes Gespräch ist ein Segen. Wie wunderbar ist doch Gottes Liebe: Gott ist ein Augenblick in einer Familie in einem Haus irgendwo auf der Erde wichtig. Er bewirkt, dass ein Herz offenbart, Wahrheit ausgesprochen und Rettung angeboten wird. Selbst wenn er das nur *einmal* tun würde, wäre es bereits ein unfassbares Wunder der Gnade. Aber er tut dies alles *immer wieder*, und zwar täglich und in Millionen von Familien. Dass Gott an uns und unseren Kindern Interesse hat, ist zu wunderbar, um von unserem kleinen Menschenverstand vollkommen erfasst zu werden. Wenn wir wegen charakterlicher Mängel unserer Kinder in einer schwierigen Situation sind, dann ist das für uns keine Strafe, im Gegenteil: Uns wird Gnade zuteil. Denn Gott macht aus diesen Augenblicken des Versagens Augenblicke der Erlösung und fordert uns auf, an seinem gnädigen Befreiungsplan mitzuwirken.

Als die Teenagerin Sally von der Schule nach Hause kommt, sagt sie zu ihrer Mutter: »Alle aus meiner Klasse fahren am Wochenende zu diesem alten, verlassenen Zeltplatz, um dort abzuhängen und zu übernachten.« Ihre Mutter fragt: »Haben sie denn eine Erlaubnis, dort zu sein?« Sally sagt etwas ungeduldig: »Mama, das ist ein verlassener Zeltplatz. Es gibt dort niemanden, der einem eine Erlaubnis geben kann.« Ihre Mutter sagt: »Ist denn eine erwachsene Aufsichtsperson dabei?« Sally sagt: »Ach, komm schon, Mama, wir sind ein Haufen Jugendliche. Wir werden doch wohl auf einem alten Zeltplatz übernachten können. Was denkst du denn, was passieren könnte?« Ihre Mutter antwortet, so ruhig sie kann: »Sally, mir ist nicht wohl bei dem Gedanken, dass du übers Wochenende ohne Erlaubnis und ohne einen Erwachsenen irgendwo bist.« Sally erwidert: »Aber Mama, alle gehen dahin, ich wäre die Einzige, die nicht hingehen darf. Wie peinlich ist das denn!? Ich wünschte, du wärst nicht so eingefahren. Ich wünschte, du würdest mir mal vertrauen. Ich finde es unfassbar, dass ich morgen zur Schule gehen und meinen Freunden sagen muss, dass ich nicht mitkomme, weil meine Mutter mich nicht lässt!« Ihre Mutter sagt: »Sally, ich wünschte, ich könnte Ja sagen. Aber ich glaube einfach nicht, dass das eine gute Idee ist.« Während sie weggeht, tönt Sally noch: »Ich wusste, dass du Nein sagen würdest. Du sagst immer Nein.«

Es geht hier nicht darum, dass Sally gegen eine Regel verstoßen hat. Ihre Mutter hat nie eine Regel aufgestellt, die besagt: »Keine Wochenenden auf verlassenen Zeltplätzen!« Sally hat ein *charakterliches* Problem, und dieses Problem hat zu einer Uneinigkeit mit ihrer Mutter geführt. Denken wir nun an die Verknüpfung, um die es in diesem Kapitel geht. Was bestimmt das Herz von Sally in der beschriebenen Situation? Sally weiß es zwar nicht, aber die ausschlaggebende Motivation in ihrem Herzen ist das, was die Bibel »Menschenfurcht« nennt. Sally möchte so gerne dazugehören. Sie möchte so gerne von den Gleichaltrigen akzeptiert werden. Sie hat Angst, abgelehnt zu werden. All das ist verständlich und normal, aber zugleich auch gefährlich. Denn in der Bibel lesen wir:

> *»Menschenfurcht legt einen Fallstrick« (Sprüche 29,25).*

Es ist nur allzu natürlich, dass wir akzeptiert werden möchten, denn Gott hat uns als soziale Wesen erschaffen. Aber wenn Sally ihre Identität und ihr inneres Wohlbefinden in ihrer Akzeptanz bei Menschen sucht, dann wird sie – um diese Akzeptanz zu erhalten – versucht sein, Dinge zu tun und zu sagen, die sie besser nicht tun sollte.

Weil Sallys Herz von Menschenfurcht bestimmt wird, ärgert sie sich darüber, dass ihre Mutter besorgt um sie ist, anstatt dass sie dankbar dafür ist, von ihrer Mutter geliebt zu werden. Doch Sally versteht nicht, warum sie so empfindet, was sie empfindet und warum sie das tut, was sie tut. Und der Grund dafür ist, dass sie nicht um den Zusammenhang zwischen Charakter und Anbetung weiß. Sally braucht von ihren Eltern weit mehr als nur ein deutliches *Nein*. Sally braucht Eltern, die ihr verstehen helfen, was in ihrem Herzen vor sich geht und welchen Einfluss es darauf hat, wie sie ihrer Mutter antwortet. Solche Augenblicke in der Erziehung sind wundervolle Augenblicke, wo es zu Gesprächen kommen kann, die Augen öffnen und Herzen verändern.

Eine Auflistung

Schauen wir uns nun noch einmal Römer 1,28-32 an. Denken wir an die Verknüpfung zwischen Anbetung (»weil sie es nicht für gut befanden, Gott in Erkenntnis zu haben«) und Charakter (die darauf folgende Beschreibung eines schlechten Charakters). Wenn wir uns diese Auflistung genauer ansehen, dann fällt auf, dass hier offensichtlich die Dinge aufgezählt werden, die uns an unseren Kindern täglich begegnen.

Neid. Wie oft haben wir mit einem Konflikt zu tun, der entsteht, weil ein Geschwisterkind auf ein anderes eifersüchtig ist?

Streit. Gibt es einen Tag, an dem wir uns nicht mit irgendeinem Problem beschäftigen müssen, das zwischen zwei unserer Kindern entstanden ist?

List. Wie oft sind unsere Kinder nicht ehrlich, wenn es darum geht, was sie gesagt oder getan haben?

Ohrenbläserei. Sind unsere Kinder nicht immer wieder versucht, schlecht über eine andere Person zu reden?

Frevel (*Frevler* ist eine Alternativübersetzung von *Gewalttäter*). Ein Frevler zu sein, bedeutet, rücksichtslos und unmanierlich sein. Gibt es Eltern, die sich nicht regelmäßig mit diesem Punkt auseinandersetzen müssen?

Hochmut. Es ist der Stolz in den Herzen unserer Kinder, der ihre Erziehung immer wieder erschwert.

Prahlerei. Prahlerei ist in Worte gefasster Stolz. Unsere Kinder fühlen sich nur allzu wohl dabei, wenn es darum geht, anderen gegenüber zu verkündigen, besser, schlauer, schöner, schneller, stärker, netter etc. zu sein.

Unverständigkeit (oder: *Torheit*). Es vergeht kein Tag, an dem wir nicht auf irgendeine Weise mit der Torheit unserer Kinder konfrontiert werden.

Unbarmherzigkeit (oder: *Herzlosigkeit*). Es macht traurig zu sehen, wie herzlos unsere Kinder im Umgang miteinander sein können.

Diese Auflistung zeigt nicht nur die Dinge auf, mit denen wir uns in der Erziehung täglich auseinandersetzen müssen. Sie macht uns auch deutlich, *warum* wir uns damit beschäftigen müssen. Unsere Kinder brauchen nicht so sehr eine Änderung ihres *Charakters*, sondern eher eine Neuordnung ihrer *Anbetung*. Sie haben nicht primär ein

Charakterproblem, sondern sie haben ein Anbetungsproblem, was zu einem Charakterproblem führt. Aus diesem Grund brauchen sie mehr als nur unsere Kritik an ihrem Charakter. Sie müssen hinsichtlich der Anbetung – der Aufgabe ihrer Herzen – belehrt werden und darüber, wie diese Aufgabe sie auch in ihrem Verhalten in den Beziehungen und Situationen im täglichen Leben prägt. Sie brauchen die Wahrheit, die frei macht.

Ja, es ist wahr: Unsere Kinder sind Sklaven einer Sache, die sie nicht sehen. Deshalb reagieren sie auf eine Art und Weise, die sie nicht verstehen. Sie benötigen die Gnade der Einsicht, die Gnade der Weisheit, die Gnade der geduldigen Unterweisung und die Gnade der täglichen Vergebung. Wenn wir unseren Kindern nun diese Gnade geben wollen, müssen wir zunächst anerkennen, dass die gerade angeführte Liste nicht allein unsere Kinder, sondern auch uns Eltern beschreibt. Denn auch die Anbetung *unserer* Herzen kann von erschaffenen Dingen geraubt werden. Wenn das geschieht, dann reagieren wir nicht so auf die Menschen und Situationen unseres Lebens, wie wir eigentlich reagieren sollten. Wie unsere Kinder brauchen auch wir einen geduldigen Vater, der uns dabei hilft, unsere Herzen im rechten Licht zu sehen. Denn nur dann können wir ihm bekennen, was in unseren Herzen ist, und uns nach der Veränderung ausstrecken, die einzig und allein er bewirken kann. Eltern, die demütig und bereitwillig ihre eigene Bedürftigkeit an elterlicher Fürsorge zugeben, sind nicht böse über jene Augenblicke, in denen sie von ihrem himmlischen Vater aufgerufen werden, die gleiche Fürsorge ihren Kindern zuteilwerden zu lassen.

Denken wir einmal darüber nach, wie Gott in unserem Leben wirkt. Gott gibt sich nicht damit zufrieden, uns nur unsere Sünden zu vergeben. Denn nachdem er uns vergeben hat, möchte er uns *umgestalten*. Dabei hat er nicht nur die bewusst rebellischen Augenblicke im Auge, sondern er arbeitet ebenso an dem Charakter unseres Herzens, damit wir immer mehr so werden, wie er uns konzipiert hat. Weil Gott sich unserer Charakteränderung verpflichtet hat, beschäftigt er sich mit den Götzen unserer Herzen. Er ruht nicht, um jeden Gedanken, jedes Verlangen, jede Entscheidung, jedes Wort und jede Handlung vollkommen zur Anbetung seiner Person zu führen. Wir erfahren täglich die väterliche Fürsorge Gottes, weil der Kampf um Anbetung noch immer in unseren Herzen tobt.

Gott ruft uns dazu auf, an unseren *Kindern* so zu handeln, wie er aus Gnade jeden Tag an *uns* handelt. Helfen wir unseren Kindern zu verstehen und zu erkennen, was ihre Herzen bestimmt. Helfen wir ihnen zu sehen, wie das, was ihre Herzen beherrscht, ihre Reaktion auf Menschen und Situationen prägt. Machen wir unseren Kindern immer wieder die Verbindung von Anbetung und Charakter deutlich. Dabei sollten wir nicht vergessen, dass wir Werkzeuge in der Hand des Einen sind, der den Willen und die Kraft hat, die Herzen unserer Kinder von dem, was sie gefangen hält, zu befreien. Vergessen wir auch nicht, dass er ihnen, indem er sie davon befreit, einen neuen Charakter in ihre Herzen einpflanzt.

Bobbys Geschichte

Bobby war ein Außenseiter. Er war dick, besaß keine gute körperliche Koordination, und auch auf sozialer Ebene war es schwierig. Deswegen hasste Bobby Schule. Es verging kein Tag, an dem sich nicht irgendjemand über ihn lustig machte. Bobby flehte seine Mutter an, zu Hause bleiben zu dürfen. Er weinte, wenn er ihr abends davon erzählte, wie er behandelt worden war. Aber als Bobby ungefähr zehn oder elf Jahre alt war, entdeckte er, dass er einen Sinn für Humor hatte. Wenn er Witze machte, mochten ihn die anderen. So machte er im Klassenzimmer seine Späße, um die Anerkennung der anderen zu erlangen. Ja, das konnte Bobby gut. Manchmal war das, was er sagte, so urkomisch, dass selbst die Lehrerin der Klasse den Rücken zuwandte, weil sie lachen musste. Aus Bobby war ein typischer Klassenclown geworden, der den Unterricht störte.

Dann erhielt seine Mutter blaue Briefe, in denen von der Unruhe, die Bobby in der Klasse verursachte, zu lesen war. Bobbys Mutter sprach mit ihrem Sohn darüber, und Bobby versprach Besserung. Aber er besserte sich nicht. Es dauerte nicht lange und die Schulverwaltung drohte Bobby damit, ihn von der Schule zu verweisen. Daraufhin hielt ihm sein Vater eine Moralpredigt: Was denn ohne eine abgeschlossene Schulbildung aus seinem Leben werde? Doch es änderte sich nichts.

Ich begegnete Bobby, als er 35 Jahre alt war. Er bat mich um ein Gespräch. Ich fragte Bobby, warum er zu mir gekommen sei. Seine Antwort werde ich nie vergessen: »Ich habe es satt, immer den Kasper zu spielen.« Bobby hatte seine Schulausbildung niemals abgeschlossen. Er hatte mehrere kurzzeitige Beschäftigungen ausgeübt und eine Reihe zerbrochener Beziehungen hinter sich. Er war ein einsamer, gebrochener Mann. Ich begann, mit Bobby über sein Herz zu reden. Es war nicht falsch gewesen, dass Bobby anerkannt werden wollte. Es war nicht falsch gewesen, dass Bobby das tägliche Mobbing hasste. Doch wenn es das Herz bestimmt, wird das Leben ruiniert – wie bei Bobby.

Ich erinnere mich noch daran, wie Bobby zu mir sagte: »Herr Tripp, ich bin jetzt 35, und Sie sind die erste Person, die mit mir darüber gesprochen hat, was mein Herz bestimmt.« Bobby sagte das nicht etwa, um sich zu rechtfertigen. Er dachte einfach nur laut nach. Bobby war in einem gläubigen Elternhaus groß geworden. Er ging in eine recht gut stehende Gemeinde und besuchte eine christliche Schule. Aber niemand hatte mit ihm jemals über die Dinge gesprochen, mit denen wir uns in diesem Kapitel beschäftigt haben. Niemand hatte ihm jene befreienden Geheimnisse erklärt, die uns die Bibel offenbart. Niemand hatte ihm gesagt, dass ihm kein Mensch jemals die Identität und die Herzensruhe geben konnte, die er suchte. Niemand hatte ihm geholfen, zu verstehen, dass das Scheitern seines Lebens darin begründet war, dass er sein Herz an etwas gehängt hatte, das ihn nie und nimmer befreien konnte.

Bobby ist nun Besitzer eines Geschäftes. Er ist verheiratet und Vater geworden. Außerdem ist er einer der Ältesten in der Gemeinde, in die er geht. Ich habe dieses Kapitel geschrieben, weil ich darüber besorgt bin, was aus den Bobbys werden wird, die überall auf dieser Welt von gläubigen Eltern großgezogen werden. Werden unsere Kinder früh in ihrem Leben lernen, was ihre Herzen beherrscht und wie das, was ihre Herzen beherrscht, den Charakter ihres Lebens prägt? Oder werden unsere Kinder in Unwissenheit fortfahren, auf Menschen und Situationen aus Herzen heraus zu reagieren, die immer mehr von den Dingen gefangen genommen werden, die ihnen niemals geben können, wonach sie suchen? Werden ihre Eltern es versäumen, in den Momenten, in denen die charakterlichen Probleme zum Vorschein kommen, Augenblicke der Gnade zu sehen? Werden ihre Eltern darin versagen, ihnen die Zusammenhänge aufzuzeigen, die ihre Herzen verändern können? Werden wir unseren Kindern in den kleinen Augenblicken des täglichen Lebens das Evangelium der befreienden, umgestaltenden Gnade bringen? Was wird aus unseren Bobbys werden?

Kapitel 11

Falsche Götter

Grundsatz:
Wir erziehen Anbeter. Deshalb ist es wichtig zu beachten, dass das, was das Herz unserer Kinder beherrscht, auch ihr Verhalten bestimmen wird.

Ich würde gern die Thematik der Anbetung noch etwas vertiefen und weiter ausführen. Denn dieses Thema könnte das wichtigste Thema sein, das es für von Gott zur Kindererziehung berufene Eltern zu verstehen gilt. Ich möchte die Beschäftigung mit der Tatsache, dass wir Eltern Anbeter erziehen, mit mehreren Fragen und zwei Illustrationen einleiten.

Alle Eltern sollten sich drei Fragen stellen:

1. *Warum tun meine Kinder, die Dinge, die sie tun?*
   Alle Eltern erleben Augenblicke, in denen sie wegen der Entscheidungen, Worte und Handlungen ihrer Kinder verwirrt, überrascht oder bestürzt sind. Warum widersetzt sich mein kleiner Junge meiner Anweisung oder meiner Leitung? Warum haben meine Kinder derart große Schwierigkeiten, miteinander auszukommen? Warum ist meine Tochter so zwanghaft auf ihr Aussehen bedacht? Warum ist das Einsteigen ins Auto ein Auslöser für Geschwisterstreit?

2. *Wie kann Veränderung im Herzen und im Leben von Kindern geschehen?*
   Wenn wir sehen, dass unsere Kinder Dinge tun, die egoistisch, falsch, rebellisch, töricht oder zerstörerisch sind, dann werden wir Veränderung herbeisehnen. Leider können die meisten gläubigen Eltern, weil sie bereits die erste Frage nicht beantworten können, auch diese Frage nicht beantworten. Deshalb beschränken sie sich darauf, das Verhalten ihrer Kinder zu kontrollieren, anstatt jeden Tag daran zu arbeiten, ein Werkzeug zur wirklichen Veränderung in der Hand Gottes zu sein.

3. *Wie kann ich zu einem Werkzeug zur Herzens- und Lebensveränderung meiner Kinder werden?*
   Es ist wichtig zu verstehen, dass Gott uns zu etwas Größerem berufen hat, als nur das Verhalten unserer Kinder zu bestimmen und zu kontrollieren. Gott hat uns dazu berufen, ein Vermittler seiner befreienden, vergebenden, umgestaltenden und erlösenden Gnade zu sein. Wir dürfen uns nicht mit weniger zufriedengeben.

Warum habe ich diese Thematik mit diesen drei Fragen eingeleitet? Weil die Antwort auf diese Fragen in einem Wort zu finden ist, nämlich: *Anbetung*. Alles, was ihr Kind jemals gesagt oder getan hat, beruht auf Anbetung. Es gibt keine grundlegendere Feststellung in Bezug auf den Menschen als diese. Es gibt keinen kleinen Jungen und kein kleines Mädchen, das nicht irgendetwas anbetet. Es gibt keinen Teenager, der nicht irgendetwas anbetet. Anbetung ist nicht allein die prägende Kraft des Verhaltens unserer Kinder, sondern auch die Erklärung für die Entscheidungen, die sie treffen, und für die Dinge, die sie tun. Ohne ein Verständnis der umfassenden Auswirkungen dieser Wahrheit über unsere Kinder ist es, als wären wir in einem entlegenen Wald ohne GPS-Gerät.

Die Dinge, die Kinder tun, tun sie aufgrund dessen, was sie anbeten. Daher geht es bei Veränderung nicht so sehr um eine Änderung des Charakters, sondern um eine Neuausrichtung der Anbetung. Ein Werkzeug zur Veränderung zu sein, bedeutet, das, was ihr Kind anbetet, mit ihm zusammen anzugehen. Vielleicht sagen Sie jetzt: »Ich verstehe überhaupt nicht, wovon Sie reden, Herr Tripp. Ich möchte einfach nur, dass meine Kinder, essen, was sie essen sollen, ins Bett gehen, wenn ich ihnen das sage, ihre Hausaufgaben machen und aufhören, sich zu streiten. Das, worüber Sie schreiben, scheint eher theoretisch als praktisch zu sein.« Ich verstehe Ihre Reaktion. So etwas haben mir bereits viele Eltern gesagt, als ich versucht habe, ihnen die Bedeutung dieser Wahrheit verständlich zu machen. Deshalb möchte ich Ihnen nun noch zwei Illustrationen zum Thema Erziehung geben:

Sie haben sich dazu entschieden, mit Ihrem Sohn ins Spielzeuggeschäft zu gehen. (Tun Sie das bloß nicht, dort lauert Gefahr an allen Ecken!) Sie sind dort schon gewesen und wissen daher um die Versuchungen, die Ihrem Sohn dort begegnen werden. Alo setzen Sie Ihren Sohn in den Einkaufswagen und fahren mit ihm in der Mitte des Ganges durch das Geschäft. Sie tun das, damit er mit seinen kleinen Armen nichts aus den Regalen greifen kann. Schließlich erreichen Sie die Kassen. Der schmale Gang dort ist wie geschaffen dafür, sich gegen uns Eltern zu verschwören, denn dort sind all die günstigen Kassenartikel angeordnet. Die sind dort mit Absicht – genau in der Reichweite Ihres Sohnes. Ihr Sohn sagt: »So eine möchte ich gerne haben, Mama.« Sie sagen: »Nein, Johnny, ich kaufe dir nicht noch eine.« Johnny erwidert: »Aber Mama, das ist eine Figur, die ich noch nicht habe.« Sie erwidern in einem etwas strengeren Ton: »Johnny, ich habe dir bereits gesagt, dass ich dir nicht noch mehr davon kaufen werde.« »Aber Mama«, quengelt Johnny, »Billy hat alle davon. Ich bin der einzige Junge, den ich kenne, der in ein anderes Haus gehen muss, um diese Figur in die Hand zu nehmen. Mama, wenn du mir die kaufst, verspreche ich dir, dass ich nie mehr nach irgendetwas anderem fragen werde.« Nun sagen Sie mit einer gewissen Frustration in ihrer Stimme: »Johnny, ich werde dir nicht noch mehr davon kaufen. Ich habe dir ein Puzzle gekauft. Das ist alles, was du heute bekommst.« Daraufhin beginnt Johnny zu schreien, und zwar so, als sei er von Ihnen körperlich verletzt worden. Das Ganze ist äußerst unangenehm. Sie bemerken, wie Sie von allen Leuten um Sie herum angestarrt werden. Es ist einer dieser Momente, in denen Sie sich wünschten, Sie könnten auf einen Knopf drücken und durch eine Falltür über einen unterirdischen Gang entkommen, der direkt zu Ihrem Haus führt. Sie möchten dieser Situation einfach nur so schnell wie möglich entfliehen.

Nun, wenn Sie diese unangenehme öffentliche Auseinandersetzung mit Ihrem Sohn dahin gehend interpretieren, als sei es einfach nur eine weitere üble Begegnung zwischen Ihnen und Ihrem Sohn gewesen, dann verstehen Sie nicht wirklich, warum sich Ihr Kind so verhält. Ja, der Konflikt befindet sich auf der *horizontalen* Ebene (Mutter – Kind), doch die Ursache befindet sich auf der *vertikalen* Ebene (Kind – Gott). Dies zu verstehen, ist von entscheidender Bedeutung, um die Aufgabe zu verstehen, zu der Gott uns als Eltern berufen hat. Johnny möchte mehr als einfach nur eine Mutter, die für ihn sorgt. Johnny möchte – ohne sich dessen bewusst zu sein – sogar mehr als einen Gott, der für ihn sorgt. Was will denn der kleine Johnny in Wirklichkeit? Er will selbst dieser Gott sein! Er will derjenige sein, der im Mittelpunkt seiner Welt steht und diese Welt beherrscht. Er will, dass seine Wünsche Realität werden. Er will etwas aussprechen und direkt geschehen sehen. Er will haben, was er will, und zwar sofort. Ein Nein ist für ihn keine Antwort. Er will, dass ihm niemand im Weg steht. Warum? Weil Johnny unbewusst Gottes Platz einnimmt. Für ihn dreht sich das Leben ausschließlich um ihn selbst.

Es wäre schon schlimm und schwierig genug, wenn Johnny nur ein Problem mit der Unterordnung unter menschliche Autorität hätte. Aber er hat ein wesentlich bedeutsameres, schwerwiegenderes Problem. Johnny hat ein Problem mit der Autorität seiner Mutter, weil er ein Problem mit der Autorität *Gottes* hat. Er hat ein Problem mit seiner Stellung als Sohn, weil er die Stellung Gottes einnehmen will. In jenem unangenehmen Augenblick im Spielzeuggeschäft ging es um etwas viel Bedeutsameres als nur um das Verlangen eines kleinen Jungen nach einem neuen Spielzeug. Es ging um das tiefe Verlangen seines Herzens. Wenn wir das nicht verstehen, dann werden wir unseren Kindern nicht helfen können.

Ihre sechzehnjährige Tochter verbringt Ihrer Ansicht nach morgens viel zu viel Zeit im Badezimmer. Sie scheint niemals genug anzuziehen zu haben. Modezeitschriften und Fashion-Blogs verschlingt sie geradezu. Sie sind mittlerweile der Ansicht, dass sie die Selfie-Queen ihrer Generation ist. Denn sie macht nicht nur ständig Selfies, sondern sie macht auch Selfies im Spiegel, sodass sie Selfies macht, auf denen sie Selfies macht! Sie machen sich Sorgen, dass sie zu viel Make-up auflegt und sich zu aufreizend kleidet.

Sie sind traurig darüber, dass sie ihrem Äußeren weit mehr Aufmerksamkeit schenkt als dem, was in ihr vor sich geht. Wenn Sie ihrem Reden zuhören, sind Sie beunruhigt, wie wichtig ihr die Reaktionen ihrer Freunde – besonders der Jungen – sind und wie viel Wert sie auf ihre äußere Erscheinung legt. Sie erzählt Ihnen andauernd, dass sie hässlich oder fett sei, dass sie ihre Nase hasse, dass ihre Waden zu dick seien und dass sie zu wenig Oberweite habe. Weil sie sich so viele Gedanken über ihr Aussehen macht, ist sie auch jedes Mal besorgt, wenn sie ausgeht, und scheint nur selten längere Zeit glücklich zu sein.

Es ist nicht allzu schwer, einmal Abstand zu nehmen und zu prüfen und zu verstehen, was hier das Problem ist. Das Problem dieser Teenagerin ist mehr als nur ihre Eitelkeit – auch wenn sie in der Tat eitel ist. Es ist mehr, als dass sie nur materialistisch ist. Es ist mehr, als dass sie zu viel Zeit und Geld in ihr Äußeres investiert. Ihr Problem ist auch mehr als nur ihre starke Sorge um die Meinung anderer. Ihr Problem liegt tiefer. Es ist nicht nur, dass sie der gesellschaftlichen Meinung über Schönheit Glauben schenkt. Es ist nicht nur, dass sie Anständigkeit unwichtig findet. Dieses Mädchen hat mit all diesen Dingen Probleme, weil bei ihr etwas auf der *tieferen Ebene* nicht stimmt. Es wird auch dann erst zu einer Veränderung in ihrem Leben kommen, wenn die Eltern zu dieser tieferen Ebene vordringen.

Die Ursache für all diese Dinge im Leben dieses Mädchens ist *Anbetung*. Dort befindet sich die eigentliche Zerbrochenheit. Sie werden das Problem nicht dadurch lösen, indem sie weniger Zeit im Badezimmer verbringen darf, indem Sie ihr das Geld für Kleidung kürzen, indem Sie sie auffordern, damit aufzuhören, sich zu beklagen, indem Sie ihr die Modezeitschriften abnehmen oder immer zuerst ihre Outfits kontrollieren, bevor sie das Haus verlässt. Wenn das alles ist, was sie tun, dann wird sie ab dem Zeitpunkt, wenn sie sich nicht mehr unter Ihrer Kontrolle befindet, auf den alten Weg zurückkehren.

Was in dem Leben dieses Mädchens vor sich geht, ist von grundlegend geistlicher Natur. Es geht um die tiefsten Verpflichtungen und das tiefste Verlangen des Herzens. Es geht darum, wo sie nach Leben sucht, nach Befriedigung und Zufriedenheit, nach Identität und Zugehörigkeit, nach Lebenssinn und Bestimmung, nach innerem Frieden und Sicherheit, nach Hoffnung und Stärke. Es geht darum, was sie dazu bewegt, am Morgen aufzustehen, und was sie durch den Tag bringt. Es geht darum, wer oder was ganz praktisch ihr *Gott* ist. Es ist traurig, dass sie ihre Identität und die Sicherheit ihres Herzens an etwas festgemacht hat, was ihr diese Dinge überhaupt nicht geben kann. Mit Unruhe im Herzen gerät sie so immer mehr in eine Abhängigkeit und Sucht. Sie konzentriert sich immer mehr darauf und arbeitet immer härter daran, schön und attraktiv für ihre Freunde und die Jungs um sie herum zu sein. Sie braucht dringend Eltern, die sie nicht nur in ihren Entscheidungen und ihrem Verhalten kontrollieren. Sie braucht Eltern, die sie auf der Herzensebene verstehen und Werkzeuge ihrer Herzensveränderung sein möchten. In ihrem Herzen tobt ein Anbetungskrieg. Leider ist es gut möglich, dass ihre gläubigen Eltern das nicht einmal wissen.

Was ist Anbetung?

Anbetung ist für die meisten von uns ein schwieriges Wort. Denn wenn wir an Anbetung denken, dann denken wir meistens an etwas eher Formelles. Die meisten Menschen denken bei dem Wort Anbetung an das Zusammenkommen von Gläubigen am Sonntag: singen, Gott loben, eine Predigt hören. Aber Anbetung ist etwas fundamental *Menschliches*. Es ist etwas, das jeder Mensch täglich tut. Wir müssen uns gar nicht bewusst sein, dass wir anbeten, um ein Anbeter zu sein. Alles in unserem Leben ist durch Anbetung geprägt. Daher ist auch alles, was wir irgendwie und auf irgendeine Art und Weise tun, irgendwie auch ein Akt der Anbetung. Das Leben kann nicht in Augenblicke der Anbetung und der Nicht-Anbetung unterteilt werden.

Anbetung ist die innere Sehnsucht nach Wundern, ein Erstaunen und eine Ehrfurcht, die in jedem Menschen steckt. Es ist die Sehnsucht nach Erfüllung. Es ist das fortwährende Suchen nach Leben. Es ist der Wunsch nach persönlicher Bedeutung und Bestimmung. Es ist die Neigung, nach irgendjemandem oder irgendetwas Ausschau zu halten, das Identität verleiht. Es ist der universale Hunger nach innerem Frieden. Es ist das lebenslange Streben nach Gott. Es ist die Tatsache, dass der Mensch immer einer Sache dient oder von etwas bestimmt wird. Es ist die Realität, dass es niemanden gibt, der ohne einen Gott ist. Jeder von uns gibt entweder dem einen wahren Gott sein Herz oder irgendeinem Ersatzgott. Schauen wir uns einmal die gewaltigen Aussagen der Heiligen Schrift zu Anbetung und Götzendienst in unseren und den Herzen unserer Kinder an.

»Du sollst keine anderen Götter haben neben mir« (2. Mose 20,3).

»Und du sollst den HERRN, deinen Gott, lieben mit deinem ganzen Herzen und mit deiner ganzen Seele und mit deiner ganzen Kraft« (5. Mose 6,5).

»Hütet euch, dass euer Herz nicht verführt werde und ihr abweicht und anderen Göttern dient und euch vor ihnen niederbeugt« (5. Mose 11,16).

»Und der HERR, dein Gott, wird dein Herz und das Herz deiner Nachkommen beschneiden, damit du den HERRN, deinen Gott, liebst mit deinem ganzen Herzen und mit deiner ganzen Seele, damit du am Leben bleibst« (5. Mose 30,6).

»Und weicht nicht ab, denn ihr würdet hinter den Nichtigen herlaufen, die nichts nützen und nicht erretten, denn sie sind nichtig« (1. Samuel 12,21).

»Ihr Männersöhne, bis wann soll meine Herrlichkeit zur Schande sein? Bis wann werdet ihr Eitles lieben, Lüge suchen?« (Psalm 4,3).

»Denn alle Götter der Völker sind Nichtigkeiten, aber der HERR hat die Himmel gemacht« (Psalm 96,5).

»Ihre Götzen …
Einen Mund haben sie und reden nicht;
Augen haben sie und sehen nicht;
Ohren haben sie und hören nicht;
eine Nase haben sie und riechen nicht;
sie haben Hände und tasten nicht,
Füße, und sie gehen nicht;
keinen Laut geben sie mit ihrer Kehle.
Ihnen gleich sind die, die sie machen,
jeder, der auf sie vertraut« (Psalm 115,4-8).

»Ich bin der HERR, das ist mein Name; und meine Ehre gebe ich keinem anderen, noch meinen Ruhm den geschnitzten Bildern« (Jesaja 42,8).

»So spricht der HERR, der König Israels, und sein Erlöser, der HERR der Heerscharen: Ich bin der Erste, und ich bin der Letzte, und außer mir ist kein Gott« (Jesaja 44,6).

»Darum rede mit ihnen und sprich zu ihnen: So spricht der Herr, HERR: Jedermann aus dem Haus Israel, der seine Götzen in seinem Herzen aufkommen lässt und den Anstoß zu seiner Ungerechtigkeit vor sein Angesicht stellt und zum Propheten kommt – ich, der HERR, werde ihm demgemäß antworten, entsprechend der Menge seiner Götzen« (Hesekiel 14,4).

»Darum, meine Geliebten, flieht den Götzendienst« (1. Korinther 10,14).

»Liebt nicht die Welt noch was in der Welt ist. Wenn jemand die Welt liebt, so ist die Liebe des Vaters nicht in ihm« (1. Johannes 2,15).

»Und die Welt vergeht und ihre Lust; wer aber den Willen Gottes tut, bleibt in Ewigkeit« (1. Johannes 2,17).

Dies sind nur einige wenige Bibelstellen von Hunderten. Warum ist Anbetung ein so wichtiges Thema in der Bibel? Weil der Gott, der uns erschaffen hat, weiß, dass alles in unserem Leben und im Leben unserer Kinder von Anbetung gesteuert wird. Er weiß, dass sich in unserem Leben – ob wir uns dessen bewusst sind oder nicht – jeden Tag ein Kampf um Anbetung abspielt.

Im Kern dessen, was Anbetung ist, befindet sich das typisch menschliche, innere Verlangen nach Leben, nach Frieden, nach Identität, nach Hoffnung, nach Bedeutung. Dieses Verlangen soll uns zu unserem Schöpfer führen, um bei ihm die Hilfe zu suchen, die nur er uns geben kann, und um unser Leben in seinen Dienst zu stellen. Aber die Sünde bewirkt, dass wir die Anbetung und den Dienst für unseren *Schöpfer* mit der Anbetung und dem Dienst der *Schöpfung* vertauschen. So wird der Platz, den Gott in unserem Leben haben sollte, faktisch von etwas aus der Schöpfung ausgefüllt. Die Liste der Dinge, die wir anbeten, kann alle Dinge umfassen, die Gott erschaffen hat. Unsere Kinder werden also von Anfang an irgendetwas anbeten. Ich meine damit nicht, dass dies willentlich oder bewusst geschieht, aber unsere Kinder werden irgendeiner Sache ihre Herzen geben. Ihre Worte und Handlungen werden von der Herrschaft irgendeiner Sache geprägt werden. Wenn unsere Kinder in materiellen Besitztümern nach Identität suchen, dann werden sie auch hauptsächlich auf sichtbare Dinge fokussiert sein und an das Leben materialistisch herangehen. Wenn unsere Kinder bei Menschen ihren Lebensinhalt suchen, dann werden sie zu Sklaven der Ansichten anderer und werden alles daransetzen, diesen Menschen zu gefallen. Wenn sie in der Ausübung von Kontrolle ihr inneres Wohlbefinden suchen, dann werden sie sich unserer Autorität als Eltern widersetzen und ihre eigenen Regeln aufzurichten suchen. Wenn unsere Kinder Gottes Platz einnehmen, dann werden sie anspruchsvoll, fordernd, murrend, unnötig ehrgeizig und stolz.

Aller Ungehorsam, alle Respektlosigkeit und aller Widerstand Ihrer Kinder – Dinge, die uns Eltern stressen und uns die Erziehung schwer machen – sind in Anbetung verwurzelt. Aber das gilt auch für alle Bereitwilligkeit, alle Unterordnung, allen Respekt, alle Verantwortung, alle Ehre, alles Friedenstiften und alles Treffen guter Entscheidungen – Dinge, die uns erfreuen und auch in Anbetung verwurzelt sind. Das zu verstehen, ist grundlegend zur Erfüllung der Aufgabe, zu der Gott uns als Eltern berufen hat.

Die Fähigkeit ihres Herzens, anzubeten, soll unsere Kinder zu Gott führen.

Diese Wahrheit dürfen wir in der Erziehung nicht außer Acht lassen. Unsere Erziehung muss von der fundamentalsten Aussage geprägt werden, die über unsere Kinder überhaupt gemacht werden kann: Unsere Kinder sind für Gott gemacht worden! Sie sind nicht gemacht worden, um lediglich eine gute Bildung, eine gute Arbeitsstelle, ein schönes Haus, eine gute Ehe und ein gutes Bürgertum zu bekommen. Natürlich haben all diese Dinge Wert, aber sie sind nicht der Grund, warum unseren Kindern Leben gegeben worden ist. Sie dürfen auch nicht unser höchstes Ziel als Eltern sein. Unsere Kinder sind dazu gemacht worden, Leben, Hoffnung, Identität und Sinn in Gott zu finden. Sie sind dazu gemacht worden, Gott ihren Willen und ihre natürlichen Begabungen zur Verfügung zu stellen. Sie sind dazu gemacht worden, sich willentlich innerhalb der von Gott gesteckten Grenzen aufzuhalten. Viele Eltern trennen – ohne sich dessen bewusst zu sein – den christlichen Glauben von ihrem täglichen Leben und geben deshalb der Anbetung nicht den bedeutsamen Platz, den sie einnehmen sollte. Ja, sie möchten, dass ihre Kinder zum Glauben an Gott kommen, in die Gemeinde gehen und das tun, was richtig ist. Und doch setzen sie ihre elterliche Energie in erster Linie dazu ein, dass ihre Kinder gutes Benehmen haben, gut in der Schule sind und erfolgreich in Sport und Musik. Deshalb versuchen sie, all die Verhaltensweisen zu kontrollieren, die diesen Zielen im Weg stehen. Doch die Folge ist, dass sie sich nicht auf das Herz ihrer Kinder und auf das, was deren Herz bestimmt, konzentrieren und daher jene wunderbaren Augenblicke der Gnade versäumen, in denen Gott ihnen das Herz ihrer Kinder offenbart. Gott tut das, damit wir Eltern zu guten Werkzeugen der Befreiung werden, indem wir unseren Kindern Verständnis vermitteln und zum Bekenntnis und zur Buße anleiten. Eltern, die sich nicht mit dem Herz ihrer Kinder beschäftigen, können zwar versuchen, ihre Kinder dazu zu bewegen, das Rechte zu tun. Doch sie verstehen nicht, dass, wenn Eltern dazu fähig wären, das Verhalten ihrer Kinder zu verändern, Jesus nicht auf diese Erde hätte kommen müssen, um seine Rettungsmission zu erfüllen.

Dass unsere Kinder die Fähigkeit zur Anbetung haben, ist für Eltern die wichtigste biblische Erkenntnis.

Worauf richten Sie bei Ihren Kindern Ihre Aufmerksamkeit? Auf welches Problem konzentrieren Sie sich am meisten? Auf die Streitereien, die Ihre Kinder untereinander haben? Auf ihre Neigung,

Arbeit eher zu umgehen als zu erledigen? Auf die Leistungen Ihrer Kinder in der Schule? Auf ihren Freundeskreis, in dem sie akzeptiert sein wollen? Auf den sexuellen Irrsinn und die Versuchungen, die Ihren Kindern täglich zu begegnen scheinen? Auf das Durcheinander in ihrem Zimmer? Auf ihren Wunsch, unbedingt einen Freund / eine Freundin haben zu wollen? Auf das Diskutieren über unwichtige Dinge? Auf ihren Materialismus? Auf die Zeit, die sie am Handy zubringen? Auf ihre durch Social Media und Selfies geprägte Sichtweise auf das Leben? Auf ihre beängstigenden Essensgewohnheiten? Auf die viele Zeit, in der sie sich durch Hobbys ablenken lassen? Auf ihr mangelndes Interesse an geistlichen Dingen?

Natürlich sind all diese Punkte, die ich gerade aufgelistet habe, von Wichtigkeit, denn sie zeigen, mit was sich unsere Kinder täglich beschäftigen, wo ihre Interessen liegen und womit sie ihre Zeit verbringen. Doch es ist wichtig zu verstehen, dass all diese Dinge unsere Kinder nicht zu dem machen, was sie sind. Auch sind sie nicht die Ursache dessen, was sie tun. Nein, diese Dinge offenbaren lediglich, was unseren Kindern wirklich wichtig ist, was also faktisch ihre Herzen beherrscht.

Als Eltern müssen wir im Blick haben, dass unsere Kinder Anbeter sind. Denn nur dann können wir verstehen, was sich im Leben unserer Kinder abspielt, und angemessen damit umgehen. Gott möchte die normalen, alltäglichen Pflichten, Gelegenheiten, Beziehungen und Versuchungen dazu gebrauchen, um uns zu offenbaren, was in den Herzen jener Anbeter vor sich geht, die unserer Fürsorge anvertraut worden sind. Er möchte das immer wieder tun, denn er ist Gott und eifert auf herrliche Weise in seiner geduldigen Gnade. Er möchte das Herz unserer Kinder erreichen, selbst dann, wenn wir nicht den Blick oder den Sinn dafür haben. Er wird sich als treu erweisen und uns Gelegenheiten schenken, um zu sehen und zu verstehen. Denn er möchte, dass wir unseren Kindern dabei helfen, die vielfältigen Dinge zu erkennen, die Gottes Platz in ihrem Leben einnehmen wollen und die mehr und mehr die Kontrolle über ihre Gedanken, Sehnsüchte, Gefühle, Entscheidungen, Hoffnungen, Träume, Wünsche, Werte und Ziele gewinnen. Gott möchte erretten, und er hat uns dazu eingesetzt, seine Vor-Ort-Vertreter im Leben unserer Kinder zu sein. Für Eltern gibt es keine biblische Erkenntnis, keine elterliche Aufgabenbeschreibung und kein Tagesziel, das wichtiger wäre als das, womit wir uns gerade beschäftigen. Der Musiker Bob Dylan singt in einem Lied: »*You gotta serve somebody*« – »Irgendjemandem müssen wir dienen!«

Weil unsere Kinder Anbeter sind, müssen wir ihnen eine Sehhilfe sein.

Sünde macht unsere Kinder in Bezug auf ihre eigenen Herzen blind, denn sie ist trügerisch. Wir müssen also jeden Tag nach Gelegenheiten Ausschau halten, um eine »Sehhilfe« im Leben unserer Kinder zu sein. Es genügt nicht, Regeln aufzustellen und Strafen durchzusetzen. Es genügt nicht, unsere tragbare Kanzel auszupacken und ihnen einen weiteren Vortrag zu halten. Es genügt nicht, uns eine gute Strategie zu überlegen, wie wir unsere Kinder vor sich selbst schützen können. All diese Dinge haben zwar eine Berechtigung, sind aber unzureichend. Wenn Sie etwas Falsches im Herzen Ihrer Kinder sehen, Ihre Kinder dies jedoch nicht als falsch erachten, dann werden sie sich Ihrer Hilfe widersetzen und keinen Grund zur Änderung sehen. Denn das Ganze funktioniert wie folgt: Ihre Kinder können nicht über etwas betrübt sein, das sie nicht falsch finden. Sie können nicht aufrichtig etwas bekennen, worüber sie nicht traurig sind. Sie können auch nicht von etwas umkehren, was sie nicht bekannt haben. Lesen wir einmal, was über Jesus vorhergesagt wurde:

> *»Und ich will die Blinden auf einem Weg führen, den sie nicht kennen; auf Pfaden, die sie nicht kennen, will ich sie schreiten lassen; die Finsternis vor ihnen will ich zum Licht machen und das Höckerige zur Ebene. Das sind die Dinge, die ich tun und nicht lassen werde« (Jesaja 42,16).*

Wenn wir unseren Kindern dabei zu helfen versuchen, zu sehen und anzuerkennen, was es ist, das ihr Wollen und Tun motiviert, dann tun wir das Werk, mit dem der Herr Jesus uns beauftragt hat. Bei Kindererziehung geht es nicht nur darum, unsere Kinder dazu zu bringen, etwas zu *tun*, sondern es geht auch darum, ihnen *sehen* zu helfen, damit sie es auch *gerne* tun. Jeden Tag sind wir damit beschäftigt, unseren Kindern Licht zu geben – Licht, das ihre Herzen erleuchten und ihnen ermöglichen soll zu bekennen, was in ihren Herzen ist. Es ist wichtig zu verstehen, dass sich unsere Kinder unserer Hilfe deshalb widersetzen, weil sie in ihrer Blindheit meinen, diese Hilfe nicht zu benötigen. Ihnen für diese Wirklichkeit die Augen zu öffnen, ist ein unentbehrlicher Schritt, damit es zu einer dauerhaften Änderung im Leben unserer Kinder kommen kann. Wir müssen uns immer fragen: »Was möchte Gott meinem Kind in dieser Situation deutlich machen? Was sieht mein Kind noch nicht? Und wie kann ich meinem Kind dabei helfen, es zu sehen?« Möglicherweise gibt es keine wichtigeren Fragen als diese.

Weil unsere Kinder Anbeter sind, müssen wir lernen, wie wir sie zum Bekenntnis führen können.

Die Versuchung ist groß, dass Eltern sozusagen für ihre Kinder bekennen: »Das ist das, was du getan hast! Das ist der Grund, warum du das getan hast! Das wird die Konsequenz daraus sein!« Die Versuchung ist groß zu drohen: »Wenn ich das noch einmal erlebe, dann …!« Die Versuchung ist groß, seinen Kindern Schuld einzureden: »Ich kann nicht fassen, dass du mir das angetan hast!« Die Versuchung ist groß, seine Kinder zu beschimpfen: »Manchmal bist du so ein Rotzbengel!« Die Versuchung ist groß, sie zu verurteilen: »Manchmal frage ich mich, ob aus dir überhaupt noch mal was wird!« Die Versuchung ist groß, ein Kind mit einem anderen Kind zu vergleichen: »Ich verstehe nicht, warum du dich nicht einfach richtig verhalten kannst, so wie deine Schwester. Ihr seid doch beide im gleichen Elternhaus groß geworden!«

Die Versuchung ist groß, laut zu werden, mit Worten zu verletzen, drohend den Zeigefinger zu erheben etc. Nichts von alledem öffnet die Herzen unsere Kinder. Nichts von alledem bewirkt, dass sie Augen bekommen, die sehen. Nichts von alledem gibt unseren Kindern die Gelegenheit, falsche Dinge zu bekennen. All diese Dinge *verschließen* lediglich die Herzen unserer Kinder. Diese Dinge reizen unsere Kinder zum Zorn und lassen sie in die Defensive gehen. Sie führen nicht dazu, dass sie hören, sondern vielmehr dazu, dass sie alledem entfliehen möchten. Sie lenken die Blickrichtung von ihrem eigenen Herzen weg in Richtung der Eltern. Die Folge ist, dass wir dem im Weg stehen, was unser Herr Jesus in unseren Kindern bewirken möchte – und das, wo er uns doch als Werkzeuge gebrauchen möchte.

Unsere Aufgabe ist, unsere Kinder dazu zu führen, falsche Dinge zu bekennen. Dafür bedarf es sanfter, geduldiger, verständnisvoller und erklärender Gespräche mit unseren Kindern. Diese Gespräche sollen bewirken, dass unsere Kinder prüfen, was sie bisher noch nicht als falsch ansahen, und damit beginnen, die Verantwortung für die Gedanken, Sehnsüchte und Entscheidungen zu übernehmen, die zu ihren Handlungen führen. Es geht nicht darum, dass wir Eltern als Ankläger fungieren, die unsere Kinder verurteilen und bestrafen. Es geht nicht darum, eine Anklageschrift zu verfassen. Es geht darum, den Wunsch zu haben, dass unsere Kinder die erlösende und umgestaltende Kraft der Gnade Gottes erleben. Es geht nicht um eine »Tu-dies-und-du-bekommst-das«-Erziehung. Es sollte vielmehr eine »Du-benötigst-Hilfe-und-ich-möchte-dir-gerne-helfen«-Erziehung sein. Deshalb werden wir uns immer wieder, Tag für Tag, diese Frage stellen: »Wo ruft Gott meine Kinder in diesem Moment dazu auf, Verantwortung für ihre Gedanken, Wünsche, Entscheidungen und Handlungen zu übernehmen – ohne Ausreden und ohne die Schuld auf andere zu schieben? Und wie kann ich ihnen dabei helfen?«

Zu sagen, dass unsere Kinder Anbeter sind, bedeutet, dass wir sie nicht von ihrem größten Problem befreien können.

Wir können unsere Kinder belehren, sie warnen, sie zu schützen suchen, sie leiten, ihnen Vorbilder sein, sie maßregeln und korrigieren. Aber wir besitzen absolut nicht die Fähigkeit, unsere Kinder von dem natürlichen Götzendienst ihrer Herzen zu erlösen. Dieses Eingeständnis unserer Unfähigkeit bedeutet jedoch nicht, dass wir unsere Erziehung aufgeben müssen. Ganz im Gegenteil: Es ist erst der Boden, aus dem wirksame, christuszentrierte, durch Gnade geprägte, von Hoffnung erfüllte und herzensverändernde Erziehung wächst. Denn wenn wir bekennen, dass wir unfähig sind, dann haben wir verstanden, dass eine laute Stimme, deutliche Worte oder eine starke Drohung den Inhalt der Anbetung im Herzen unserer Kinder nicht verändern werden. Was unsere Kinder benötigen, ist Befreiung durch gottgewirkte Selbsterkenntnis, gottgewirkte Überführung und gottgewirkte Verpflichtung zur Veränderung. Ohne all dies werden unsere Kinder meinen, es sei alles in Ordnung, sodass sie unsere elterliche Hilfe oder die Hilfe des himmlischen Vaters nicht benötigen.

Weil unsere Kinder Anbeter sind, ist ihre und unsere einzige Hoffnung die Gnade des Herrn Jesus Christus.

Diese Aussage folgt unmittelbar aus der vorherigen Aussage. Wenn es keine elterliche Hilfe gibt, die mächtig genug wäre, unsere Kinder von ihren Herzen zu befreien, dann gibt es nur einen Ort, an dem diese Hilfe zu finden ist: die Person und das Werk des Herrn Jesus Christus. Natürlich bedeutet das nicht, dass wir gar nichts tun können. Es bedeutet, alles, was wir tun, mit dem Verlangen zu tun, brauchbare Werkzeuge in den mächtigen Händen Jesu zu sein. Wir sollten unseren Kindern treu den hohen Maßstab Gottes vorstellen, sie liebevoll mit ihren falschen Entscheidungen und Handlungen konfrontieren und ihnen dabei helfen, bezüglich ihrer Herzen zur Einsicht zu gelangen. Wir sollten aber auch demütig und ehrlich hinsichtlich unserer eigenen Herzenskämpfe sein, mit ihnen immer wieder über die Gnade sprechen, die in Christus Jesus zu finden ist, über seine Geduld, und wir sollten ihnen seine Vergebung vorleben. All diese Dinge sollten wir immer wieder tun, weil wir davon überzeugt sind, dass der Retter in uns, mit uns und für uns ist.

Wir sind unseren Kindern weitaus mehr ähnlich als unähnlich.

Dieser letzte Punkt ist sehr wichtig. Wenn wir Gottes Werkzeuge im Leben unserer Kinder sein möchten, dann müssen wir auch daran denken, dass *ihre* Anbetungskämpfe die gleichen wie *unsere* Anbetungskämpfe sind. Wie sie tauschen auch wir die Liebe zu Gott gegen das Verlangen nach irgendetwas Erschaffenem ein. Wie sie lassen auch wir in unserem Herzen gute Dinge zu schlechten werden, weil sie uns zunehmend beherrschen. Und wie sie neigen auch wir dazu, blind für das zu sein, was in unseren Herzen ist. Folglich brauchen auch wir die Befreiung, die unsere Kinder brauchen.

Wenn wir uns das eingestehen, hören wir auf, selbstgerecht und richtend zu sein, und fangen an, mitzufühlen. Wir hören auf, Dinge zu sagen wie: »Als ich so alt war wie du, habe ich niemals an so etwas gedacht.« Oder: »Ich kann nicht fassen, dass du auch nur daran denkst, so etwas zu tun.« Oder: »Ich weiß überhaupt nicht, woher diese Dinge kommen.« Es ist wahr und kann nicht oft genug wiederholt werden: Niemand übt besser und bereitwilliger Gnade aus als jemand, der sich eingestanden hat, diese Gnade selbst dringend nötig zu haben. Wie wäre es, wenn Sie mit genau so einem demütigen und für die Gnade dankbarem Herzen an alles herangehen, was Sie mit Ihren Kindern tun?

Kindererziehung bedeutet, bereitwillig seine Zeit, Gaben, Energie und Ressourcen in dem täglichen Kampf der Anbetung als Werkzeuge Gottes im Leben unserer Kinder einzusetzen. Es geht dabei nicht nur um Essen, Freunde, Instagram, Hausaufgaben, Schlafenszeit, Kleidung, Hausregeln oder Geschwisterstreitigkeiten. Zu all diesen Streitpunkten kommt es nur deshalb, weil in den Herzen unserer Kinder ein viel tiefer liegender Kampf tobt. Jeder der genannten

Bereiche bietet eine von dem Gott wunderbarer Gnade gegebene Gelegenheit, an die tiefer liegenden Themen heranzukommen. Es soll alles der Erlösung, Befreiung und Umgestaltung unserer Kinder dienen. Dabei möchte uns Gott all das geben, was wir benötigen, damit wir uns an diesem tiefer liegenden Kampf beteiligen.

Kapitel 12

Kontrolle

Grundsatz:
Das Ziel der Erziehung ist nicht die Kontrolle von Verhalten, sondern vielmehr eine Herzens- und Lebensänderung.

Jeden September geschieht in den USA etwas Trauriges. Denn dann gehen Tausende von scheinbar christlichen Studenten auf Internatsuniversitäten – und damit beginnt der Prozess, der darin endet, dass sie den Glauben aufgeben.

Sharon hat ein Belohnungssystem für gutes Benehmen entwickelt. Jedes Mal, wenn sich ihre Kinder den Tag über gut benommen haben, wirft sie in ein gut sichtbares Glas in der Küche 20 Cent. Wenn das Glas voll ist, dürfen sich ihre Kinder bei McDonald's ihr Lieblingsessen bestellen.

Jims Söhne mussten sich in dem Vorstadthaus der Familie das größte Schlafzimmer teilen. Aber sie kamen einfach nicht miteinander aus. Jim löste das Problem, indem er ein großes Darlehen aufnahm, um sein Haus mit einem Anbau zu erweitern, damit jeder seiner Söhne, die mittlerweile im Teenageralter sind, ein eigenes Zimmer bekam.

Becky hat »ruhige Abendessen am Samstag« eingeführt, damit sie wenigstens an einem Tag in der Woche das Essen mit ihrem Ehemann und ihren vier Jungs genießen kann, ohne dass das Ganze in lautes Chaos ausartet. Nun graut den Jungs vor dem samstäglichen Essen, denn sie müssen dabei mucksmäuschenstill sein.

Fran und Joe haben einen finanziellen Betrag auf jede Hausarbeit ausgesetzt, die sie ihren Kindern auftragen. Fran hat sich auf ihrem iPad eine Tabelle erstellt, in der sie jede ausgeführte Arbeit einträgt und wie viel Geld sich jedes Kind damit verdient hat.

Bill hat in seinem Haus einen ruhigen Ort geschaffen, den, wenn eines seiner Kinder respektlos und ungehorsam war, es aufsuchen muss, um dort allein zu sein. Doch er will nicht nur, dass seine Kinder dort sitzen und darüber nachdenken, was sie getan haben, sondern sie sollen auch Angst davor haben, an diesen Ort gehen zu müssen.

Sam hat seinen Sohn aufs College geschickt, ohne ihm Geld mitzugeben. Wenn er irgendetwas benötigt oder haben möchte, muss er zu Hause anrufen: Dann überweist Sam den entsprechenden Betrag auf sein Bankkonto. Sam will seinem Sohn auf diese Weise nicht nur beibringen, sparsam zu sein, sondern er möchte auch seine Ausgaben kontrollieren können.

Alle Kinder der Smiths haben Handys. Sie haben jedoch Handys mit Guthabenkarte, damit ihre Eltern besser kontrollieren können, wie viel Zeit sie am Handy zubringen.

Als ihre Kinder noch in der Grundschule waren, kam Mary auf den Gedanken, ihren Kindern Belohnungen für gute Noten zu geben. Für jede gute Note gab es einen bestimmten Geldbetrag. Wenn eines ihrer Kinder sich auf diese Art 20 Dollar verdient hatte, dann konnte es sich dafür in seinem Lieblingsladen oder -Internetshop etwas kaufen.

Jenny hatte es satt, dass sich ihre Kinder um die Fernbedienung stritten. Deshalb erstellte sie eine »Fernbedienungsnutzungstabelle«, um festzulegen, wer die Fernbedienung wann haben durfte, und um endlich ein bisschen Ruhe im Wohnzimmer zu haben.

Jared kann es gar nicht abwarten, endlich alt genug zu sein, um der Kontrolle seiner Eltern und ihren unzähligen Regeln zu entkommen und selbst eigene Entscheidungen treffen zu können.

Liz hasst es, wie ihre Mutter ihr die Kleidung zusammenstellt, und wechselt deshalb oft ihre Kleidung, nachdem sie das Haus verlassen hat.

Cindy ist am Ende des Tages erschöpft, nachdem sie erneut versucht hat, alles ihr Mögliche zu tun, ihre kleine Bande von drei Jungen und einem Mädchen unter Kontrolle zu halten.

Jede dieser Schilderungen hat ein Thema. Haben Sie es erkannt? Diese Eltern stammen aus unterschiedlichen Orten, haben Kinder unterschiedlichen Alters, und doch haben alle Eltern sich derselben Sache verschrieben. Auch wenn nicht alles *falsch* ist, was sie versucht haben, so ist doch alles *ungeeignet*. Jeder dieser kleinen Auszüge aus dem Erziehungsalltag, den ich Ihnen gerade vorgestellt habe, handelt entweder von dem Versuch der Eltern, das Verhalten ihrer Kinder zu kontrollieren, oder von den Auswirkungen jener Versuche. Müssen unsere Kinder kontrolliert werden? Auf jeden Fall! Genügt es, dass wir Eltern das Verhalten unserer Kinder kontrollieren? Auf keinen Fall!

In diesem Kapitel möchte ich ein Thema dieses Buches erneut aufgreifen und erweitern: Als Eltern sind wir zu etwas Grundsätzlicherem berufen als lediglich zur Verhaltenskontrolle der Kinder, die Gott unserer Fürsorge anvertraut hat. Ich habe diese Thematik bereits in mehreren Kapiteln angeschnitten, die Sie bisher gelesen haben. Aber ich möchte in diesem Kapitel den Fokus der Aufmerksamkeit auf diese Thematik noch mehr verschärfen.

Was unsere Kinder brauchen

Unsere Aufgabe als Eltern wird durch die Bedürfnisse unserer Kinder definiert. Unser Handeln als Eltern sollte nicht von den Werten der uns umgebenden Gesellschaft beeinflusst sein. Es sollte keine Reaktion darauf sein, wie unsere Eltern *uns* erzogen haben. Unser Handeln sollte nicht von Traumvorstellungen über das, was aus unseren Kindern einmal werden soll, beeinflusst sein. Es sollte nicht von dem Auf und Ab unserer Emotionen beeinflusst sein. Die Erziehung unserer Kinder sollte auch nicht von den Dingen beeinflusst sein, von denen Gott sagt, dass sie jeder Mensch benötigt. Unten folgt eine Liste ebendieser fundamentalen menschlichen Bedürfnisse. Doch dabei sollte man Folgendes beachten: Es handelt sich hierbei nicht allein um die Dinge, die unsere Erziehung beeinflussen sollten, sondern es sind zugleich auch die Dinge, die Gott uns verheißt und für jedes einzelne seiner Kinder tut. Als unser himmlischer Vater weiß Gott um unsere Bedürfnisse. Er hat uns dazu berufen, dass wir, während wir ihn repräsentieren, für diese Bedürfnisse im Leben unserer Kinder Sorge tragen sollen.

Dies sind Dinge, denen sich alle Eltern täglich widmen sollten, um sie an ihre Kinder liebevoll, geduldig und treu weiterzugeben. Diese Dinge sind sehr viel wichtiger als vieles von dem, was unsere Aufmerksamkeit in Anspruch nimmt, unseren Terminkalender verschlingt und uns unserer Energie als Eltern beraubt. Wenn Gott uns diese Dinge verheißt, dann tut er das, weil er weiß, dass wir sie brauchen und unseren Kindern nicht unabhängig von ihm geben können. Und wenn das auf *uns* zutrifft, dann trifft das auch auf *unsere Kinder* zu. Daher ruft Gott uns dazu auf, Vermittler zu sein, die diese guten Dinge in das Leben ihrer Kinder hineinbringen.

Gott ruft uns dazu auf, täglich Kontrolle über unsere Kinder auszuüben, damit wir ihnen regelmäßig diese Dinge geben. Wir müssen an unsere Kinder Gottes Gesetz weitergeben und auch die Hausregeln, also die Anwendung der Gesetze Gottes auf das tägliche Leben. Wir müssen sie fortwährend darüber belehren, was richtig ist und wie sie Gott wohlgefällig leben können. Wir müssen immer wieder einschreiten und unsere Kinder vor sich selbst schützen. Wir müssen sie darauf vorbereiten, einen guten Wandel in dieser kaputten Welt zu führen. Wir müssen ihre Tage strukturieren und sie darüber belehren, wie man in die Zukunft investiert. Wir müssen ihnen Weisheit vermitteln und ihnen beibringen, diese Weisheit auch auszuleben. Wenn sie Falsches tun, müssen wir sie damit konfrontieren. Wenn sie rebellisch sind, müssen wir sie maßregeln. Um alle diese Dinge tun zu können, müssen wir Kontrolle ausüben, ja, *treue* Kontrolle. Aber selbst dann, wenn wir all diese Dinge in Treue tun, haben wir immer noch nicht genug getan.

Klingt das verwirrend? Nun, gehen wir dazu einmal sorgfältig die Liste der Bedürfnisse in Verbindung mit den entsprechenden Bibelabschnitten durch.

Leitung

> *»Wo keine Führung ist, verfällt ein Volk; aber Rettung ist bei der Menge der Ratgeber« (Sprüche 11,14).*

> *»Denn mein Fels und meine Burg bist du; und um deines Namens willen führe mich und leite mich« (Psalm 31,4).*

Schutz

> *»Wie schwirrende Vögel, so wird der HERR der Heerscharen Jerusalem beschirmen: beschirmen und erretten, verschonen und befreien« (Jesaja 31,5).*

> *»Wer im Schutz des Höchsten sitzt, wird bleiben im Schatten des Allmächtigen« (Psalm 91,1).*

Unterweisung

»Gütig und gerade ist der HERR, darum unterweist er die Sünder in dem Weg« (Psalm 25,8).

»So spricht der HERR der Heerscharen …: Werdet ihr keine Zucht annehmen, um auf meine Worte zu hören?, spricht der HERR« (Jeremia 35,13).

Weisheit

»Wenn aber jemand von euch Weisheit mangelt, so erbitte er sie von Gott, der allen willig gibt und nichts vorwirft, und sie wird ihm gegeben werden« (Jakobus 1,5).

»Aus ihm aber seid ihr in Christus Jesus, der uns geworden ist Weisheit von Gott …« (1. Korinther 1,30).

Autorität

»Jede Seele sei den obrigkeitlichen Gewalten untertan; denn es gibt keine Obrigkeit, außer von Gott, diejenigen aber, die bestehen, sind von Gott eingesetzt« (Römer 13,1).

»Und Jesus trat herzu und redete zu ihnen und sprach: Mir ist alle Gewalt gegeben im Himmel und auf der Erde« (Matthäus 28,18).

Regeln

»Das Gesetz des HERRN ist vollkommen und erquickt die Seele; das Zeugnis des HERRN ist zuverlässig und macht weise den Einfältigen« (Psalm 19,8).

»Du bist nahe, HERR; und alle deine Gebote sind Wahrheit« (Psalm 119,151).

Pläne

»Denn ich weiß ja die Gedanken, die ich über euch denke, spricht der HERR, Gedanken des Friedens und nicht zum Unglück, um euch Ausgang und Hoffnung zu gewähren« (Jeremia 29,11).

»Der Ratschluss des HERRN besteht ewig, die Gedanken seines Herzens von Geschlecht zu Geschlecht« (Psalm 33,11).

Vorsorge

»Das Herz des Menschen erdenkt seinen Weg, aber der HERR lenkt seine Schritte« (Sprüche 16,9).

»Da seine göttliche Kraft uns alles zum Leben und zur Gottseligkeit geschenkt hat …« (2. Petrus 1,3).

Einsicht

»Verständiger bin ich als alle meine Lehrer, denn deine Zeugnisse sind mein Sinnen« (Psalm 119,99).

»Die Eröffnung deiner Worte erleuchtet, gibt Einsicht den Einfältigen« (Psalm 119,130).

Zurechtweisung

»Der die Nationen zurechtweist, sollte er nicht strafen, er, der Erkenntnis lehrt den Menschen?« (Psalm 94,10).

»… ermuntert euch selbst an jedem Tag, solange es ›heute‹ heißt, damit niemand von euch verhärtet werde durch Betrug der Sünde« (Hebräer 3,13).

Züchtigung

»So erkenne in deinem Herzen, dass, wie ein Mann seinen Sohn züchtigt, der HERR, dein Gott, dich züchtigt« (5. Mose 8,5).

»Denn wen der Herr liebt, den züchtigt er; er geißelt aber jeden Sohn, den er aufnimmt« (Hebräer 12,6; vgl. Sprüche 3,12).

Warnung

»… da sprach er zu ihnen: Richtet euer Herz auf alle Worte, die ich euch heute bezeuge, damit ihr sie euren Kindern befehlt, dass sie darauf achten, alle Worte dieses Gesetzes zu tun« (5. Mose 32,46).

»Auch wird dein Knecht durch sie [die Rechte des HERRN] belehrt; im Halten derselben ist großer Lohn« (Psalm 19,12).

Liebe

»Und der HERR ging vor seinem Angesicht vorüber und rief: HERR, HERR, Gott, barmherzig und gnädig, langsam zum Zorn und groß an Güte und Wahrheit …« (2. Mose 34,6).

»Denn so hat Gott die Welt geliebt, dass er seinen eingeborenen Sohn gab …« (Johannes 3,16).

Vergebung

»Doch bei dir ist Vergebung, damit du gefürchtet werdest« (Psalm 130,4).

»… wie auch der Christus euch vergeben hat, so auch ihr« (Kolosser 3,13).

Sicherheit

»Er gibt ihm Sicherheit, und er wird gestützt. Aber seine Augen sind über ihren Wegen« (Hiob 24,23).

»Du, HERR, wirst sie [deine Worte] bewahren, wirst sie behüten vor diesem Geschlecht bis in Ewigkeit« (Psalm 12,8).

Schauen Sie sich nun noch einmal diese Liste an und fragen Sie sich, was darin fehlt. Zugegeben, es ist eine wunderbare Liste von Dingen, die jeder Mensch braucht. Wenn wir sicherstellen, dass unseren Kindern diese Dinge zuteilwerden, dann ist das eine sehr gute Sache. Aber die Liste ist nicht vollständig. Gott verheißt uns zwar all diese Dinge, aber als unser himmlischer Vater gibt er sich nicht damit zufrieden, wenn wir alle diese Dinge haben. Denn allein das Kontrollieren unserer Kinder – um ihnen diese Dinge zu geben und so ihr Verhalten zu prägen – reicht nicht aus. Der Gott, der uns mit dieser Aufgabe betraut hat, verspricht uns *mehr* und hat uns zu *mehr* berufen. Das Bedürfnis unserer Kinder nach diesen Dingen gründet sich in der Tat auf ein viel tieferes und fundamentaleres Bedürfnis. Gott beruft uns zu weit mehr als nur zum Kontrollkampf. Er beruft uns zu dem Kampf aller Kämpfe. Es ist jener Kampf, der das Hauptdrama der Erlösungsgeschichte ist, das Hauptthema des Wortes Gottes. Gott ruft uns dazu auf, unser Hauptaugenmerk auf diese Kampfesfront zu lenken. Er möchte uns zu verstehen geben, dass all die anderen guten und nötigen Dinge, die wir unseren Kindern zu geben versuchen, nicht das Ziel der Erziehung sind, sondern lediglich ein Mittel zu einem höheren Zweck. Gott ruft uns dazu auf, uns diesem tieferen Bedürfnis so eifrig zu verpflichten, wie er das tut. Er tut es, damit wir uns nicht ablenken oder auf ein Nebengleis führen lassen und damit wir uns nicht mit halber Arbeit zufriedengeben.

Er hat uns zu der Aufgabe aller Aufgaben berufen. Er wird mit uns sein und uns all das geben, was wir dazu brauchen. Er ruft uns auf, in Treue Kontrolle auszuüben. Aber er möchte auch, dass wir uns nicht damit zufriedengeben. Unsere geliebten Kinder benötigen dringend unserer elterlichen Kontrolle. Doch sie werden nicht zu dem, wozu Gott sie erschaffen hat, wenn das *alles* ist, was wir ihnen geben.

Das tiefe Bedürfnis eines Kindes

Wenn wir unsere Kinder aufmerksam beobachten und einmal nicht darüber nachdenken, womit wir uns als ihre Eltern alles beschäftigen müssen, dann gelangen wir zu dem Schluss, dass sie *mehr* als wachsame, elterliche Kontrolle benötigen. Denn in ihnen läuft etwas falsch. Es ist nicht nur, dass sie törichte Entscheidungen fällen, in einem fort mit uns diskutieren, einander schlecht behandeln, anspruchsvoll und fordernd sind, sich für klüger halten, als sie sind, unsere Autorität infrage stellen, lieber Nein als Ja sagen, in erschreckender Weise von der Welt angezogen zu werden scheinen, einen Mangel an Interesse an Dingen des Herrn zu haben scheinen, schmollen, wenn sie nicht ihren Willen bekommen, oder sich so lange weigern, glücklich zu sein, bis sie endlich bekommen haben, was sie wollten. Alle diese Dinge sind beständige Symptome eines tiefen, dauerhaften und unvermeidbaren Bedürfnisses, mit dem sie auf diese Welt kommen. Ganz gleich, wie erfolgreich wir auch darin sein mögen, ihre Entscheidungen und ihr Verhalten zu kontrollieren, *kann* und *wird* unsere Kontrolle dieses tiefere Bedürfnis unserer Kinder nicht stillen oder sie gar ganz davon befreien.

Dieses Bedürfnis und die prägende Auswirkung, die es auf unsere Erziehung haben muss, kann am Besten mithilfe von Psalm 51 verstanden werden.

»Sei mir gnädig, o Gott,
nach deiner Güte!
Nach der Größe deiner Erbarmungen
tilge meine Übertretungen!

Wasche mich völlig von meiner Ungerechtigkeit,
und reinige mich von meiner Sünde!

Denn ich kenne meine Übertretungen,
und meine Sünde ist beständig vor mir.
Gegen dich, gegen dich allein habe ich gesündigt,
und ich habe getan, was böse ist in deinen Augen;
damit du gerechtfertigt wirst, wenn du redest,
für rein befunden, wenn du richtest.
Siehe, in Ungerechtigkeit bin ich geboren,
und in Sünde hat mich meine Mutter empfangen.
Siehe, du hast Gefallen an der Wahrheit im Innern,
und im Verborgenen wirst du mir Weisheit kundtun.

Entsündige mich mit Ysop, und ich werde rein sein;
wasche mich, und ich werde weißer sein als Schnee.
Lass mich Fröhlichkeit und Freude hören,
so werden die Gebeine frohlocken, die du zerschlagen hast.

Verbirg dein Angesicht vor meinen Sünden,
und tilge alle meine Ungerechtigkeiten!
Schaffe mir, Gott, ein reines Herz,
und erneuere in meinem Innern einen festen Geist!
Verwirf mich nicht von deinem Angesicht,
und den Geist deiner Heiligkeit nimm nicht von mir!
Lass mir wiederkehren die Freude deines Heils,
und mit einem willigen Geist stütze mich!

Lehren will ich die Übertreter deine Wege,
und die Sünder werden zu dir umkehren.
Errette mich von Blutschuld, Gott,
du Gott meines Heils,
so wird meine Zunge jubelnd preisen deine Gerechtigkeit.
Herr, tu meine Lippen auf,

und mein Mund wird dein Lob verkünden.
Denn du hast kein Gefallen an Schlachtopfern, sonst gäbe ich sie;
an Brandopfern hast du kein Wohlgefallen.
Die Opfer Gottes sind ein zerbrochener Geist;
ein zerbrochenes und zerschlagenes Herz wirst du, Gott, nicht verachten.

Tu Zion Gutes in deiner Gunst,
baue die Mauern Jerusalems!
Dann wirst du Gefallen haben an Opfern der Gerechtigkeit,
an Brandopfern und Ganzopfern;
dann wird man Stiere opfern auf deinem Altar« (Psalm 51,3-21).

Dieser Psalm ist derart hilfreich, das tiefe Bedürfnis unserer Kinder zu verstehen, dass ich glaube, dass anhand von Psalm 51 ein ganzes Buch über Kindererziehung geschrieben werden könnte. Die Auswirkungen von dem, was David bekennt und worum er Gott anfleht, stellen hinsichtlich dessen, wozu Gott uns im Leben unserer Kinder berufen hat, eine völlig neue Agenda auf. Wenn ich nun die Bedeutung dieses Psalms untersuche, um die Aufgabe der Erziehung zu verstehen, möchte ich unseren Blick auf Davids Bekenntnis lenken. David sagt nicht: »Ich habe Mist gebaut und es tut mir leid.« Weit gefehlt! David ist sich zutiefst bewusst, weit mehr als lediglich ein Verhaltensproblem zu haben. Es fällt auf, dass David sein Bekenntnis über bestimmte und konkrete Sünden mit einem flehentlichen Schreien nach der Hilfe Gottes verbindet. In Bezug auf unsere Aufgabe als Eltern möchte ich aus diesem Psalm eine Sechs-Punkte-Agenda aufstellen:

1. *Unsere Kinder müssen ihre Sünde sehen, denn nur dann werden sie Gott um Barmherzigkeit anflehen (Vers 1).*
   Psalm 51 beginnt mit einem Ausruf, den jeder Mensch tätigen sollte. Aber leider tun Milliarden von Menschen dies nicht. Denn ein Mensch ruft diese Worte nur aus, wenn er an den Punkt

gelangt ist, an dem er anerkennt, dass sich die größte Gefahr in unserem Leben nicht außerhalb von uns, sondern in uns befindet und wir Personen sind, die der dringenden Hilfe Gottes – und der Hilfe jener Helfer, die Gott in unser Leben gestellt hat – benötigen. Es gibt keine wichtigere Aufgabe für Eltern, als unsere Kinder auf liebevolle und geduldige Weise an den Punkt zu bringen, an dem auch sie Gott um Gnade anflehen. Dies geschieht nur dann, wenn wir die Sünde erkannt haben, die in uns ist und von der wir uns selbst nicht befreien können. Kinder, die beginnen, sich demütig und bereitwillig ihre Sündhaftigkeit einzugestehen, werden nicht nur Gott um Hilfe bitten, sondern sie werden auch damit aufhören, sich der Hilfe, Leitung, Korrektur und Unterweisung ihrer Eltern zu widersetzen. Wie traurig wäre es, wenn wir zwar erfolgreich das Verhalten unserer Söhne und Töchter kontrollieren würden, sie aber doch eines Tages ihr Elternhaus verlassen, ohne sich jemals die Sünde in ihrem Herzen und ihr dringendes Bedürfnis nach Gottes Barmherzigkeit eingestanden zu haben?

Was, wenn unsere Kinder eine gute Bildung bekommen und eine gute Arbeitsstelle finden, gesund und erfolgreich und beliebt sind, aber keinerlei Bewusstsein für Sünde und kein Bedürfnis nach der Barmherzigkeit Gottes haben? Vielleicht macht uns Davids Flehen um Gnade deutlich, dass unser Problem als gläubige Eltern nicht darin besteht, dass wir die »Erziehungslatte« zu hoch setzen und zu viel von unseren Kindern verlangen. Ich bin der Ansicht, dass wir die Latte zu *niedrig* setzen und lediglich auf *horizontalen* Erfolg aus sind – obwohl uns Gott dazu berufen hat, Vermittler einer radikalen Herzens- und Lebensänderung zu sein.

2. *Unsere Kinder müssen die Natur der Sünde verstehen, damit sie ihre Gefahren nicht verharmlosen (Verse 3-5).*

Es gilt Folgendes zu bedenken. Es ist keineswegs schlecht, wenn wir mit unseren Kindern über ihre Sünde sprechen. Wir sollten es so sehen: Alle Eltern, die ihre Kinder lieben, warnen sie vor den Gefahren, die sie umgeben. Warum? Damit sie um die Gefahren wissen und diese vermeiden können. Wir tun es, weil wir unsere Kinder lieben. Wir wollen sie vor Dingen bewahren, die ihnen zum Schaden sein können. Denn es gibt nichts Schädlicheres im Leben eines Kindes als die eigene Sünde. Darauf aufmerksam zu machen, ist etwas Gutes und Liebevolles.

Es ist wichtig zu verstehen, dass unsere Kinder nicht auf diese Welt kommen und sofort ihre Sünde sehen und die damit verbundenen ernsten Konsequenzen anerkennen. Es ist unsere Aufgabe als Eltern, ihnen dieses aufzuzeigen. Hier erweist sich Psalm 51 erneut als enorm hilfreich, denn die drei Begriffe, die David für *Sünde* verwendet, veranschaulichen deutlich ihre lebenszerstörende Gefahr. Der grundsätzliche Begriff, den David für diese tiefe Zerbrochenheit des Herzens benutzt, ist *Sünde*. Sünde bedeutet, dass unsere Kinder bei all ihren natürlichen Begabungen, Fähigkeiten und Leistungen fortwährend der Anforderung Gottes nicht gerecht werden. Um es anschaulich zu machen: Es ist nicht so, dass unsere Kinder den Bogen nehmen, zielen und Gottes Ziel verfehlen. Sondern sie zielen, ziehen die Sehne des Bogens zurück und schießen – und jeder einzelne Pfeil erreicht das Ziel *nicht*. Nicht ein einziger Pfeil trifft den äußeren Ring des Ziels. Jeder Pfeil fällt zu Boden, fliegt zu kurz, um Gottes Ziel zu erreichen. Sünde bedeutet, dass unsere Kinder selbst nicht die Fähigkeit besitzen, so zu leben, wie Gott es vorgesehen und geboten hat. Keine elterliche Kontrolle, kein Erziehungssystem und kein persönlicher Erfolg wird ihnen diese Fähigkeit verleihen. Es bedarf des göttlichen Eingreifens.

Der zweite Begriff, den David verwendet, ist *Ungerechtigkeit*. Ungerechtigkeit ist moralische Unreinheit. Es bricht einem das Herz, wenn man darüber nachdenkt, aber es ist von der Bibel her wahr: Unsere Kinder kommen als innerlich Unreine auf diese Welt. Was bedeutet das? Moralische Unreinheit bedeutet, dass unsere Kinder von Natur aus von dem angezogen werden, von dem Gott sagt, dass es falsch ist. Deshalb sind sie für die Vielzahl an Versuchungen, die ihnen täglich begegnen, empfänglich.

Das Problem unserer Kinder reicht tiefer als die Tatsache, dass sie unvollkommene Eltern oder selbstsüchtige Geschwister oder gemeine Freunde haben oder in einer kaputten Welt leben. Ihr Problem ist, dass sie in all diese Situationen mit einer Empfänglichkeit für Versuchungen und einer Anziehungskraft für Falsches kommen. Wenn wir genau hinschauen, dann werden wir diese Anziehungskraft und diese Empfänglichkeit im Leben unserer Kinder fast jeden Tag entdecken können.

Der letzte Begriff, den David zur Beschreibung von Sünde verwendet, ist *Übertretung*. Sünde macht unsere Kinder nicht nur unfähig, nicht nur empfänglich. Nein, Sünde macht aus unseren Kindern Rebellen. Übertretung bedeutet, bewusst und willentlich Gottes Grenzen zu übertreten. Es meint, das Parkverbotsschild zu sehen und trotzdem dort zu parken. Es meint, »Betreten verboten« zu lesen und dennoch über den Zaun auf das Grundstück zu klettern. Es mag, wie gesagt, schwierig sein, es zu akzeptieren, aber unsere Kinder rebellieren von Natur aus gegen Autoritäten: gegen Gott und gegen die Eltern. Sie haben eine natürliche Neigung, die für sie aufgestellten Grenzen übertreten zu wollen. Sie neigen dazu, sich der Grenze immer mehr zu nähern, bis sie die Grenze schließlich überqueren, um dann das zeitweilige Gefühl zu haben, wie es ist, selbst Herrschaft auszuüben. Es geht es nicht darum, dass unsere Kinder unwissend sind oder Unterweisung benötigen. Wenn alles, was unsere Kinder benötigen, gute Unterweisung wäre, um das Leben zu führen, das Gott für sie entworfen hat, dann wären, ich wiederhole mich, das Leben, der Tod und die Auferstehung Jesu nicht notwendig gewesen. Unsere Kinder brauchen das göttliche Eingreifen, denn sie sind von Natur aus Rebellen – sie rebellieren gegen alle Autorität, mit Ausnahme ihrer eigenen. Das wird an dem kleinen Mädchen sichtbar, dem es leichter fällt, zu seiner Mama Nein zu sagen als Ja. Das wird aber auch an dem Teenager sichtbar, der jedes Mal, wenn er aufgefordert wird, etwas Bestimmtes zu tun, anfängt zu widersprechen, egal um was es sich dabei handelt.

Wenn unsere Kinder an den Punkt gelangen sollen, an dem sie die Sünde, die in ihnen wohnt, fürchten und Gottes und unsere Hilfe suchen, dann müssen sie zuerst den Ernst der Sünde verstehen. Die erwähnten drei Begriffe machen die Gefahr der Sünde deutlich und wie wichtig es für unsere Kinder ist anzuerkennen, dass die Sünde in ihren Herzen wohnt.

3. *Unsere Kinder müssen verstehen, dass sie eigentlich nicht mit ihren Eltern ein Problem haben, sondern mit Gott (Vers 6).*
Es erscheint ziemlich seltsam, dass ein Mensch, der Ehebruch begangen und gemordet hat, bekennt, gegen Gott, und gegen Gott allein, gesündigt zu haben. Aber dass David dies bekennt, macht deutlich, dass er nicht nur den Ernst dessen, was er getan hat, erkannt hat, sondern auch den bedrohlichen Zustand seines Herzens, der ihn zu seinem Handeln gebracht hat. Das müssen auch unsere Kinder verstehen. Jede Sünde hat eine vertikale Ausrichtung. Jede Sünde ist ein Schlag in das Angesicht Gottes. Jede Sünde ist das Verlangen, Gott von seinem Thron zu stürzen und sich selbst auf diesen Thron zu setzen. Jedes Mal, wenn unsere Kinder sündigen, meinen sie, klüger als Gott zu sein, es besser zu wissen und in der Lage zu sein, ihre eigenen Gesetze zu schreiben. Jede Sünde ist eine Unabhängigkeitserklärung an Gott. Jede Sünde platziert unsere Kinder in das Zentrum der Welt und gibt ihnen das Gefühl, dass sich das ganze Leben nur um sie dreht.

Unsere Kinder sind erschaffen worden, um für Gott zu leben, um Gott ihr Leben zu geben, um sich gerne in den von Gott gesetzten Grenzen aufzuhalten und alles zur Ehre Gottes zu tun. Doch Sünde bewirkt, dass sie sich weigern, zur Verherrlichung eines anderen zu leben. Sünde bewirkt, dass unsere Söhne und Töchter ihr Leben auf *ihre* Wünsche, *ihre* Gefühle und *ihr* Glück reduzieren. Keine einzige Sünde ist ausschließlich horizontal. Wenn sich unsere Kinder uns gegenüber respektlos verhalten, dann verunehren sie zugleich Gott, denn Gott hat ihnen geboten, ihre Eltern zu ehren. Wenn sich unsere Kinder untereinander streiten, dann kämpfen sie letztendlich gegen Gott, denn es ist Gott, der sie dazu aufruft, friedfertig miteinander umzugehen. Wenn unser Sohn im Teenageralter ein Mädchen schwängern würde, dann würde sich seine moralische Verfehlung gegen Gott richten, der ihm gebietet, den Körper einer anderen Person nicht zu seinem eigenen Vergnügen zu entehren.

Als Eltern dürfen wir nie die vertikale Ausrichtung der falschen Dinge, die unsere Kinder tun, aus den Augen verlieren und diese Dinge nur auf uns beziehen. Wir müssen unseren Kindern auch verstehen helfen, dass sie für Gott gemacht worden sind, dass sie erschaffen wurden, um seinen Willen zu tun, und dass sich deshalb all das Falsche, das sie tun, immer auch gegen Gott richtet.

4. *Unsere Kinder müssen verstehen, dass Sünde ein Problem ihrer Natur ist und dass daraus die Verhaltensprobleme resultieren (Vers 7).* David sagt: »Siehe, in Ungerechtigkeit bin ich geboren, und in Sünde hat mich meine Mutter empfangen.« Damit meint David, dass sein größtes Problem nicht situationsbedingt ist und dass es sich dabei nicht um ein geografisches und auch nicht um ein Beziehungsproblem handelt. Nein, David macht deutlich: »Mein größtes Problem ist meine Natur. Ich wurde als Sünder geboren. Ich bin so auf diese Welt gekommen.« Es ist für uns und unsere Kinder bedeutend und sehr wichtig, das gut zu verstehen. Es reicht nicht aus zu sagen, dass unsere Kinder sündigen. Wir und sie müssen anerkennen, *Sünder* zu *sein*. Sünde ist nicht in erster Linie böses Verhalten. Sünde ist ein *Zustand*, der böses Verhalten hervorbringt. Ein Sünder kann nicht einfach zu sich sagen: »Ab Morgen sündige ich nicht mehr!«, und das dann vom nächsten Tag an umsetzen.

Unsere Kinder zu lieben, bedeutet auch, ihnen verstehen zu helfen, dass es nicht ausreicht zu bekennen, manchmal falsche Dinge zu *tun*. Sie müssen an den Punkt gelangen, an dem sie bekennen, dass das Falsche in ihnen *lebt* und sie deshalb dringend die befreiende, vergebende, umgestaltende und erlösende Barmherzigkeit Gottes benötigen.

5. *Unsere Kinder müssen verstehen, was das einzige Mittel gegen Sünde ist: ein neues Herz. Denn Sünde ist ein Herzensproblem (Vers 12).*
   Jemand, der Verlangen nach einem neuen Herzen hat, hat verstanden, dass Sünde seine größte Not ist. Das einzige Mittel zur Heilung des mit der Sündenkrankheit infizierten Herzens unserer Kinder ist eine von Gott durchgeführte »Herztransplantation«. Aus diesem Grund war Jesus bereit, in diese gefallene Welt zu kommen. Aus diesem Grund war er bereit, die Grausamkeiten des Kreuzestodes zu erdulden. Aus diesem Grund musste er sein Grab wieder verlassen, damit er uns und unseren Kindern das geben kann, was wir alle brauchen, nämlich: ein neues Herz. Unsere Kinder müssen nicht nur geleitet werden – sie müssen befreit werden. Unsere Kinder müssen nicht nur unterwiesen werden – sie benötigen eine göttliche Operation. Doch es reicht nicht aus, dass wir *Eltern* diese Notwendigkeit erkennen. Diese Notwendigkeit muss auch von unseren *Kindern* erkannt werden, denn sonst werden sie sich auch weiterhin unserer Hilfe widersetzen und nicht zugeben, dass auch sie Gottes Hilfe benötigen.

6. *Unsere Kinder müssen darüber belehrt werden, dass sie zu dem einzigen Ort der Hoffnung kommen müssen: zur vergebenden Gnade Gottes (Vers 15).*
   Ich habe es bereits an anderer Stelle geschrieben, aber es muss auch in diesem Zusammenhang gesagt werden: Der Weg zur Hoffnung ist die Hoffnungslosigkeit. Erst dann, wenn unsere Kinder anfangen, sich selbst, ihre Weisheit, ihre Stärke und ihre Gerechtigkeit aufzugeben, werden sie Gott um Barmherzigkeit anflehen. Solange sie an der Hoffnung festhalten, es auch ohne ihre Eltern und ohne Gott schaffen zu können, werden sie die Sünde, die in ihnen wohnt, verleugnen und das Leben in die eigene Hand nehmen. Der Mensch, der nach Vergebung sucht, erkennt an, dass

> nicht *er* das Sagen hat, dass nicht *ihm* sein Leben gehört, dass er Gottes Grenzen übertreten hat und nicht in der Lage ist, sich Gottes Wohlgefallen zu verdienen. Deshalb läuft er in seiner Hoffnungslosigkeit zu dem einzigen Platz der Hoffnung: in die vergebenden und rechtfertigenden Arme des Erlösers.
>
> Erziehung heißt, sich von Gott gebrauchen zu lassen, um seine Kinder zum heilsamen und herzensverändernden Ort der Hoffnungslosen zu bringen. Es ist nicht ein Prozess der Verurteilung, sondern der geduldigen und liebevollen Errettung. Wünschen Sie sich nicht auch diese Errettung für Ihre Kinder?

Wir sind dazu aufgerufen, von jeder Gelegenheit, die Gott uns schenkt, Gebrauch zu machen, um unseren Kindern dabei zu helfen, sich der ernstlichen Gefahr der Sünde, die in ihnen wohnt, bewusst zu werden. Wir tun es nicht mit Verärgerung und Ungeduld, sondern mit Gnade, denn wir sind uns im Klaren darüber, dass, genau wie unsere Kinder, auch wir Eltern der Barmherzigkeit Gottes bedürfen. Ein selbstgerechtes Aufmerksammachen auf die Sünde anderer bringt nichts. Es wirkt abstoßend und herablassend und wird die Herzen unserer Kinder verschließen. Bitten wir Gott also um die Gnade, dass es uns gelingt, mit unseren Kindern über ihre Sünde zu sprechen, und zwar als solche, die viel mehr über die in uns wohnende Sünde betrübt sind als über die Sünde, die in unseren Kindern ist. Wenn wir so mit unseren Kindern umgehen, dann wird unsere Sanftmut und Demut Raum schaffen für Gott, um in den Herzen unserer Kinder zu bewirken, was wir Eltern nicht bewirken können.

Kapitel 13

Ruhe

Grundsatz:
Nur das Ruhen in der Gegenwart Gottes und in seiner Gnade kann uns zu freudigen und geduldigen Eltern machen.

Fällt es Ihnen schwer, geduldig zu sein? Finden Sie es schwer, sich zu freuen? Haben Sie manchmal Angst vor dem nächsten Tag? Was könnte der Grund dafür sein? Warum bereitet es Ihnen Schwierigkeiten, sanft und liebevoll zu Ihren Kindern zu sein? Ist es Überlastung? Überforderung? Könnte es sein, dass Sie, in dem Versuch, ein *Werkzeug* der Gnade im Leben Ihrer Kinder zu sein, die wunderbaren *Ressourcen* der Gnade aus den Augen verloren haben, mit denen der himmlische Vater all seine Kinder beschenkt? Vielleicht haben Sie bei all Ihrer Bemühung, für Gott brauchbar zu sein und Kinder hervorzubringen, die wissen, was es bedeutet, in Gottes Weisheit und Gnade zu ruhen, vergessen, wie Sie selbst zur Ruhe kommen können.

Überall in der Welt, wo ich Konferenzen zum Thema Kindererziehung leite, treffe ich immer wieder auf frustrierte, erschöpfte Eltern. Viele von ihnen haben mir gegenüber bekannt, dass ihnen davor graute, wieder auf eine solche Konferenz zu gehen, weil sie dachten, erneut all die Dinge gesagt zu bekommen, die sie nicht taten, und sich dann das ganze Wochenende armselig und schuldig zu fühlen. Eine Mutter nach der anderen gab mir gegenüber zu, mit ihren Kräften am Ende zu sein. Ich bin von Vätern gefragt worden, wie sie mit ihrem Zorn umgehen sollten. Viele Eltern sagten mir, dass sie sich sehr wohl bewusst seien, dass sie Dinge taten und sagten, die sie nicht tun und sagen sollten, doch dass sie nicht wüssten, wie sie damit umgehen sollten.

Lydia: »Morgens nehme ich mir vor, es heute besser zu machen. Aber am Ende des Tages habe ich meine Kinder doch wieder angeschrien.«

Jason: »Sobald mein Sohn seine Ausreden vorbringt, werde ich zornig.«

Marge: »Ich habe all die guten Bücher zum Thema Erziehung gelesen, aber in keinem davon konnte ich Hilfe finden.«

Sue: »Wie kann es sein, dass ein dreijähriger Junge die Macht hat, mich so verrückt zu machen?«

Ginny: »Ich gehe erschöpft ins Bett und wache erschöpft auf. Es gibt nicht viel, worüber ich mich freuen kann.«

Frank: »Letztes Wochenende haben wir uns eine Auszeit genommen, weil wir beide durch unsere vier Jungs kräftemäßig am Ende waren.«

Sam: »Wir haben uns so darauf gefreut, Kinder zu haben, aber diese Freude ist uns längst vergangen.«

Sharon: »Ich habe die ganze Zeit den Eindruck, dass ich einfach nicht das habe, was ich als Mutter für meine Aufgaben bräuchte.«

Judy: »Ich habe das Gefühl, einfach mal Ruhe zu brauchen. Aber so etwas wie Ruhe für Eltern, das gibt es ja nicht.«

Überfordert, überlastet, erschöpft und entmutigt. Ich denke, dass das der Zustand von viel mehr gläubigen Eltern ist, als wir vielleicht meinen. In unserer Erschöpfung und Entmutigung sind wir viel zu empfänglich dafür, Dinge zu tun und zu sagen, die nicht nur alles andere als hilfreich für unsere Kinder sind, sondern unsere Last der Unzulänglichkeit nur noch verstärken, die wir bereits zu tragen haben. Manchmal denken wir über das nach, was wir getan haben, und es macht uns traurig, dass wir so geworden sind, wie wir auf keinen Fall werden wollten, und dass wir das getan haben, von dem wir uns geschworen hatten, es niemals zu tun.

Gegen Ende dieses Buches habe ich gute Nachrichten für Sie. Mein Gebet ist, dass es Ihnen nicht nur Ihre Last erleichtert, sondern auch klarmacht, wozu Gott sie als Eltern berufen hat. Gott ruft uns nirgendwo dazu auf, die Realität unseres täglichen Erziehungskampfes zu verleugnen. Er ruft uns nirgendwo dazu auf herunterzuspielen, wie schwer es ist, gottesfürchtige, Gott liebende, Gott dienende Kinder in dieser schrecklich kaputten Welt großzuziehen. Er ruft uns nirgendwo dazu auf, so zu tun, als ginge es uns gut, wenn es uns in Wahrheit gar nicht gut geht. Er wird uns niemals dazu aufrufen, die Rebellion unserer Kinder und unsere Bemühungen, damit in guter Weise umzugehen, wegzureden. Der biblische Glaube erwartet an keiner Stelle, dass wir die Wirklichkeit verleugnen. Vielmehr ruft er uns dazu auf, alle problematischen Realitäten in unserem Leben durch das Objektiv der wunderbaren Herrlichkeit und Gnade unseres Erlösers zu betrachten. Es ist für uns Eltern äußerst wichtig zu verstehen, dass wir nur dann unsere täglichen Probleme und Kämpfe richtig verstehen werden, wenn wir die Größe des Einen nicht aus den Augen verlieren, der uns mit dieser Aufgabe betraut hat.

Wenn wir uns zwar demütig der Realität der Bedürftigkeit unserer Kinder und dem Kampf stellen, den wir als Eltern haben, uns aber nicht an die Herrlichkeit Gottes erinnern, der uns beauftragt hat, dann werden wir uns schnell überlastet, überfordert und schuldig fühlen. Als gläubige Eltern dürfen wir nicht die Realität verleugnen. Doch wenn wir unsere geistige und geistliche Zeit damit zubringen, uns über die Probleme Gedanken zu machen und nicht über den Herrn Jesus, dann werden wir vermutlich untergehen. Wenn wir Gott vergessen, neigen wir dazu, Lasten auf unsere Schultern zu legen, die wir gar nicht tragen können, Sorgen und Furcht Raum zu geben und von Schuldgefühlen geschwächt zu werden. Vielleicht ist das Beste, was wir für unsere Kinder tun können, nicht etwas, das wir mit *ihnen* tun, sondern etwas, das wir für uns *selbst* tun. Damit meine ich: Das Wichtigste, was wir für unsere Kinder tun können, ist, dass wir an den Einen denken, der uns beauftragt hat. Das sollte unsere Herzen zur Ruhe bringen. Denn wenn wir Unruhe in die Erziehung unserer Kinder hineinbringen, dann werden wir wohl kaum Erfolg haben. Gott vor Augen zu haben, ist der Boden, aus dem heilsame, gute und Veränderung bewirkende Erziehung hervorgeht.

Bei der Erziehung mehrerer Kinder kann man schnell verrückt werden. Damit meine ich nicht, dass wir buchstäblich verrückt werden. Ich meine damit, dass wir – ohne uns dessen bewusst zu sein – inmitten all der Geschäftigkeit und der Schwierigkeiten vergessen können, wer wir sind, vergessen können, wer Gott ist, und vergessen können, was uns anvertraut worden ist. Die Folge dieses Vergessens ist, dass wir uns Lasten auflegen, die wir überhaupt nicht tragen können, und dann infolge unserer Unzulänglichkeit scheitern. Ich erinnere mich noch, wie ich eines Abends im dunklen Schlafzimmer auf meinem Bett gesessen habe, nachdem ich ein furchtbares Gespräch mit meinem Sohn gehabt hatte. Das Gespräch war mir vollkommen entglitten. Ich hatte Dinge gesagt, die ich eigentlich gar nicht sagen wollte – und das, obwohl ich mir vorgenommen hatte, meine Zunge im Zaum zu halten. In jener Dunkelheit fühlte ich mich so niedergeschlagen, so allein und so überfordert. Ich erinnere mich noch, wie ich vor mich hin und auch zu meinem Herrn gemurmelt habe: »Ich kann das nicht länger. Es ist zu schwer …« In jenem Augenblick wurde mir mit einem Mal klar, dass Gott mich nicht dazu berufen hatte, ganz allein etwas zu tun, was ich gar nicht tun konnte. Ja, als Eltern hat Gott uns dazu berufen, Dinge zu tun, die über unsere natürlichen Fähigkeiten, unseren Charakter, unsere Weisheit, Stärke und Begabungen hinausgehen. Aber er hat uns nicht beauftragt, diese Dinge *allein* zu tun. Das Gefühl, alleingelassen zu sein, ist eine grausame Lüge, die uns jedes Mal eine Niederlage beschert.

Deshalb würde ich Ihnen gerne dabei helfen, sich zu erinnern und aufgrund dieses Erinnerns zur Ruhe zu kommen. Ein ruhiges Herz wird Ihnen ermöglichen, die guten Dinge zu tun, zu denen Gott alle Eltern berufen hat.

Der beste Bibeltext zum Thema Erziehung

Wenn ich Sie fragen würde, was der beste, praktischste und hilfreichste Abschnitt zum Thema Erziehung in der Bibel ist, was würden Sie mir antworten? Viele Eltern würden wohl antworten: »Epheser 6,1-4.« Ja, das ist ein sehr hilfreicher Bibelabschnitt. Aber ich würde gerne auf einen Bibeltext verweisen, der noch grundlegender ist. Ich denke, dass Sie von meiner Wahl überrascht sein werden, und ich denke, ich weiß auch, warum.

Ich muss Ihnen das wahrscheinlich gar nicht sagen, aber ich tue es trotzdem: Die Bibel ist nicht nach Themen geordnet. Ich weiß, dass das einige von uns frustriert. Manchmal würden wir uns irgendwie wünschen, dass die Bibel thematisch geordnet wäre, mit kleinen Markierungen am Rand, die direkt auf das betreffende Thema verweisen. Nun, wie gesagt, die Bibel ist nicht auf diese Weise angeordnet. Der Grund dafür ist nicht etwa, dass Gott einen redaktionellen Fehler begangen hat. Der Grund dafür ist die weise, göttliche Absicht. Die Bibel ist im Grunde eine einzige große Erlösungsgeschichte. Vielleicht sollte ich besser hinzufügen, dass die Bibel theologisch sorgfältig kommentiert ist. Es ist die von Gott mit wichtigen, erklärenden Anmerkungen versehende Erlösungsgeschichte.

Das bedeutet, dass wir an die Bibel nicht thematisch herangehen und einfach nur das Beste für uns herausziehen können. Es ist nicht möglich, weil die Bibel nicht so aufgebaut ist. Wenn wir beispielsweise, um mehr über Kindererziehung zu lernen, lediglich die Bibelabschnitte berücksichtigen würden, die diesen Begriff enthalten oder das Thema zu behandeln scheinen, dann würden wir den Großteil der Informationen nicht mitbekommen, die die Bibel uns Eltern mitgeben möchte. Denn die Bibel ist so aufgebaut: In gewisser Hinsicht erfahren wir in jedem Abschnitt etwas über jeden Bereich unseres Lebens. Denn jeder Abschnitt sagt uns etwas über Gott, etwas über uns selbst, etwas über die Sündenkatastrophe, etwas über das Leben in einer gefallenen Welt, etwas über die Berufung Gottes für uns und etwas über die Wirksamkeit der Gnade.

Aus diesem Grund möchte ich an dieser Stelle auf einen Bibeltext verweisen, der fast nie im Kontext der Erziehung erwähnt wird. Doch er enthält alles, was wir wissen und verstehen müssen, um den Mut und die Ruhe des Herzens zu erfahren, durch die eine gute, Gott wohlgefällige und beharrliche Kindererziehung angefacht wird.

Ich möchte auf eines der letzten – sicherlich das bekannteste – Gebote Jesu an seine Jünger verweisen. Es ist gemeinhin unter der Bezeichnung »Missionsbefehl« bekannt und wird meistens auf die formale, »offizielle« Evangelisation und Mission der Gemeinde bezogen. Aber ich bin fest davon überzeugt, dass dieses Gebot Jesu weit mehr umfasst und es deshalb echte Hoffnung und Hilfe für alle gläubigen Eltern bietet. Das Gebot Jesu formuliert recht deutlich, wozu Gott uns berufen hat und was er uns verheißen hat, wenn wir diese äußerst wichtige und lebenslange Aufgabe in Angriff nehmen. Daher erscheint es mir hilfreich, dass wir uns gegen Ende dieses Buches mit den Auswirkungen und Ermutigungen dieses Gebots beschäftigen.

> *»Und Jesus trat herzu und redete zu ihnen und sprach: Mir ist alle Gewalt gegeben im Himmel und auf der Erde. Geht nun hin und macht alle Nationen zu Jüngern und tauft sie auf den Namen des Vaters und des Sohnes und des Heiligen Geistes und lehrt sie, alles zu bewahren, was ich euch geboten habe. Und siehe, ich bin bei euch alle Tage bis zur Vollendung des Zeitalters« (Matthäus 28,18-20).*

Mir fällt keine Weisung aus dem Mund Jesu ein, die ein passenderer Aufruf an gläubige Eltern wäre als diese. Wenn Sie jemand fragen würde, was die eigentliche Aufgabe von Eltern ist, was würden Sie antworten? Nun, die Antwort finden wir hier. Unsere Aufgabe als Eltern ist, alles in unserer Macht Stehende zu tun, um ein Werkzeug in den Händen des Erlösers zu sein, der uns beauftragt hat, unsere Kinder zu gewinnen, zu ermutigen, zur Bekehrung aufzurufen und zu erziehen, als bereitwillige und freudige Jünger des Herrn Jesus Christus zu leben. Das ist viel wichtiger als gute schulische Leistungen, der Ruf der Familie, die berufliche Karriere, Fähigkeiten in Sport und Kunst oder Beliebtheit bei anderen.

Alle diese Dinge sind nicht unwichtig, aber sie dürfen nicht dem Wichtigsten den Platz streitig machen. Unsere Kinder müssen früh lernen, dass ihr Leben nicht ihnen gehört. Sie müssen früh verstehen, dass ihnen Leben und Atem gegeben wurde, um der Verherrlichung eines anderen zu dienen. Sie müssen lernen, dass sie nicht das Recht haben, ihren eigenen Regeln zu folgen oder ihre eigenen Gesetze zu schreiben. Sie müssen die Tatsache anerkennen, dass ihr Leben nicht durch das, was *sie* wollen, geprägt werden sollte, sondern durch das, wozu *Gott* sie berufen hat. Sie müssen früh verstehen lernen, dass sie Anbeter sind. Sie müssen verstehen lernen, dass ihre Funktion als Anbeter dem Einen zukommen sollte, der ihnen diese Funktion gegeben hat.

Der Kernauftrag von Eltern ist, Kinder großzuziehen, die an alles in ihrem Leben als Jünger Jesu herangehen. Nun, wenn wir ehrlich sind, dann müssen wir zugeben, dass diese Lebensweise für *keinen* von uns natürlich ist. Für unsere Kinder – und auch für uns – ist es nur allzu natürlich, so zu leben, als gehörten wir uns selbst. Deshalb müssen unsere Kinder nicht nur lernen, dass das nicht wahr ist, sondern auch, sich einzugestehen, die Gnade der göttlichen Befreiung, Vergebung und Stärkung zu benötigen. Wenn wir entschiedene Jünger Jesu großziehen möchten, dann müssen wir unseren Kindern immer wieder geduldig die Geschichte seiner wunderbaren Gnade erzählen. Nicht das Gesetz Gottes hat die Macht, aus unseren Kindern Jünger Jesu zu machen. Das kann einzig und allein die Gnade Gottes bewirken!

Arbeiten Sie daran, dass Gott Sie gebrauchen kann, Ihre Kinder zu Jüngern Jesu zu machen?

Dies führt mich zu dem zweiten Teil der Berufung Jesu. Als Eltern sind wir dazu aufgerufen, unsere Kinder zu lehren, alles zu befolgen, was Jesus geboten hat. Es ist etwas Wunderbares, dass Gottes Wille sich auf jeden einzelnen Bereich im Leben unserer Kinder erstreckt. Er hat einen Plan für ihre Gedanken, ihre Wünsche, ihre

Entscheidungen, ihre Worte, ihre Beziehungen. Er hat einen Plan, wie sie mit ihrem Körper umgehen sollen, mit ihrem Geld, mit ihrer Anbetung, wie sie ihre Zeit verbringen, wie sie sich in Beziehungen und gegenüber Autoritäten verhalten sollen. Er hat einen Plan, wie sie sich in der Gemeinde verhalten sollen, wie sie ihre Besitztümer verwalten, womit sie sich gedanklich beschäftigen und was ihre Herzen gefangen nehmen soll.

Unsere Kinder müssen lernen, das Leben aus dem Blickwinkel des Willens und des Planes Ihres Schöpfers zu sehen. Und *wir* sollen ihnen dabei helfen, eine umfassende biblische Weltsicht zu entwickeln, und zwar durch eine Lebensweise, die gottzentriert und von der Bibel geprägt ist. Das ist allerdings nicht natürlich, und es ist wichtig zu bedenken, dass unsere Kinder durch verführerische und attraktive Stimmen mit vielen anderen, konkurrierenden Weltanschauungen bombardiert werden. Immer wieder werden sie in Bezug auf den Sinn des Lebens und darauf, wer sie selbst sind, anderen Denkweisen begegnen. Sie werden von denen herausgefordert werden, die nicht an Gott glauben und alle jene verspotten, die glauben.

Es genügt nicht, unseren Kindern zu sagen, was sie tun und was sie nicht tun sollen. Dieser Bibeltext steckt allen Eltern ein höheres Ziel: Wir müssen unsere Kinder lehren, über alle Themen auf eine bewusst gottzentrierte Weise zu denken. Nun, wenn unsere Kinder jemals lernen sollen, über sich selbst und über das Leben auf diese Weise zu denken, dann müssen sie bereit sein, sich der Weisheit von jemandem unterzuordnen, der größer ist als sie. Wir wollen uns noch einmal eingestehen, dass dies nicht nur für unsere Kinder unnatürlich ist, sondern auch für uns. *Natürlich* ist zu meinen, richtig zu liegen und selbst zu wissen, was das Beste ist. Es ist für unsere Kinder nur natürlich, sich zu weigern, eine höhere Weisheit anzuerkennen und sich unterzuordnen.

So werden wir erneut mit der Tatsache konfrontiert, dass es nicht in *unserer* Macht steht, unsere Kinder zu einer Denkweise und einem Leben als Jünger Jesu Christi zu bringen. Sie werden nur dann zu seinen Jüngern, wenn sie sich durch seine Gnade befreien lassen. Als Eltern sind wir dazu berufen, uns täglich in Treue an dem zu beteiligen, was wir unmöglich aus eigener Kraft hervorbringen können. Denn wenn wir traurigerweise in das Denken verfallen, dass es in *unserer* Macht steht, das hervorzubringen, dann wird es unabänderlich dazu führen, dass wir schlechte Dinge tun. Genau deshalb sind die Verheißungen dieses Bibelabschnitts so ermutigend. Doch vielleicht denken Sie nun: »Wie kann ich jeden Morgen aufstehen und etwas Unmögliches tun, ohne am Ende des Tages erschöpft und entmutigt zu sein?« Die Antwort auf diese Frage finden wir im Rest des Bibelabschnitts.

Der Text macht sehr deutlich, dass uns der Herr Jesus nicht zu der gewaltigen Aufgabe der Erziehung berufen würde, ohne uns zugleich mit überwältigenden Verheißungen zu segnen. Wenn wir seine Zusagen verstehen und ergreifen, dann können wir auch an dem mitwirken, was uns unmöglich ist, ohne entmutigt oder gar durch Angst gelähmt zu werden. Gute, liebevolle, treue und von Gnade geprägte Eltern können nur aus einem ruhenden Herzen erwachsen. Die Zusagen Jesu sind nicht so sehr *Verheißungen* im klassischen Sinn, sondern eher *Erinnerungen* an die Unerschütterlichkeit, die die Identität jedes seiner Jünger ausmacht. Die zwei hier erwähnten Zusagen sollen uns daran erinnern, was der große, himmlische Vater in seiner Gnade für uns geworden ist. Die Zusagen definieren nicht nur, wer *Gott* ist, sondern sie definieren auch, wer wir als *seine Kinder* sind.

Als Eltern können wir unsere Ruhe nicht in dem Erfolg all dessen, was wir tun oder was unsere Kinder tun, finden, denn darin wird es immer ein gewisses Maß an Problemen, Schwachheit und Scheitern geben. Nein, Ruhe können wir nur in dem Einen finden, der uns beauftragt hat, und in dem, was er unentwegt für jeden Einzelnen tut, den er damit beauftragt hat, ihn zu repräsentieren. Wenn wir auf der horizontalen Ebene nach Ruhe suchen, dann werden wir am Ende immer enttäuscht werden. Es wird Tage geben, an denen wir die Frucht unserer Arbeit im Leben unserer Kinder sehen werden. Aber es wird auch Tage geben, an denen es den Anschein hat, dass unsere Bemühungen fast nichts bewirkt haben. Deswegen sind die Worte, über die wir nun nachdenken werden, so wichtig.

Der Herr Jesus beginnt seinen Auftrag nicht damit, seine Jünger zu etwas zu berufen, sondern indem er ihnen mit den folgenden Worten Trost zuspricht: »Mir ist alle Gewalt gegeben im Himmel und auf der Erde.« Wow! Lassen wir unser Herz einmal in diese Wahrheit eintauchen. Diese Worte machen klar, dass es keine Situation, keinen Ort, keinerlei Umstände und keinerlei Beziehungen geben kann, wo Christus nicht regiert. Nun, was folgt daraus für unsere Kindererziehung? Es bedeutet, dass es keinen Augenblick und keinen Ort gibt, an dem wir uns in einer Situation mit einem unserer Kinder befinden können und nicht unter der weisen, wachsamen und kraftvollen Kontrolle des Einen stehen, der uns beauftragt hat. Ja, es wird Augenblicke geben, in denen wir die Kontrolle verlieren. Es wird Augenblicke gegeben, die außer Kontrolle zu sein scheinen. Aber es gibt keinen einzigen Augenblick in der Erziehung, der sich außerhalb der Kontrolle des großen Königs befindet, der uns beauftragt hat.

Wir können auch dann ruhen, wenn wir gerade nicht verstehen, was vor sich geht. Denn der Eine, der uns ausgesandt hat, kommt niemals durcheinander und kann niemals überrascht werden. Wir können ruhen, mitten in den Rätseln der Erziehung, weil wir wissen, dass der Eine, den wir repräsentieren, um diese Rätsel weiß. Wir können ruhen, wenn unsere Autorität schwach zu sein scheint, weil wir wissen, dass der Eine, dem wir dienen, eine Autorität hat, die niemals geschwächt oder besiegt werden kann. Warum teilt der Herr Jesus uns diese Worte mit? Er will uns wissen lassen, dass er seine Autorität und Macht zum Nutzen und Erfolg des (Missions-) Auftrages ausübt, zu dem er uns berufen hat. Unser Erfolg als Eltern ruht nicht auf unseren eigenen Schultern, sondern auf seinen. Unser Herr hat uns nicht nur zu dieser gewaltigen Aufgabe der Erziehung *berufen*. Er *segnet* uns dabei auch mit der Kraft, der Herrlichkeit und der umgestaltenden Kraft seiner unerschütterlichen Herrschaft. Wenn *unsere* Herrschaft schwach zu sein scheint, dann können wir in dem Wissen ruhen, dass *seine* Herrschaft zu unseren Gunsten niemals schwach wird.

Doch das ist noch nicht alles. Denn der Herr beendet seinen Aufruf mit den Worten: »Und siehe, ich bin bei euch alle Tage bis zur Vollendung des Zeitalters.« Bitte halten Sie einen Moment inne und staunen Sie über diese Worte. Gott, der uns beauftragt hat, die Arme seiner väterlichen Gnade nach unseren Kindern auszustrecken, begleitet uns auf dem Weg. Er käme niemals auf den Gedanken, uns allein auszusenden. Er würde niemals von Weitem teilnahmslos beobachten, wie wir unseres Weges ziehen, uns abmühen und kämpfen. Er würde niemals untätig zusehen, wie wir mit der schwersten, allumfassendsten, langfristigsten, anstrengendsten und lebensprägendsten Aufgabe beschäftigt sind, der ein Mensch nachgehen kann. Nein, wenn Gott uns aussendet, dann begleitet er uns auch auf dem Weg.

Das bedeutet, dass in jedem Augenblick, in dem wir unsere *Kinder* erziehen, auch *wir* erzogen werden. In jedem Augenblick, in dem wir aufgerufen sind, unseren Kindern Gnade zu erweisen, wird auch an uns Gnade erwiesen. In jedem Augenblick, in dem wir unsere Kinder retten und schützen, werden auch wir gerettet und geschützt. In jedem Augenblick, in dem wir uns einsam fühlen, sind wir alles andere als einsam, denn er begleitet uns überallhin. Es ist unmöglich, dass die Erziehung unserer Kinder außerhalb des Lichts der Gegenwart Gottes geschieht. Er vergisst uns niemals. Er kehrt uns niemals seinen Rücken zu. Er lässt uns keinen einzigen Augenblick allein. Er zieht uns niemand anderem vor. Er wird niemals ärgerlich oder weigert sich bei uns zu sein. Er ist niemals gehässig. Er würde niemals aufgeben. Er wird uns nie, nie verlassen. Er ist sanft, geduldig und treu, und er ist auf ewig mit uns. Wir können auf seine Fürsorge zählen. Wir können in seiner Gegenwart ruhen.

Aus diesem Grund setzen wir unsere Hoffnung als Eltern nicht auf unsere Kraft, unsere Weisheit, unseren Charakter, unsere Erfahrung und unseren Erfolg, sondern einzig und allein auf die *Gegenwart unseres Herrn*. Der Schöpfer, der Erretter, der Allmächtige und der souveräne König ist mit uns. Lassen wir unser Herz zur Ruhe kommen. Wir sind in dieser großen Aufgabe nicht alleingelassen. Unsere Kraft ist größer als unsere Schwäche. Denn der Eine, der ohne Schwächen ist, ist mit uns und vollbringt seine größten Werke durch all diejenigen, die sich eingestehen, schwach zu sein, und in ihrer Schwachheit auf seinen Ruf hören.

Der Missionsbefehl fasst unsere elterliche Berufung gut zusammen, und die Zusagen Jesu erinnern uns daran, von wem wir Hilfe und Hoffnung erwarten können. Ich möchte versuchen vorzustellen, was diese Hoffnung der beiden befreienden Tatsachen (Verheißungen) im Missionsbefehl für uns Eltern bei unserer täglichen Aufgabe an unseren Kindern eigentlich bedeutet:

Die Strafe für unser Versagen wurde schon bezahlt.

Wir werden als Eltern versagen. Wir werden nicht immer die richtige Reaktion zeigen. Wir werden nicht immer das Richtige sagen. Wir werden auch nicht immer das wollen, was das Beste ist. Doch es ist wichtig, daran zu denken, dass der Eine, der uns beauftragt hat, nicht allein unser Auftraggeber, sondern auch unser Erretter ist. Sein Werk am Kreuz hat bewirkt, dass wir uns nicht länger beschämt verstecken und von Schuld lähmen lassen müssen. Denn unser Herr hat die Strafe für jeden Augenblick getragen, in dem wir als Eltern scheitern. Da wir Gottes Zorn in Augenblicken des Scheiterns also nicht zu fürchten brauchen, dürfen wir zu ihm gehen und Vergebung und Hilfe empfangen. In dem warmen, tröstenden Licht der Vergebung Gottes sind wir auch fähig, unsere Schwächen zuzugeben, und können sie nicht nur vor Gott bekennen, sondern auch vor unseren Kindern.

Die Gnade lädt uns zu einem Neuanfang ein.

Weil unser Erretter immer mit uns ist, ist auch seine Gnade immer mit uns. Wir müssen unser Leben daher nicht im Bedauern über von uns begangene Fehler führen. Jesus Christus lädt uns ein, unser Versagen zu bekennen und dann in der Freiheit und Freude seiner Vergebung voranzuschreiten. Seine Vergebung beinhaltet zugleich die

Zusage, einen Neuanfang machen zu können. Der Herr Jesus hat uns die Last der Strafe für die Sünde abgenommen, damit wir zu ihm kommen können, und zwar um nicht nur seine Vergebung zu erlangen, sondern auch seine Hilfe. Seine Hilfe wiederum beinhaltet die Zusage, wirkliche Veränderung und echtes Wachstum lernen zu können. Seine Gnade ermöglicht uns, das Vergangene hinter uns zu lassen und uns den neuen, besseren Dingen der Gegenwart widmen zu können. Der Eine, der unsere Vergebung bewirkt hat, wirkt nun daran, uns zu unterweisen und reifen zu lassen. Seine umgestaltende Gnade ermöglicht uns von nun an bessere Tage in der Erziehung.

Wir sind nicht von unseren begrenzten Ressourcen abhängig.

Ich weiß das, weil ich es selbst durchgemacht habe: Es gibt Tage in der Erziehung, an denen wir das Gefühl haben, keinerlei Weisheit und kaum noch Kraft zu besitzen. Es gibt Zeiten, in denen wir nicht wissen, was wir tun sollen. Es gibt Zeiten, in denen wir zwar wissen, was wir tun sollen, aber doch schlichtweg das Gefühl haben, dass der innere Wille und die äußere Kraft dazu fehlen. Manchmal fühlen wir uns schon morgens erschöpft. Manchmal gehen wir entmutigt zu Bett und freuen uns nicht wirklich auf den nächsten Tag. Es gibt Zeiten, in denen wir glauben, in Bezug auf unsere Kinder wirklich unser Bestes gegeben zu haben. Es gibt Zeiten, in denen wir den Eindruck haben, etwas getan zu haben, dessen wir uns ganz bestimmt nicht rühmen können. Doch genau in diesen Augenblicken, in denen unsere Schwachheit am deutlichsten zutage tritt, ist es sehr wichtig zu wissen, dass Gott uns nicht den Begrenzungen *unserer* Gerechtigkeit, Weisheit und Kraft überlassen hat. Gott wusste ganz genau, was seine Berufung uns abverlangen würde, und möchte daher dabei mit uns sein. So kann seine Kraft uns befähigen, seine Weisheit uns leiten und sein Wesen uns leiten und neu ausrichten. Gott weiß, wie diejenigen gemacht sind, die er ausgesandt hat. Daher arbeitet er in ihnen und durch sie immer so, wie einzig und allein er wirken kann. Das *Potenzial* unserer Kraft als Eltern ist weitaus größer als unsere unabhängigen, persönlichen *Ressourcen*.

Gott segnet uns mit der in unsere jeweilige Situation sprechenden Weisheit seines Wortes.

Gott hat uns mit dem wunderbarsten Handbuch für wahre Weisheit, tägliche Hoffnung und praktische Leitung für unseren Lebensalltag gesegnet, das wir uns als Eltern nur wünschen können. Wo ist dieses Handbuch zu finden? In der Bibel, dem Wort Gottes.

Um die Tiefen seines Wortes auszuloten, gibt es etwas, das wir bedenken müssen. Die Bibel zeigt uns die große Erlösungsgeschichte. Es ist die Geschichte, die wir kennen und verstehen müssen, damit unsere Geschichte als Eltern und die Geschichten unserer Kinder für uns einen Sinn ergeben. Durch Gnade hat Gott unsere persönliche Geschichte und die unserer Kinder in die größere Erlösungsgeschichte eingebettet. Also möchten wir Kinder großziehen, die denken, was sie denken sollten, nach dem verlangen, wonach sie verlangen sollten, und das tun, was sie tun sollten – weil sie ihre Identität und ihre Bestimmung aus dem Blickwinkel der Erlösungsgeschichte Gottes betrachten. Christliche Erziehung bedeutet, Kinder großzuziehen, die einen Blick für die »Geschichte Gottes« haben. Unsere gottgegebene Aufgabe beinhaltet nicht nur, Kinder großzuziehen, die wissen, was aus Gottes Sicht richtig und falsch ist, sondern sie beinhaltet auch, unsere Kinder zu lehren, biblisch zu denken und zu leben. Im Mittelpunkt unserer Berufung von Gott steht die Unterweisung unserer Kinder, dass sie auf eine Art denken lernen, die unverkennbar biblisch ist. Deshalb hat Gott uns mit dem wunderbaren Geschenk seines Wortes gesegnet. Die Bibel ist nicht *erschöpfend*, d.h. sie behandelt nicht jede kleinste Einzelheit – sonst würde man sie ja mit einem Sattelschlepper zur Gemeindestunde transportieren müssen. Aber die Bibel ist *allumfassend*. Sie gibt uns Weisheit, um mit all den Dingen umgehen zu können, die uns im Leben begegnen. Die beste Möglichkeit, sich als Eltern an Gottes Wort zu erfreuen und die Tiefen ihrer Weisheit zu ergründen, ist, sich täglich Zeit zu nehmen, in sie einzudringen.

Wir müssen uns nicht jeden Morgen die Last des Wohls unserer Kinder auf unsere Schultern laden.

An diese Wahrheit werden wir jeden Tag erinnert. Das Wohl unserer Kinder ruht nicht auf unseren Schultern, sondern auf den Schultern des Einen, der uns beauftragt hat. Er hat die Kraft, das zu tun, was wir niemals tun könnten. Denn im Gegensatz zu uns ist er niemals schwach oder ermüdet. Er verliert sich niemals in seiner Entmutigung oder in seinem Zorn. Im Gegensatz zu uns schaut er niemals zurück und bedauert, was er getan hat. Er tut immer das, was gut, weise, freundlich, liebevoll, gnädig und richtig ist. Der Herr Jesus liebt unsere Kinder mehr, als wir es jemals tun werden – ja, er liebt unsere Kinder so sehr, dass er für sie gestorben ist, damit sie alles haben, was sie brauchen, um so zu sein, wie sie sein sollen, und das Leben zu führen, zu dem sie erschaffen worden sind. Gott sei Dank, dass die Schultern des großen himmlischen Vaters breit genug sind, um zu tragen, was unsere kleinen Schultern niemals tragen können, und dass er bereitwillig die Lasten trägt, die uns sonst niederdrücken und unfähig machen würden!

Gott verschließt seine Ohren niemals vor unseren Hilferufen.

In der Bibel finden wir drei ermutigende Zusagen:

> *»Die Augen des HERRN sind auf die Gerechten gerichtet und seine Ohren auf ihr Schreien« (Psalm 34,16).*

> *»… indem ihr all eure Sorge auf ihn werft; denn er ist besorgt für euch« (1. Petrus 5,7).*

> *»Kommt her zu mir, alle ihr Mühseligen und Beladenen, und ich werde euch Ruhe geben. Nehmt auf euch mein Joch und lernt von mir, denn ich bin sanftmütig und von Herzen demütig, und ihr werdet Ruhe finden für eure Seelen; denn mein Joch ist sanft, und meine Last ist leicht« (Matthäus 11,28-30).*

Kindererziehung ist nicht leicht. Sie offenbart unsere Schwachheit und stellt eine Herausforderung für unseren Glauben dar. Es gibt Zeiten, in denen wir uns aufgrund dessen, was wir gerade getan oder gesagt haben, nicht gerade gut fühlen. Es wird Tage geben, an denen unsere Arbeit eher vergeblich als hilfreich zu sein scheint. Aber die gute Nachricht des Evangeliums lautet, dass wir unsere Probleme nicht verstecken müssen. Wir müssen nicht so tun, als ob wir es besser hinbekommen, als es in Wahrheit der Fall ist. Nein, die Gnade lädt uns ein, um Hilfe zu rufen und in unserer Not zu Gott zu gehen. Wir dürfen uns sicher sein, dass wir bei ihm nicht nur angenommen werden, sondern dass unser himmlischer Vater unseren Hilferufen auch genaue Beachtung schenkt.

> *»Nahe ist der HERR denen, die zerbrochenen Herzens sind, und die zerschlagenen Geistes sind, rettet er« (Psalm 34,19).*

Schwachheit ist kein Fluch, sondern ein Segen.

Weil wir alle noch immer dazu neigen, in Unabhängigkeit stark sein zu wollen, können wir es auch nicht leiden, schwach zu sein. Wir mögen es nicht, unvorbereitet zu sein. Wir mögen es nicht, ratlos zu sein, was wir als Nächstes tun sollen. Es fällt uns schwer zuzugeben, dass wir etwas falsch gemacht haben. Wir haben Angst davor zu bekennen, mit unseren Kräften am Ende zu sein. Es ist schwierig, sich in tiefem Wasser zu befinden und kein Vertrauen in die eigene Schwimmfähigkeit haben zu können. Aber für Kinder Gottes hat Schwachheit ihren Schrecken verloren, denn die Quelle unserer Ruhe ist nicht unsere eigene Stärke, sondern die Stärke unseres himmlischen Vaters. Es ist befreiend, den eigenen Unzulänglichkeiten ohne Scham oder Verzweiflung ins Auge zu sehen. Und genau das ist es, wozu uns die Gnade Gottes befähigt.

Doch es gibt noch einen anderen Aspekt. Gott möchte unsere Schwachheit offenbar machen, damit wir in unserer Not zu ihm kommen, seine Hilfe in Anspruch nehmen und im praktischen Vertrauen auf seine Gegenwart, Kraft und Fürsorge wachsen. Paulus formuliert das so:

> *»Und er hat zu mir gesagt: Meine Gnade genügt dir, denn meine Kraft wird in Schwachheit vollbracht. Daher will ich mich am allerliebsten viel mehr meiner Schwachheiten rühmen, damit die Kraft des Christus über mir wohne« (2. Korinther 12,9).*

Wir sollten nicht unsere Schwachheit fürchten, sondern unsere vermeintliche, eingebildete Stärke. Sich eigene, unabhängige Kraft einzureden, ist ein Fluch. Denn es lässt uns denken, eine Kraft zu haben, die wir in Wahrheit überhaupt nicht besitzen, und hält uns davon ab, in der Kraft zu ruhen und uns auf die Kraft zu stützen, die wir in der Gegenwart und der Gnade des Einen haben, der uns dazu berufen hat, seine Repräsentanten im Leben unserer Kinder zu sein.

Erfolg handelt von Treue, nicht von Ergebnissen.

Wir brauchen keine Angst zu haben, von Gott für die Ergebnisse, die wir erzielt haben, gerichtet zu werden. Wir stellen nämlich keine Siegestrophäen her, sondern erziehen Kinder. Wie wir bereits gesehen haben, besitzen wir keinerlei Macht zur Umgestaltung unserer Kinder. Egal wie gerecht wir die Kinder, die Gott uns anvertraut hat, auch behandeln mögen: Wenn unsere Kinder nicht nach Gott fragen, dann werden sie auch nicht so, wie sie eigentlich sein sollten, und werden auch nicht das Leben führen, das sie führen sollten. Wir können nicht bewirken, dass unsere Kinder lieben, glauben, sich unterordnen, andere Menschen achten, Sünden bekennen, Vergebung leben, Gott und Menschen dienen, die Wahrheit reden, ein reines Herz haben und Gott anbeten. All dies kann niemand außer Gott bewirken. Gott jedoch wird von uns niemals verlangen, etwas hervorzubringen, was wir nicht hervorbringen können. Nein, er ruft uns einfach dazu auf, treu zu sein und unseren Kindern Tag für Tag Gutes zu erweisen. Gott weiß, dass die Ergebnisse in seinen unendlich mächtigen Händen sind.

Ja, es ist wohl wahr: Gute, Gott wohlgefällige, lebensverändernde Erziehung erwächst am besten aus einem Herzen, das zur Ruhe gekommen ist. Liebe Eltern, ist Ihr Herz zur Ruhe gekommen? Wird Ihre Kindererziehung von Gottvertrauen gespeist? Oder ist Ihr Herz von Sorgen geplagt? Sie haben allen Grund zu ruhen. Sie sind Gesandte, und der Eine, der Sie beauftragt hat, beherrscht jeden Ort und jede Beziehung, in die er Sie hineingestellt hat. Er begleitet Sie, damit Sie alles haben, was Sie benötigen, um Ihre Berufung erfüllen zu können. Widerstehen Sie dem Gedanken, Ihre Aufgabe sei zu schwer. Kämpfen Sie gegen das Gefühl an, alleingelassen zu sein. Denken Sie über Gottes Macht und über seine Gegenwart nach und erfreuen Sie sich daran. Machen Sie sich mit Mut und Hoffnung an die Aufgabe, zu der Sie erwählt worden sind.

Kapitel 14

Barmherzigkeit

Grundsatz:
Niemand kann besser barmherzig sein als derjenige,
der weiß, dass er selbst Barmherzigkeit benötigt.

Einer der größten Fehler, den gläubige Eltern begehen können, ist, dass sie sich erlauben zu vergessen. Denn wenn wir uns erlauben, die täglichen Erbarmungen zu vergessen, die wir aus der Hand unseres himmlischen Vaters empfangen – eine Barmherzigkeit, die unverdient ist –, dann kann es leicht geschehen, dass wir die Erziehung an unseren Kindern ebenfalls nicht mit Barmherzigkeit ausüben. Barmherzigkeit bedeutet Sanftheit des Herzens und Mitgefühl für Bedürftige. Und genau das sind unsere Kinder: bedürftig. Sie brauchen Anleitung und Schutz. Sie brauchen Hilfe und Befreiung. Sie brauchen Weisheit und Unterweisung. Sie brauchen Konfrontation und Maßregelung. Sie brauchen Geduld und Gnade. Sie brauchen Liebe und Mitgefühl. Sie brauchen Unterstützung und Fürsorge. Sie brauchen die richtige Sichtweise auf Gott und sich selbst. Es vergeht kein Tag, an dem unsere Kinder nicht unsere Barmherzigkeit brauchen. Deshalb ist unsere primäre Aufgabe als Eltern nicht, unseren Kindern das *Gericht* Gottes vorzustellen, sondern vielmehr, ihnen fortwährend Gottes *Barmherzigkeit* zu erweisen.

Gottes Barmherzigkeit ist Bedürfnis und Hoffnung eines jeden Menschen – ganz gleich, ob er das weiß oder nicht. Gottes Barmherzigkeit ist der Ort des Trostes für jedes einzelne seiner Kinder. Jeden Tag werden wir von den Erbarmungen Gottes gesegnet. Sehen wir uns dazu einmal folgende Bibelstellen an:

»Nur Güte und Huld werden mir folgen alle Tage meines Lebens; und ich werde wohnen im Haus des HERRN auf immerdar« (Psalm 23,6).

»Gepriesen sei der HERR! Denn er hat die Stimme meines Flehens gehört« (Psalm 28,6).

»... der dein Leben erlöst von der Grube, der dich krönt mit Güte und Erbarmungen« (Psalm 103,4).

»Der HERR ist gut gegen alle, und seine Erbarmungen sind über alle seine Werke« (Psalm 145,9).

»Und darum wird der HERR zögern, euch gnädig zu sein; und darum wird er sich erheben, bis er sich über euch erbarmt« (Jesaja 30,18).

»Gott aber, der reich ist an Barmherzigkeit, wegen seiner vielen Liebe, womit er uns geliebt hat ...« (Epheser 2,4).

»Da wir nun einen großen Hohenpriester haben, der durch die Himmel gegangen ist, Jesus, den Sohn Gottes, so lasst uns das Bekenntnis festhalten; denn wir haben nicht einen Hohenpriester, der nicht Mitleid zu haben vermag mit unseren Schwachheiten, sondern der in allem versucht worden ist in gleicher Weise wie wir, ausgenommen die Sünde. Lasst uns nun mit Freimütigkeit hinzutreten zu dem Thron der Gnade, damit wir Barmherzigkeit empfangen und Gnade finden zu rechtzeitiger Hilfe« (Hebräer 4,14-16).

Mit diesen Bibelversen sind wir wieder am Anfang dieses Buches angelangt. Erziehung bedeutet, Gottes Botschafter im Leben unserer Kinder zu sein. Es geht darum, treu seine Botschaft, seine Methoden und sein Wesen gegenüber unseren Kindern zu repräsentieren. Es geht darum, Gottes unsichtbare Barmherzigkeit sichtbar zu machen, indem wir mit Barmherzigkeit auf unsere Kinder reagieren. Hebräer 4,14-16 macht deutlich, was genau damit gemeint ist. Unser Herr war bereit, sich den Härten des Lebens in dieser gefallenen Welt auszusetzen. Er war bereit, sich all unseren Versuchungen auszusetzen, um ein Hoherpriester zu sein, der mit unseren Schwachheiten Mitleid zu haben vermag. Das Wort, das in Vers 15 mit »Schwachheiten« übersetzt wurde, wird auch an anderen Stellen verwendet, um viele verschiedene Arten von Schwachheiten zu bezeichnen. Daher könnte es hier auch wie folgt übersetzt werden: Der Herr Jesus ist fähig, mit dem menschlichen Zustand oder mit der menschlichen Gebrechlichkeit Mitleid zu haben. Und weil er mit uns Mitleid zu haben vermag, können wir sicher sein, dass er uns mit Barmherzigkeit segnen wird, die der augenblicklichen Not angemessen ist.

Das, liebe Eltern, ist unser Vorbild. Denken wir einmal darüber nach, wie sehr wir jetzt gerade Gottes Barmherzigkeit brauchen. Machen wir uns bewusst, wie sehr wir früher die Barmherzigkeit unserer Eltern brauchten, und lassen wir das Mitgefühl in unseren Herzen wachsen. Barmherzigkeit bedeutet nicht, lasch zu sein. Barmherzigkeit bedeutet nicht, unseren Maßstab herunterzuschrauben. Barmherzigkeit bedeutet nicht, die bösen Dinge, die unsere Kinder tun, gutzuheißen. Barmherzigkeit bedeutet nicht, Maßregelung und Korrektur aufzugeben. Barmherzigkeit bedeutet nicht, damit aufzuhören, unseren Kindern Gottes Gesetz vorzustellen. Barmherzigkeit bedeutet nicht, unsere Kinder entscheiden zu lassen, wozu sie noch nicht reif genug sind, oder unsere Kinder über Dinge herrschen zu lassen, die sie noch gar nicht beherrschen können. Barmherzigkeit bedeutet auch nicht, immer nur Ja und nie Nein zu sagen.

Barmherzigkeit bedeutet, Erziehung mit einem sanften Herzen auszuüben. Barmherzigkeit bedeutet, das Scheitern unserer Kinder nicht persönlich zu nehmen, sondern ihre Kämpfe mit Mitgefühl zu betrachten. Barmherzigkeit bedeutet, unsere Kinder mit unserer Geduld zu segnen. Es bedeutet, unsere Kinder genauso gewissenhaft zu ermutigen, wie sie zurechtzuweisen. Es bedeutet freundliche Maßreglung und sanftmütige Korrektur. Es bedeutet, fest und unnachgiebig und zugleich liebevoll zu sein. Es bedeutet, Verärgerung und Zorn nicht zuzulassen. Wenn wir mit Barmherzigkeit Erziehung ausüben wollen, dann verurteilen wir unsere Kinder nicht mit einer Tirade schroffer Worte. Dann vergleichen wir nicht unsere »Gerechtigkeit« mit den Sünden unserer Kinder. Dann sagen wir ihnen nicht, ihr Problem bestehe darin, dass sie nicht wie wir seien. Barmherzigkeit bedeutet zu verhindern, dass unser Herz bitter oder kalt wird. Es bedeutet, jederzeit zur Vergebung bereit zu sein und unsere Kinder nicht heute für die Sünden von gestern zahlen zu lassen. Barmherzigkeit bedeutet, dass wir uns unseren Kindern mit Liebe zuneigen – sogar in Momenten, in denen sie gar nicht so liebenswert zu sein scheinen. Barmherzigkeit bedeutet, bereit zu sein, immer wieder das Gleiche zu tun, ohne es unseren Kindern vorzuwerfen. Es bedeutet, der Versuchung zu widerstehen, unsere Kinder durch Beschämung oder Drohungen zu motivieren. Barmherzigkeit heißt für die Erziehung unserer Kinder: Jede Handlung, Reaktion und Antwort gegenüber unseren Kindern ist angemessen und von Sanftheit, Verständnis, Mitgefühl und Liebe geprägt. Erziehung ist der lebensbegleitende Auftrag, demütig, freudig und bereitwillig Barmherzigkeit zu üben.

Barmherzigkeit erfordert Barmherzigkeit

Ich weiß nicht, wie das bei Ihnen ist, aber Barmherzigkeit ist für mich nicht natürlich. Von Natur aus bin ich schroff. Von Natur bin ich fordernd und ungeduldig. Von Natur aus werde ich leicht ärgerlich, wenn ich etwas mehrmals sagen muss. Von Natur aus ärgere ich mich mehr über das Falsche, das andere tun, als über das Falsche, das ich selbst tue. Von Natur aus möchte ich, dass mein Leben einfach und vorhersehbar ist. Ich ärgere mich über all diejenigen, die sich meinen Plänen in den Weg stellen. Von Natur aus habe ich lieber mit Menschen zu tun, die mir zustimmen, als mit solchen, die mit mir debattieren wollen. Ich bin *nicht* immer mitfühlend, und ich habe *nicht* immer ein sanftes Herz. Ich antworte *nicht* immer in Liebe und rede *nicht* immer mit Gnade. Ich muss bekennen, dass es Zeiten gibt, in denen ich ein ziemlich armseliger Repräsentant der Gnade Gottes bin. Und: Ich bin mir sicher, dass ich nicht der Einzige bin, der diese Probleme hat. Darf ich Sie fragen, wie gut es Ihnen im letzten Monat gelungen ist, Gottes Gnade in Ihrem Handeln mit Ihren Kindern vorzuleben?

Also brauche ich Hilfe, und ich vermute, dass auch Sie Hilfe brauchen. Ich muss nicht von der Sünde, der Schwachheit und dem Versagen meiner Kinder befreit werden. Denn ich bin ja eben *wegen* ihrer Sünde, ihrer Schwachheit und ihres Versagens zu ihrer Erziehung berufen worden. Jeder Augenblick der Torheit und des Versagens unserer Kinder sollte uns daran erinnern, warum der himmlische Vater den Kindern Eltern gegeben hat. Mein Problem sind nicht meine Kinder. Mein Problem ist in mir. Der Umstand, dass ich Probleme habe, in Gnade anderen das zu geben, was mir in Gnade schon gegeben worden ist, macht deutlich, dass ich noch immer von mir selbst befreit werden muss. Ich bin mir sicher, dass das nicht allein auf mich zutrifft.

Da es nun also nicht natürlich für uns ist, mit Barmherzigkeit auf Torheit, Unreife, Rebellion und Versagen zu reagieren, besteht die einzige Hoffnung für uns als Eltern darin, dass Gott *unser* Versagen als Eltern nicht mit Verdammung verurteilt, sondern mit Barmherzigkeit. Nur seine Barmherzigkeit *uns* gegenüber schenkt uns die Hoffnung, das zu haben, was wir brauchen, um auf *unsere Kinder* mit Barmherzigkeit zu reagieren. Während wir uns täglich bewusst an die Barmherzigkeit erinnern, die uns permanent zuteilwird, macht unsere Bedürftigkeit und die sich daran anknüpfende Dankbarkeit unsere Herzen weich. Das wiederum macht uns bereitwilliger und fähiger, unseren Kindern das zu geben, was auch wir von unserem himmlischen Vater empfangen haben. Wenn wir vergessen, wer wir sind und was wir brauchen, üben wir die Erziehung unserer Kinder leicht ohne Barmherzigkeit aus. Wie wunderbar ist doch Gottes Plan! Gott gebraucht die Bedürfnisse unserer *Kinder*, um offenbar zu machen, wie bedürftig wir *Eltern* sind, damit wir in allem Handeln an unseren Kindern mitfühlende und verständnisvolle Herzen haben. Gott arbeitet *an uns* durch unsere Kinder, um *durch uns* an unseren Kindern zu arbeiten.

Ich erinnere mich noch sehr gut an diesen einen Abend. Mein Sohn war an diesem Tag besonders aufsässig gewesen. Es hatte den Anschein, dass er tat, was er nur tun konnte, um mir den Tag zu erschweren. Er widersprach und widersetzte sich mir und leugnete anschließend, sich mir widersetzt zu haben. Mein gut durchdachter Plan für jenen Tag war von ihm immer wieder durchkreuzt worden. Es war einer jener Tage, an dem Kindererziehung einer zwölfstündigen Fallstudie zum Thema Sinnlosigkeit gleicht. Im Laufe des Tages wurde ich immer ärgerlicher und gereizter, aber ich war mir dessen nicht einmal bewusst. Natürlich fing mein Sohn dann am Essenstisch auch noch einen Streit mit einem seiner Geschwister an und das Abendessen endete im Chaos. Ich konnte es gar nicht abwarten, dass er endlich im Bett lag, damit ich noch etwas von meinem Tag haben könnte.

Gerade als ich anfing, mich mit dem zu beschäftigen, was ich den ganzen Tag zu tun versucht hatte, konnte ich ihn oben hören. Er schlief nicht, sondern er stritt mit seinem Bruder über etwas völlig Belangloses. Ich sprang aus meinem Sessel und marschierte geradewegs nach oben – weit mehr durch den aufgehäuften Frust angetrieben, als ich realisierte. Ich ging in sein Zimmer und nahm ihn, ohne das Licht anzumachen, heftig unter Beschuss. Zornig sagte ich ihm, dass er meinen Tag kaputtgemacht habe und ich es nicht zulassen würde, dass er nun auch noch meinen Abend kaputtmachen würde. Meine Stimme war laut und meine Worte anklagend und persönlich. Ich hielt ihm vor, wie viel ich für ihn getan hatte und wie wenig er für mich. Während ich redete, lag er in seinem Bett und weinte. Ich sagte ihm, er solle nun besser schlafen, und zwar schnell, oder … Und beleidigt stapfte ich aus dem dunklen Raum.

Ich ging den Flur hinunter und versuchte, meine Verärgerung zu rechtfertigen, doch es gelang mir nicht. Ich versuchte, mir einzureden, dass er bekommen hatte, was er verdient hatte. Doch ich konnte meiner eigenen Rechtfertigung selbst nicht glauben. Ich versuchte zu argumentieren, dass ein ordentlicher Rüffel für ein Kind manchmal gut ist. Aber es funktionierte nicht. Der Grund, warum es nicht funktionierte, war, dass Gott unmittelbar damit begann, diesen fürchterlichen Augenblick meiner Erziehung zu gebrauchen, um mir zu offenbaren, was in meinem Herzen war. Ich erfuhr die schmerzliche Segnung der Überführung durch den Geist Gottes. Ich versuchte, wieder an meine Arbeit zu gehen. Aber die Schuld, die ich empfand, hielt mich davon ab. Es hatte keinen Zweck. Ich hörte mit dem auf, was ich gerade tat, und wurde von Gefühlen der Niederlage überwältigt. Ich konnte nicht fassen, es wieder einmal vermasselt zu haben – und dieses Mal auf eine derart schmerzliche Art und Weise. Ich konnte nicht fassen, dass ich zugelassen hatte, mich von etwas beherrschen zu lassen, von dem ich mich niemals beherrschen lassen sollte. Ich fühlte mich schwach und unfähig. Aber während ich so dachte, verwandelte Gott das Schlechte in etwas sehr Gutes. Genau das ist Barmherzigkeit. Das lernen wir auch vom Kreuz. Das Kreuz Jesu Christi ist das Schlimmste, was jemals geschehen ist: Der Messias wurde ermordet. Doch das Kreuz ist auch das Beste, das jemals geschehen ist: Die Strafe wurde bezahlt, die Sünde vergeben. Beides zur gleichen Zeit.

Gott ließ mich die Beschämung, die Schuld und den Schmerz meines Wutausbruchs nicht als Verurteilung empfinden, sondern als ein Geschenk der Barmherzigkeit. Heute kann ich bekennen, sehr dankbar für diesen schrecklichen Abend zu sein – nicht, weil ich meinen Sohn angeschrien habe, sondern weil Gott dieses Ereignis benutzt hat, um mir mein Herz zu offenbaren. An jenem Abend erkannte ich deutlicher als je zuvor meine Bedürftigkeit als Vater. An jenem Abend wurde ich wie niemals zuvor mit meiner Reizbarkeit konfrontiert. An jenem Abend streckte ich mich nach der Hilfe Gottes in einer so demütigen Art und Weise aus, die mir neu war. Jener Abend wurde durch Gottes Barmherzigkeit zu einem Wendepunkt. Nein, ich erlebte keine augenblickliche Veränderung, aber nun war ich mir meiner Schwachheit bewusst und begann deshalb damit, Gott weitaus regelmäßiger um Hilfe anzurufen. An jenem Abend hat Gott durch meinen Sohn an mir gearbeitet, damit er durch mich an meinen Sohn arbeiten konnte.

Wie wäre es damit, nun einmal innezuhalten und Gott zu bekennen, dass Sie Ihr Angewiesensein auf Gottes Barmherzigkeit leider regelmäßig unter Beweis stellen? Wie wäre es damit, Gott auch Ihre Freude darüber zum Ausdruck zu bringen, dass Ihnen als seinem Kind diese Barmherzigkeit zuteilwird? Wie wäre es damit, zukünftig nach Möglichkeiten Ausschau zu halten, die unsichtbare Barmherzigkeit Gottes sichtbar zu machen?

Reaktionen der Barmherzigkeit

Liebe Eltern, Gott hat uns dazu berufen, seine Ersthelfer im Leben unserer Kinder zu sein! Der Feuerwehrmann, der freiwillig in ein brennendes Gebäude läuft, oder der Rettungssanitäter, der die Treppe hinaufeilt, um einem Mann zu helfen, der gerade einen Herzinfarkt hatte – sie befinden sich auf einer Mission der Barmherzigkeit. Ersthelfer werden immer von von zwei Dingen motiviert: von dem Wissen um eine Not und von dem mitfühlenden Verlangen zu helfen. Wir Eltern sind als »Gottes Ersthelfer« dazu berufen, unserem Kind zu Hilfe zu eilen, wenn es sich aufgrund eines brennenden Verlangens oder einer plötzlichen Versuchung in Gefahr befindet. Die Aufgabe von Ersthelfern besteht nicht darin, Standpauken zu halten, zu richten oder zu verurteilen. Nein, ihre Aufgabe besteht darin, die notwendige Hilfe zu leisten, die von der betreffenden Person nicht selbst geleistet werden kann. Ersthelfer setzen für die Mission der Barmherzigkeit Tag für Tag bereitwillig ihre Zeit und Energie ein. Gott ruft uns Eltern dazu auf, das Herz eines Ersthelfers zu haben, der bereit ist, sich in die betreffende Schwierigkeit hineinzubegeben, um Rettung, Schutz, Hilfe und Heilung zu geben. Wir sind nicht dazu berufen worden, Schaulustige oder Kritiker zu sein, sondern wir sollen Vermittler der *Befreiung* sein. Ersthelfer nehmen die Nöte anderer nicht persönlich. Und sie sind auch nicht darüber verärgert, wenn der von ihnen geplante Arbeitsablauf durchkreuzt wird. Sie kennen ihre Aufgabe und sind bereit, diese Aufgabe zu erfüllen, und zwar immer dann, wenn es erforderlich ist. Und das gilt auch für uns Eltern. Jeder Tag mit unseren Kindern bietet uns eine Reihe von Gelegenheiten, uns auf eine weitere Mission der Barmherzigkeit zu begeben. Jeden Tag sind wir zum Handeln aufgefordert: um die Bedürfnisse unserer Kinder zu stillen, um zu tun, was sie selbst nicht tun können. Ja, Erziehung ist in der Tat eine lebensbegleitende Mission der Barmherzigkeit. Im Folgenden werden wir darüber nachdenken, was das konkret bedeutet.

Halten wir nach Gelegenheiten Ausschau, unsere Kinder mit Gnade zu überschütten.

Vergessen wir nicht, dass das Gesetz Gottes die Macht dazu hat, Sünde im Herzen unserer Kinder zu offenbaren, und ein wundervoller Maßstab für das Leben unserer Kinder ist. Aber das Gesetz hat eben keinerlei Kraft, unsere Kinder zu befreien, umzugestalten und zu erlösen. Als Eltern müssen wir täglich dem Gedanken widerstehen, von dem Gesetz zu erwarten, was allein die Gnade hervorbringen kann. Also sind wir nicht nur berufen worden, unseren Kindern das Gesetz vorzustellen, sondern auch dazu, ein beständiges Vorbild der Gnade Gottes im Leben unserer Kinder zu sein. Gewähren wir unseren Kindern die Gnade des Mitgefühls, die Gnade der Behutsamkeit, die Gnade der Annahme, die Gnade der liebevollen Weisheit, die Gnade der herzlichen Liebe, die Gnade der freundlichen Unterweisung, die Gnade der einfühlsamen Maßregelung, die Gnade der Ausdauer und die Gnade, einen Neuanfang machen zu dürfen. Doch während wir all das tun, dürfen wir nicht vergessen, dass Gnade nicht meint, falsche Dinge als richtig zu bezeichnen. Wenn Falsches richtig wäre, wäre keine Gnade erforderlich. Nein, Gnade beschäftigt sich mit dem Falschen, aber nicht, um zu verurteilen, sondern um zu befreien, wiederherzustellen, zu helfen und zu vergeben.

Seien wir sorgfältig darauf bedacht, unseren Kindern dabei zu helfen, hinter ihrem Verhalten ihr Herz zu sehen.

Wir dürfen niemals aus den Augen verlieren, dass die Mission der Barmherzigkeit, auf der wir uns als Eltern befinden, nicht allein auf das *Verhalten* unserer Kinder abzielt, sondern auch auf das, was ihr Verhalten formt und prägt: das *Herz*. Jedes Mal, wenn jemandem dabei geholfen wird, sein Herz zu erkennen – und er sich damit seine Bedürftigkeit eingesteht –, erfährt er Gottes Barmherzigkeit. Wenn wir unsere Kinder danach fragen, was sie bei ihrem Verhalten gedacht und gefühlt haben, was sie sich dabei wünschten oder was sie erreichen wollten, dann bringen wir unsere Kinder dazu, ihr Herz zu prüfen, und sei es nur für einen kurzen Augenblick. Und wenn wir das immer wieder, Tag für Tag tun, dann erkennen unsere Kinder immer mehr, was in ihren Herzen ist. Die wachsende Herzenserkenntnis wird dem Heiligen Geist Gelegenheit geben, ihr Herz zu überzeugen und ein Verlangen nach Hilfe und Veränderung zu bewirken.

Weihen wir uns diesem Prozess mit Geduld.

Wir müssen uns immer wieder vergegenwärtigen, dass die Mission der Barmherzigkeit, mit der uns Gott beauftragt hat, selten ein Ereignis, sondern fast immer ein langer Prozess ist. Deshalb erwarten Sie nicht, dass Ihr Sohn oder Ihre Tochter beim ersten Gespräch sagen wird: »Mama, ich habe das verstanden. Ich habe Sünde in meinem Herzen, und mein Herz wird von Dingen beherrscht, von denen es nicht beherrscht werden sollte. Deshalb brauche ich Befreiung und Vergebung. Wo finde ich denn diesen Erretter?« Das wird nicht geschehen. Gott hat uns zu einem Prozess von vielen kleinen Augenblicken der Einsicht berufen, die zu vielen kleinen Augenblicken der Veränderung führen. Wir müssen geduldig und bereitwillig immer wieder ähnliche Gespräche mit unseren Kindern führen und dafür beten, dass Gott in den Herzen unseres Sohnes oder unserer Tochter das bewirkt, was wir nicht bewirken können.

Weisen wir unsere Kinder jeden Tag auf Jesus hin.

Die einzig wahre Hoffnung und Hilfe für unsere Kinder ist in der Person, im Werk, in der Gegenwart und in der Gnade unseres Erlösers Jesus Christus zu finden! Deshalb müssen wir unsere Kinder früh in ihrem Leben mit Jesus Christus bekannt machen und jeden Tag nach Gelegenheiten Ausschau halten, um ihnen von seiner Weisheit, Kraft, Souveränität, Liebe und Gnade zu erzählen. Sagen wir ihnen, warum es nötig war, dass Jesus das Leben geführt hat, das er geführt hat, den Tod gestorben ist, den er gestorben ist, und warum er aus den Toten auferstanden ist, um den Tod zu besiegen. Sagen wir ihnen, wie Jesus ihnen die Annahme von Gott erkauft hat, die sie sich niemals verdienen könnten. Erzählen wir ihnen davon, wie Jesus sie von ihrer Sünde befreien kann, weil es für sie keinerlei Möglichkeit gibt, sich selbst von ihrer Sünde zu befreien. Sagen wir ihnen, dass Jesus sie, wenn sie ihn um Hilfe bitten, niemals abweisen wird. Und verschweigen wir nicht, wie sehr auch wir Eltern die Gnade Jesu an jedem Tag unseres Lebens brauchen.

Wenn wir unsere Kinder maßregeln oder korrigieren müssen, sprechen wir mit ihnen über ihre geistliche Not und darüber, wie Jesus dieser in seiner Person und in seinem Werk begegnet. Lassen wir keinen Tag verstreichen, ohne unsere Kinder in irgendeiner Form die wunderbaren Wahrheiten des Evangeliums Jesu Christi hören zu lassen. Denn im Zentrum der Mission der Barmherzigkeit, mit der wir als Eltern beauftragt worden sind, steht das Evangelium. Das Evangelium Jesu Christi ist *die* ultimative Rettungsmission.

Akzeptieren wir demütig unsere Grenzen.

Wir müssen täglich der Versuchung widerstehen, durch eine laute Stimme, durch grobe Wörter, durch Drohungen, Schuld oder Manipulationen, durch heftigen Zorn, durch den ausgestreckten Zeigefinger oder einen strengen Gesichtsausdruck, durch umfangreiche Strafen oder durch Beschämung und Beschimpfungen das bewirken zu wollen, was einzig und allein Gott bewirken kann. Glauben bedeutet für uns als Eltern, jeden Tag in der Gegenwart und Kraft Gottes zu ruhen. So lassen wir uns auch nicht durch unsere eigene Begrenztheit frustrieren. Es ist sehr wichtig, daran zu denken, dass Gott von uns nicht mehr erwartet, als dass wir Werkzeuge in seinen mächtigen und fähigen Händen sind. Wir sind von der Last befreit, unsere Kinder zu verändern. Wir sind von der Verantwortung befreit, bei unseren Kindern Glauben zu bewirken. Von uns wird nicht erwartet, unsere Kinder dazu zu bringen, das Richtige zu denken und nach dem Richtigen zu verlangen. Wir sind nur dazu berufen, das Böse aufzudecken, auf das Gute hinzuweisen und von dem Erlöser zu erzählen, der sie weg von Ersterem und hin zu Letzterem führen kann. Bürden wir uns nicht Lasten auf, die wir nicht tragen können. Freuen wir uns darüber, dass unser Herr Jesus mit uns, in uns und für uns ist und durch uns tut, was wir nicht tun können.

Erinnern wir uns jeden Morgen daran, in der Gegenwart und Kraft unseres himmlischen Vaters zu ruhen.

Für die meisten Eltern ist es viel natürlicher, sich Sorgen zu machen, als zu ruhen. Es ist viel natürlicher, sich mal wieder den Kopf zu zerbrechen (»Was ist, wenn …?«), als auf Gott zu vertrauen. Es ist viel natürlicher, sich vor dem zu fürchten, was vielleicht geschehen könnte, als daran zu glauben, dass Gott durch unsere täglichen Bemühungen wirkt. Es ist natürlich, andere Eltern zu beneiden, die es scheinbar leichter haben als wir oder deren Kinder einen besseren

Weg beschreiten als unsere. Wenn wir mit einem unserer Kinder gerade eine schwierige Situation erleben, dann können wir versucht sein, uns auszumalen, was aus unserem Kind werden könnte, wenn es sich nicht ändert. Es ist leicht möglich, dass unsere Erziehung mehr von Furcht als von Glauben angetrieben wird. Daher müssen wir jeden Tag damit beginnen, uns an Gottes unermessliche Herrlichkeit, seine wunderbare Kraft, seine grenzenlose Liebe und seine wunderbare Gnade zu erinnern. Wir sollten jeden Tag daran denken, dass Gottes Herrlichkeit nicht nur definiert, wer Gott ist, sondern auch neu definiert, wer wir als seine Kinder sind. Er hat aus Gnade seine Herrlichkeit über uns ausgeschüttet. Wir müssen jeden Tag des Elternseins beginnen, indem wir daran denken, dass alles, was Gott in seiner großen Herrlichkeit ist, er für uns aus Gnade ist. Nehmen Sie sich am Anfang des Tages einen Augenblick Zeit und denken Sie an diese Tatsache. Dann ruhen Sie darin und üben Ihre Erziehung mit einem Herz voller Hoffnung und Mut aus – nicht, weil die Dinge so leicht sind und alles so gut läuft, sondern weil Gott Ihr Vater ist und weil er seine Herrlichkeit über Sie ausgeschüttet hat.

Bekennen wir bereitwillig unsere Fehler.

Es ist wichtig, daran zu denken, dass sich nicht nur *unsere Kinder* in dem langen Prozess der Veränderung befinden. Auch *wir* befinden uns in diesem Prozess. Wir sind noch nicht so, wie Gottes Gnade uns machen könnte. Wir haben noch immer ein Bedürfnis nach der täglichen Errettung und Vergebung durch Gott. Wir denken Böses, haben Verlangen nach falschen Dingen und geben Frust, Ungeduld und Zorn nach. Es gibt Augenblicke, in denen wir uns verirren. Wir haben schlechte Tage. Wir fallen, sagen Dinge mehr aus Zorn als aus Gnade. Gute Erziehung bedeutet nicht nur, ein gutes Vorbild sein. Es heißt auch, demütig zu bekennen, wenn wir keins gewesen sind.

Wenn wir es mal wieder vermasselt haben, sollten wir nicht in den Verteidigungsmodus gehen. Wir sollten unser falsches Handeln nicht versuchen zu rechtfertigen oder gar leugnen. Wir müssen uns nicht selbst verteidigen: Der Herr Jesus hat durch sein Leben und sein Sterben dem Vater die ultimative Verteidigung vorgelegt. Deshalb sind wir dazu befreit, demütig und ehrlich zu sein. Deshalb sind wir dazu eingeladen, unsere Sünden zu bekennen, ohne uns dabei vor der Zurückweisung Gottes fürchten zu müssen.

Doch auch unsere Kinder müssen unser Bekenntnis hören. Es wird nicht lange dauern, bis sie merken, dass ihre Mutter und ihr Vater alles andere als vollkommen sind. Sie werden unseren Zorn abbekommen. Sie werden die Spannung zu spüren bekommen, die durch unseren Frust entsteht. Sie werden den Schmerz unserer schroffen Worte erfahren. Wenn wir jedoch ständig davon reden, dass sie ihre Sünde bekennen und Vergebung suchen müssen, sie aber sehen, dass wir es selbst nicht tun, dann wird ihr Missmut wachsen und ihre Herzen sich verhärten. Demütiges Bekennen verwandelt Falsches in Gnade. Es ist immer wieder Gnade, wenn unsere Kinder ein demütiges Herz bei uns sehen. Es hilft ihnen dabei, selbst sanfter zu werden und bereitwillig eigene Sünde zu bekennen.

Vermutlich leiden unsere Kinder nicht unter der Täuschung zu denken, dass wir vollkommen sind, und wir sollten dieser Täuschung auch besser keine Nahrung geben. Ermutigen wir unsere Kinder dazu, Gott um Hilfe zu bitten, indem wir bereit sind, ihnen zu zeigen, wie auch wir Gott um Hilfe bitten.

Gründen wir alles, was wir erwarten, sagen und tun, auf die wundervolle Weisheit der Schrift.

Unsere Aufgabe als Eltern besteht nicht darin, kleine Klone hervorzubringen, die lieben, was wir lieben, sich so kleiden, wie wir uns kleiden, essen, was wir essen, die gleiche Musik mögen, die wir mögen, den gleichen Geschmack haben wie wir und die gleichen politischen Ansichten. Unsere Aufgabe besteht darin, *Gottes Werkzeuge zu sein*, damit das Bild des Sohnes Gottes in unseren Kindern Gestalt gewinnt. Zur Erfüllung dieser Aufgabe ist die Bibel unser vorrangiges Werkzeug. Unser Ziel besteht nicht allein darin, dass unsere Kinder in den von Gott gesteckten Grenzen bleiben, sondern auch, dass sie ihr Leben aus der Perspektive des Wortes Gottes betrachten. Durch die Bibel lernen unsere Kinder, wer Gott ist, wer sie sind und was der Lebenssinn und die Bestimmung des Menschen ist. Sie hören von der Gefahr der Sünde und von der Befreiung durch Gottes Gnade. Sie hören, wie man Versuchungen widersteht und was richtig und was falsch ist. Die Heilige Schrift belehrt sie über Gottes Plan für ihren Körper, ihren Verstand, ihre Beziehungen, ihr Geld und ihre Besitztümer, ihre Sexualität, ihr Verhalten gegenüber Autoritäten und vieles mehr. Aber vor allem werden sie dort mit der grundlegenden Wahrheit eines Gottes herrlicher Liebe bekannt gemacht, der seinen Sohn gesandt hat, um uns Erlösung zu schenken, weil wir uns selbst nicht erlösen können.

Die sonntäglichen Gemeindestunden sollten nicht die einzige Zeit sein, in der unsere Kinder aus dem Wort Gottes belehrt werden. Wir müssen sicherstellen, dass unsere Beziehung zu unseren Kindern, unser Reden und die täglichen Ratschläge, die wir ihnen geben, von den Wahrheiten des Wortes Gottes bestimmt und geprägt werden. Sagen wir unseren Kindern, wie dankbar wir für Gottes Wort sind und dass wir darin nicht allein Erlösung gefunden haben, sondern dass es uns auch darüber belehrt, alles aus einer neuen Perspektive zu betrachten. Wir sollten täglich eine Familienandacht halten, in der wir aus Gottes Wort lernen. Auch sollten wir über die Wahrheiten der Bibel sprechen: wenn unsere Kinder sich fertig machen, wenn wir sie zur Schule bringen, wenn wir in der Küche herumstehen und wenn sie zu Bett gehen (vgl. 5. Mose 6,4-9. 20-25).

Ich spreche hier nicht von leicht aggressiven, selbstgerechten biblischen Vorträgen, die mehr dazu gehalten werden zu verurteilen, als zu retten. Ich meine damit, dass unsere Liebe zur Schrift und zu der Weisheit, die wir aus ihr gewonnen haben, unsere tägliche Beziehung zu unseren Kindern ganz natürlich beeinflussen sollte. Es geht darum, Menschen des Wortes Gottes zu sein, die Kinder großziehen, die das Wort Gottes ebenso lieb haben.

Betrachten wir eine Gelegenheit nicht als mühevolle Sache.

Es ist ein Problem, dem sich alle Eltern gegenübersehen: Die besten Gelegenheiten, um an die Themen in den Herzen unserer Kinder heranzukommen, stehen leider nicht in unseren Terminkalendern – denn sie ergeben sich immer gerade dann, wenn wir sie weder eingeplant noch erwartet haben. Die Diskussion im Auto, die Rangelei beim Zubettgehen, die aufgeheizte Debatte am Esstisch, der unerwartete Anruf des Lehrers, die Bescheinigung der nicht gemachten Hausaufgaben, etwas, das wir im Zimmer unserer Kinder gefunden haben, die Nachricht, die wir auf dem Handy unseres Kindes entdecken, oder die spätabendliche Gehorsamsverweigerung. Es ist so leicht, in solchen Augenblicken aus Frust etwas zu sagen oder zu tun, das wir nicht sollten. Deshalb ist es wichtig, an das zu denken, was auch eines der Themen dieses Buches ist: Wenn wir an unseren Kindern Sünde, Schwachheit oder Versagen sehen oder davon hören, so handelt es sich dabei niemals um Mühe oder Anstrengung, niemals um eine Störung, sondern immer um Gnade. Gott liebt unsere Kinder. Er hat sie in eine an ihn gläubige Familie gestellt. Und er will uns Eltern die Not ihrer Herzen offenbaren, damit wir seine Werkzeuge zur Befreiung und der Umgestaltung sein können. Es ist wichtig, in diesen Augenblicken Gelegenheiten der Gnade zu sehen, um nicht einen Augenblick des Dienstes in einen Augenblick des Zorns zu verwandeln.

Seien wir langsam zum Zorn und schnell zur Vergebung.

Wahrscheinlich gibt es für Eltern keine wichtigere Verpflichtung als die, sich seinen Zorn *ein*zugestehen und ihm mit Gottes Hilfe zu *wider*stehen. Dinge, die Eltern im Zorn sagen und tun, sind Dinge, die sie garantiert bereuen werden. Es gibt zornige Augenblicke, die ich gerne aus meiner Vergangenheit löschen und aus dem Gedächtnis meiner Kinder entfernen würde. Wahrscheinlich gibt es für uns Eltern keinen stärkeren Hinweis auf unser Bedürfnis nach Gnade als den Kampf mit unserem Ärger, Frust und Zorn gegenüber unseren Kindern. Wir müssen Gott um Hilfe bitten und uns vornehmen, diesen Dingen zu widerstehen. Für manche wird das bedeuten, das Zimmer zu verlassen, sich zu beruhigen und zu beten – wenn auch nur für wenige Minuten. Andere werden zu wütend sein, um sich mit irgendetwas beschäftigen zu können, und werden es deswegen entweder auf später verschieben oder auf eine andere Gelegenheit warten müssen. Für einige bedeutet es zu bekennen, wo ihr Zorn der Absicht Gottes, durch sie an ihren Kindern zu arbeiten, im Weg gestanden hat.

Beginnen wir jeden Tag damit, Gott den Zorn des vorherigen Tages zu bekennen und ihn zu bitten, uns die Gnade zu geben, die wir brauchen, damit unsere Reaktionen gegenüber unseren Kindern nicht von verurteilendem Zorn bestimmt werden, sondern von befreiender Vergebung.

Beten wir vorher, währenddessen und nachher.

Elternsein bedeutet vor allen Dingen eins: anhaltendes Gebet – bevor unsere Kinder geboren werden und noch lange, lange Zeit, nachdem sie ihr Elternhaus bereits wieder verlassen haben. Es geht um das fortwährende Gebet um die Gnade Gottes für uns und für unsere Kinder. Es bedeutet, still für unsere Kinder und für uns zu beten, wenn unsere Kinder aufstehen, wenn wir ihnen das Frühstück machen, wenn wir den Tag über mit ihnen zusammen sind oder wenn wir sie zur Schule bringen. Elternsein heißt, für unsere Kinder beten, wenn wir ihnen einen Nachmittagssnack zubereiten oder wenn wir sie fragen, was sie den Tag über erlebt haben. Es bedeutet, für sie zu beten, während wir sie unterweisen, korrigieren und maßregeln. Es bedeutet, dass unsere Kinder hören, wie wir für sie beten, und hören, wie wir für uns beten. Erziehung heißt, unsere Kinder beten zu lehren.

Wir beten vorher, währenddessen und nachher, weil Gebet drei Dinge erfordert: die Anerkennung der Stellung Gottes, das Eingeständnis unserer Not und die Unterordnung unter den Plan Gottes. Wenn es um Kindererziehung geht, können wir gar nicht genug beten. Je mehr wir beten, je mehr wir unsere eigenen Grenzen anerkennen, umso mehr werden wir in der Kraft Gottes ruhen, umso mehr werden wir von der Versuchung befreit, in unseren Kindern zu bewirken und für unsere Kinder zu tun, was einzig und allein Gott kann.

Tun wir all diese Dinge immer wieder.

Elternsein erfordert die Bereitschaft zu einem Leben dauerhafter, bewusster Wiederholungen. Gott hat uns zu einem Leben geduldiger Ausdauer berufen. Er hat uns dazu berufen, bereitwillig immer wieder die gleichen Dinge zu tun. Er hat uns dazu berufen, unsere eigenen Bemühungen einzustellen und Gott fortschreitend durch uns tun zu lassen, was nur er tun kann. Er hat uns berufen, darauf zu vertrauen, dass seine Pläne und seine Zeitplanung immer richtig sind. Er hat uns dazu berufen, bereitwillig mit Unvollkommenheit zu leben und dankbar für jeden neuen, weiteren Schritt zu sein. Er hat uns dazu berufen, jeden Tag nach Gelegenheiten Ausschau zu halten, die Teil des Prozesses der Gnade im Leben unserer Kinder sein können. Doch der Hauptpunkt ist dieser: Gott hat uns nicht nur zur Erziehung unserer Kinder berufen, sondern auch dazu, unser Leben für sie zu geben. Er hat uns dazu berufen, den Großteil der Anstrengungen, Zeit und Energie unseres Lebens für das Wohl unserer Kinder einzusetzen. Er hat uns dazu berufen, immer und immer wieder seine Werkzeuge der Gnade zu sein. Ja, Elternsein ist ein Leben heiliger Wiederholungen.

Dieses Buch war eine ausführliche Erörterung eines Themas: Gott hat uns dazu berufen, ein wesentlicher Bestandteil der Errettung der Kinder zu sein, die er uns anvertraut hat. Doch dieses Buch handelte nicht nur von der Aufgabe, die Gott uns gegeben hat, sondern auch von der Tatsache, dass er dabei mit uns ist. Er fordert uns nicht dazu auf, das zu tun, was wir gar nicht tun können – aber er ist immer bereit, das zu tun, was einzig und allein er tun kann. Deswegen segnet er uns auch mit seiner Gegenwart, Kraft, Weisheit und Gnade. Gott erzieht uns in *Treue*, damit auch wir unsere Kinder durch seine *treue* Gnade in *Treue* erziehen können. In jedem Augenblick der Erziehung unserer Kinder arbeitet der weise, himmlische Vater an jeder im betreffenden Zimmer befindlichen Person. Es ist ein Segen, für die Aufgabe aller Aufgaben ausgewählt zu sein, und es ist wunderbar, mit Gottes Gnade gesegnet zu sein, damit jeder Tag unseres Elternseins von der stärksten Kraft der Veränderung, die es im Universum gibt, durchdrungen ist: Barmherzigkeit.

Bibelstellenverzeichnis

Klaus Güntzschel

Das Herz der Väter

Ein Plädoyer für das Vatersein – lesbar für Väter und Söhne

96 Seiten, Hardcover
ISBN 978-3-86699-352-5

»Und er wird das Herz der Väter zu den Kindern und das Herz der Kinder zu ihren Vätern wenden …« Zeigt dieser letzte Vers des Alten Testaments nicht genau das Problem unserer Tage?

Väter – eine vom Aussterben bedrohte Spezies? Geprägt vom Fehlen der Vorbilder? Macht unsere Gesellschaft nach der Ehe auch noch die Familie kaputt? Sind unsere Kinder vaterseelenallein? Ist die Stilblüte »Der Vatermorgana heißt so, weil er nur selten zu sehen ist« nur Zufall oder ein Spiegelbild unserer kranken Vater-Kind-Beziehungen?

Der Autor hat große, wenn nicht unbändige Freude am Vatersein. Gemeinsam mit seiner Frau Ute wurden ihnen sechs Kinder geschenkt. Er empfand es als Vorrecht, sie väterlich zu begleiten. Mit diesem Buch hat er sich ein Plädoyer für das Vatersein von der Seele geschrieben, das sich gleichermaßen an Väter und Söhne richtet.

Er folgt dabei einer biblischen Begebenheit im Buch der Sprüche. Dort hat er Salomo »belauscht«, der mit seinem Sohn spazieren geht und ihm auf der einen oder anderen »Bank« weise Lektionen lehren darf. Und diese Botschaften sind immer noch hochaktuell.

Dieses Buch gibt es auch als MP3-Hörbuch:
1 MP3-CD, ISBN 978-3-86699-961-9